大阪文学学校講演集

詩と小説の学校

編集工房ノア

詩と小説の学校

序

長谷川龍生

「樹林」の辻井喬特集に続いて、この大阪文学学校講演録の第二集も、理事の葉山郁生さんとの共同編集となりました。

第一集のタイトルは『小説の生まれる場所』でしたが、この第二集は、『詩と小説の学校』というシンプルなタイトルにしました。

一九九〇年すぎ、私が小野十三郎さんの後をうけ、校長を引き受けた頃から、多メディア化や、メディアミックスの時流が進行してきました。大阪文学学校が地道に創作と読みの実習を積み重ねてきた、二大ジャンルの詩と小説が社会における存在感をどんどん薄れさせてきました。文校もその後、エッセイやノンフィクション、自分史、ライトノベルとジャンルの多様化をはかってきてはいます。

現代詩がいささか自己のくり出す観念言語に内向し、システムがいくえにも重なるこの社会や、広大な他者性を探求していかない。現代社会は災害や戦争の一方で、ますます摑みどころがなくなってきたように思います。

現代小説もそのサブジャンルが多様化し、個々のジャンル好みの読者は、寸断されて、全体として拡散してきました。

この講演録には、詩人と小説家の時々に文学の観察と創作の思いをこめた講演が並んでいます。多様化は免れませんが、文学の本質や、感動するもののよってきたるところ、それほど変わるものではないはずです。文校内外の人たちが、これら講演録を読んで、それぞれの居場所で書き続けることに生かしていただけたらと願うものです。

『詩と小説の学校』――大阪文学学校講演集　目次

装幀　森本良成

「今、現代詩に問われているもの」

――小野十三郎賞の六年を振り返って

辻井　喬

辻井　喬（つじい・たかし）

一九二七年（昭和二年）東京生まれ。東京大学経済学部卒。経営者・堤清二としての活躍のかたわら、詩人、小説家として多数の作品を発表。六一年詩集『異邦人』で室生犀星賞、八四年小説『いつもと同じ春』で平林たい子賞、九四年『虹の岬』で谷崎潤一郎賞をそれぞれ受賞。ほかに著書として、詩集『現代詩文庫・辻井喬詩集』（正・続）、入門書『詩が生まれるとき』、小説『彷徨の季節の中で』『故なくかなし』など。小野十三郎賞選考委員を務めた。『樹林』二〇一三年十二月冬号は、辻井喬特集となっている。

二〇一三年十一月二十五日死去。

●忘れている大切なもの

ただ今ご紹介いただきました辻井でございます。

「今、現代詩に問われているもの」というのは大変大きなテーマで、とても、第六回小野十三郎賞授賞式にお集まりの文学に関心の高い皆様方に、ご納得いただけるような話ができる自信はございません。しかし、残念なことに、選考委員の中では私が一番年上らしい、これだけは動かせない事実です。お役に立たなくても務めを果たそうかということで、出てまいりました。

最初に、なぜ詩を書くか、あるいは、なぜ小説を書くか、なぜ文学に強い関心を持つかということについて考えてみますと、やはり、今の時代に生きて人間らしく暮らしていくということ、その方向を見つけたいという気持ちがあるからこそ、詩を読んだり書いたりするのです。私も、そういう質問を受けるたびに、「現代人が忘れている、あるいは忘れているように見える大切なものとは何だろう、という問題意識があるから書くんです」というふうなことを申し上げているわけですが、どんな文学様式にも——短歌であれ、俳句であれ、小説であれ、その核の部分にはポエジーというものがなければ作品としては成り立たない。私はそう思っております。

たとえば、先ほど倉橋健一さんが「広島へ煙草を買いに」という渋谷貞男（第六回小野十三郎賞受賞詩集『朝鮮鮒』）さんの詩を引用してお話しになっておられましたけれども、今「反戦」を唱える人は、幸いに大変多い。本質的には、圧倒的多数が戦争に反対だと思います。けれども、それを文学作品にする場合に、リアリティが抜けてしまっている。それは、文学作品として訴える力を弱くしてしまいます。このことは「戦争反対」「核兵器反対」あるいは「憲法改正反対」などとは別のことで、そういう言葉を一切使わなくても、あるいは使わない方が、より強力な反戦詩になるということは多いのです。そういう点で、先ほど例に挙げられた「広島へ煙草を買いに」という詩は、非常にすぐれた作品だと、私も思います。

人間らしく暮らしていく条件が、今われわれから奪われている、あるいは、奪われつつあるとすれば、それを取り返す努力、あるいは闘いをしなければならない。そこから、ポエジーが生きる場所を確実にしていかなければならない。それには、まずナショナリティというものを確立することです。とくに日本人の場合、ナショナリティが怪しくなってきている。怪しくなるということも、ある意味ではわかるのです。昔、偽《にせ》ナショナリズムというものを悪用して、アジアの国を侵略したり、散々いろいろなことをやってきましたから、ナショナリティなど持ってはいけないというような雰囲気も、戦争が終わってから、かなり長い間ありました。その間に、グローバリゼーションということが、だんだん浸透してまいりました。

ナショナリティというものは、ほんとうは、文化や芸術、あるいは地域や風土から生まれた作品がつくりだしていくものなのですが、グローバリゼーションが進展した結果、それがおかしくなってきた。たとえば、映画などが一番いい例ですが、大阪でも東京でも、目抜きの場所にあるいい映画館は、圧倒的にハリウッドの映画に占領されています。国際的にも評価されたいい作品を観ようとすると、新聞を一所懸命さがして、小さい映画館に行かないと観ることができない。グローバリゼーションというのは、経済の上では、どうしてもそういう傾向になりがちなのですが、それだけに、経済以外の部分では、独立性を形成していくという努力が必要です。

ところが、経済に倣って、文化や芸術の地域性、独立性がどんどん押し流されてしまう。それは、経済を担当している教養のない野蛮な経営者が、そういうものを無視するということも大きな原因になっています。私たちはそういう現実と闘わなければならない。

もう一つ、本当の意味でのナショナリティを作っていくためには、やはり差別されることへの反抗を捨ててはいけない。いろんな差別があります。性差別もそのうちの一つですし、民族の差別もそうです。それに反対しなければならない。ナショナリティの場合も、差別の場合も、経済がグローバルになっていけばいくほど、政治という分野は独立心をしっかり持っていろんな国と仲良くするほうがいい。ところが、今の日本の場合は、真っ先に対米従属が目に余るようになってきました。こうなると、文化・芸術だけが頼りです。文化・芸術の場合には、幸い差別ということについても、小野十三郎さんのような先輩を灯台のように見ながら、私たちは仕事をすることができる。そういったことの中で、日本人は主体性を確立していかなければいけない。そういう外界を目の隅に入れながら、私たちは文学者として仕事をしていかなければならないんだと思います。

●時代をどう生きるか

今申し上げましたことは、言葉を換えれば、人間はその時代をどう生きるかということが問われているということです。私は、我々が生まれた時から存在した産業社会と呼ばれるものが、大きな変化の時期に入っているように思います。たとえば、今度のアメリカの大統領選挙。どちらが勝つのかなと、私は大変気になっていました。私のアメリカの友人たちは、「そりゃ、ケリーが勝つよ。勝たなきゃ、アメリカが困る」というようなことを、盛んに言っていました。民主党が負けて、あのブッシュが、小泉純一郎とかいう人と仲のいいブッシュが再選されたということは、何を意味するのだろうか。私は、ちょっとロングスパンで考えれば、いよいよ産業社会の末期が近づいたと思いました。他の人が大統領になれば、それが少し先に延びるかも知れないというふうな感じで見ておりました。あの、財政のことも、市場経済のことも知らない人が、無茶苦茶に戦争を続ければ、アメリカの財政が今以上に破綻状態になることは目に見えている。ですから、テレビなどを見ていますと、ブッシュという人にとって、唯一の外国人の友だちは小泉純一郎さんなんですよね。これも、非常によくわかります。ああ、そんなに孤立した男なんだなと。ということは、言い換えれば、ブッシュという人と一緒に、日本の産業社会は心中する道に落ち込むかもしれないということです。これは、よく考えると他人事ではないのです。「経済が落ち込んでもいい。俺は俺でやっていけるよ」と言えるようになっていないうちに経済が落ち込むと、やっぱり影響を受けます。失業するとか、給料が下がるとか。だから、これは他人事じゃない。そういうことを見ておく必要はあります。

産業社会が末期に向かっているということは、どういうことか。そこにはいろんな物差しがあると思いますけれども、ものを作るということの、人間にとっての意義付けが非常にうすれてきている。これは共通しています。ですから、私はよく引用するのですが、中世が末期に近づいて、四、五百年かけて今の産業社会に取って代わられた時のことを、ホイジンガという歴史家が書いています。中世の人たちの軽信、つまり、軽々しく物事を信じ、つまらないことに寄りかかって現実を見ようとしない愚かな行い。これが、人間だろうかと思うほどの混乱。そういったことを『中世の秋』という作品の中に書いています。

中世末期の人間の皮相浅薄、でたらめ、軽信に絶えず示されている独特の軽佻浮薄さは結局どう考えるべきものだろう。彼等はしばしば真の思考というものを全然必要としない様だし、またそこはかとない幻像をかいま見ることだけで精神の満足を覚えている如く思われる。

（ホイジンガ著『中世の秋』兼岩正夫・里見元一郎訳、創文社刊、三五二頁）

同じことが、「産業社会の秋」にも言えます。これが、経済を推進した人のすることか、産業社会の政治を推進した人のすることかと、目を疑うような愚かな行為。あるいは、当てにならないようなものを軽々しく信用するお粗末な判断力。もし、ホイジンガが今生きていたら、今の日本の指導層を見て、同じことを言うのではないかと、私には思えてならないのです。そういう時代に私たちは生きているのです。

それは私たちにとって、不幸せなことか、幸せなことか。どんな時代も、その人にとって幸せになる場合もあれば、不幸せになる場合もあります。時代の受け止め方しだいで、不幸にもなれば、幸せの条件にもなる。そういうふうに、私は思うわけです。時代をよく受け止めるためには、実は、文学の力、芸術の力がなくてはならない。

変革の時代が、そろそろと巨大な姿を、まだかなり遠くにではありますが――見せている時に、いち早くそれを感じとり、その本体を明確に作品の形にあらわす。これは恐いことですが芸術家の、歴史から与えられた役割ではないか。私はそう考えております。

そのことは言い換えれば、詩における前衛性の問題、詩は常に前衛的でなければならないというのと同じことです。今から十五、六年前、二十世紀の市場経済を批判していた一つの体制――社会主義体制が崩壊をしました。それは、よく考えれば、スターリンの作った体制が崩壊をしたのであって、市場経済を批判するということ自体が意味をなさないということではなかったのです。ところが、そういうふうには伝わらなかった。東西冷戦というのは、それほど一つの固定観念として世界に流布されていましたから、東の方の体制の崩壊は、すなわち社会主義思想全体の崩壊として、市場経済、自由主義経済が勝利を示したのだと信じられました。これは、軽信の中でも、もっとも軽々しいものです。愚かな財界人がどう受け取ろうと、それは自分の勝手ですから構いませんが、芸術や文化に携わる者まで、その軽信に巻き込まれてはいけないのです。こんなことを申し上げますのは、とりわけ詩人は、起こっている現象を通念でかたづける姿勢では、詩人として心許ないと思うからです。

●詩の前衛性

今までに申し上げたことは、実は、小野十三郎さんが生涯をかけて示した、詩のあり方についての姿勢でもあります。小野さんは、一度も通念に身をもたせかけて判断中止をしたり、それを肯定したりすることはしなかった人だというふうに、私は理解しています。したがって、詩の前衛性とは何かということを考えていくと、やはり小野十三郎の業績に行き当たるわけです。

その点で、今の時代に人間らしく生きていくこと、そのために失われた、あるいは失われつつある大切なものを探す行為、それは言い換えれば、我々詩に関わりのある者にとっては、詩の前衛性を再確認し、自分のものにする行為なのですが、そのためにはどういうことが必要かということを、次に考えてみたいと思います。

いろいろなことを申し上げたいと思うのですが、意識の上で前衛でありつづけるためには、一つは、異質なものに積極的に触れていくということが必要です。と申しますのは、大阪を中心とする詩人は違いますが、東京にいて、勲章をもらいたいなどと思っている老詩人、かつては若かった老詩人の行いなどを見ていると、頭から異質なものを忌避していますね。それも自分にとって異質に見えるものを。ですから、どうかすると、自分を脅かすことのない作品ばかりを頻りに推薦するという行為になって、それは出てきます。その結果、詩はどんどん停滞せざるをえない。その点、小野十三郎賞というのは、そういった勲章詩人の選ぶものとは違うものが、毎回選ばれていると言えるのではないか。しかし、数多くの応募詩集のなかには、一番抽象的な言い方をすれば、異質なものに触れようとしない、異質なものを忌避するという弱さがあるものが結構多い。ですから、かなりの作品が、心境告白的なものになっている。「私小説」ということばがありましたが、詩の場合には「心境詩」とでも言いましょうか。若いうちは、若さということ自体が既成の権威にチャレンジするという性格を与えてくれますから、問題は明らかにならなかったのですが、その若かった人が中年になり、老年になりますと、心境詩、告白詩に近くなっていく。そうなると、やはり詩のクリエイティビティは、どんどん落ちてきます。そうならないためには、どうしたらいいか。大切なものを探す、あるいは、前衛でありつづけるためには、作品が常にその人から見て論理的であり、歌との闘いを含んでいなければならない。ただ心境を綴る作品であってはならない。ですから、メロス＝歌との闘いを含まない思想詩というものはありえない、というふうに言ってもいいかと思います。

その点で、私たちにとって一番手近な、そして代表的なメロス、それは「短歌的な抒情」であります。小野十三郎さんが、「短歌的な抒情の否定」「七・五の魔」ということを、力を込めて、繰り返し書かれたのは、このことと関わってくる問題であると私は理解しております。

ただ、そうなりますと、私にとっては非常に困ったことがひとつ出て来るのです。と言いますのは、私は、小野さんの「短歌的抒情の否定」という主張が、やや謳い文句のようなかたちで言われることが多いなという感じがありましたので、「いや、小野十三郎さんは、短歌というものが、どれだけ日本人の中に深く浸みこんでいるかということを知っていればこそ、『短歌的抒情の否定』ということを主張されたのだから、我々は伝統から大いに栄養を吸収しなければならない」と、この大阪でも何回か言ってまいりました。

そこで、「おまえは一昨年、こういうことを言っていたけれども、それと前衛性の維持とは、どんなふうに繋がるのか」という鋭い質問が出てくるかも知れません。私自身、この問題について、はっきりとした答えを持たないといけないなというふうに思っているところです。今でも私は伝統の中から創造性を獲得しなければいけないという主張は正しいと考えておりますけれども、それでは、伝統というのはどういうことなのかということ、それは私にとっての課題だと自分に言いきかせています。では、前衛性と伝統的美意識とはどこで結びつくのか。そこのところが明確に整理されますと、非常に展望が開けてくるわけです。

そこで、伝統的美意識というのは何だろうということを、何回も繰り返して考え直さないといけません。伝統的美意識というのは、俗悪なものとして流通しております。それは「花鳥諷詠」とか「雪月花」とかいうもので、非常に不正確な伝統思潮であります。それ自体では、実は何も言ってはいない。たとえば、前衛的な作品という場合に——散文の場合でもそうですが、私は写生、描写がどうなっているかということが非常に気になります。「いや、これは前衛的な作品だから、写生とか描写はあんまり必要ないんじゃないか」というような意見もありますが、それはたいへんな間違いだと思います。むしろ、写生が大きな一つの思想をはぐくむ土台でなければならないと思います。

●小野十三郎賞受賞作品の問題意識

そういう点で、小野十三郎賞の、この六年の受賞作品を振り返ってみますと、極めて的確な目で物事を写しとっております。ご参考までに第六回までの受賞作を申しますと、第一回目は瀧克則さんの『墓を数えた日』、瀧さんは大阪の堺の方です。二回目が高橋秀明さんの『言葉の河』、高橋さんは北海道の小樽にお住まいです。三回目は八重洋一郎さんの『夕方村』、八重さんは沖縄県の八重山群島の方。四回目は甲田四郎さんの『陣場金次郎洋品店の夏』、甲田さんは現在現代詩人会の理事長をしておられますが、東京大森の方。そして、五回目が苗村吉昭さんの『バース』、苗村さんは滋賀県の方です。そして、今度の渋谷卓男さんの『朝鮮鮒』。渋谷さんは、先ほどご紹介がありましたように、神奈川県川崎市の方。東京周辺は、六回のうち二回。それ以外は、関西、北海道、沖縄県というふうに、小野十三郎賞が全国を対象にした賞であることがはっきりするわけですが、そればかりではなく、どの年の受賞詩集も、描写という点においては非常に高い水準を持っています。

今ここに受賞詩集のうち、八重洋一郎さんの『夕方村』、瀧克則さんの『墓を数えた日』、苗村吉昭さんの『バース』と三冊の詩集を持ってまいりました。そして、ここには持ってきませんでしたが、二回目の受賞作、高橋秀明さんの詩集から引用します。冒頭に「月駅」という詩があります。

きっと
無灯の貨車なら何台でも通り過ぎて行く月の駅なのだ
真っ青な駅前
背の高い一本の街灯が黄色の光を投げ放ち
街灯に照らされた四つ角の古びた煙草屋では
赤地に白く「たばこ」と書いてあるはずのブリキの看板が

じっと変なオレンジ色に光っている

ごらん　あれが地球《テラ》だ
上弦の欠けた部分で
七つの空席がカタカタ揺れているだろう
わたしはその席のひとつに腰掛けていたことがある
席の名は忘れた
遠くぼんやりと宇宙船の汽笛がきこえるが
姿は見えない　見たことがない
無人の煙草屋でたばこを買って駅のベンチにもどってから
わたしは　ずいぶん長く独語し続けている
誰も迎えに来ないのだ
「勇気」だったか　「寛容」だったか
自分の名前をたしかめようと思ったこともある
昔のことだ

たばこの吸殻がまだ駅横のクレーターを埋めつくす前の

わたしが自分の席を追われて間もない時代
駅の配送センターは届け物でごった返してるし
焼き付けられた胸の回路は燻りだすしで
主人の重い天球儀を抱きかかえながら途方に暮れた

昔のことだ

この詩を見てみましても、たとえば「無灯の貨車」──貨車一般ではなくて、灯りのついていない貨車。それから「七つの空席がカタカタ揺れている」──こう書かれると、夜の、空席の多い寂しい客車の状況が目の前に浮かんでまいります。そういうふうに的確な描写をしておいて、「自分の名前は『勇気』だったか『寛容』だったか忘れた」というふうに来ますから、非常な説得力を持つ。そして、それらをひっくるめて、「昔のことだ」というリフレインがある。やはり小野十三郎賞を受けるにふさわしい作品だったと、今思い返して申し上げることができます。ずっと通して見ますと、小野十三郎さんの存在の大きさが、六回ぐらいやると、だんだんと浸透してきているなという感じがあります。

ご参考までに、小野十三郎さんを記念する「蜻蛉忌」の由来についてお話ししますと、小野さんはトウスミトンボが非常にお好きだった。愛着をお持ちでした。そう言われると、わかるんですね。大阪湾の立ち枯れた葦原でも、トウスミトンボは生きていて、しかも透明な羽根と鮮やかな色彩の胴を持っている。生きのびていること自体が、一つのプロテストであるような存在です。そして、小野十三郎の作品を読みますと、目立たないけれども的確な写生、的確な描写、その中で生硬な言葉は全然使わずに思想を表現している。

大阪芸術大学教授の葉山（郁生）さんが第一回目に際して言っていました。「小野十三郎の詩は大阪の風土が生んだ、大阪を越えた普遍性を獲得した詩だ。アヴァンギャルドをくぐったリアリズムだから、若い人を惹きつける力がある」と。新聞紙上にそのような発言が記録されています。また、詩人の浅井薫さんは、小野十三郎の「時間は迫っているが／まだまだ／ものを考える力は、わたしにある。／それが無くなるとき／わたしは／冥王星で生きる。」という詩篇を引用しながら、「蜻蛉忌」の誕生した経緯を新聞紙上で述べています。小野さんが、詩と詩論によって、この国の詩の風土を革新してきた、その意味をはっきりとさせようとしている。浅井さんの場合は、「我々はこの詩論から、勝手にいろいろなコースを描いて飛び出していくことができるんだ」と指摘されています。

ですから、小野十三郎賞の六回をずっと通して見ると、一つは、それぞれの作品——先ほどご紹介しました瀧さん、高橋さん、八重さん、甲田さん、苗村さん、そして今回の渋谷さん、それぞれが表現の多様性を持っている。もう一つ、共通して言えることは、社会や現実に対して強い問題意識を抱いている。三番目に、その強い問題意識が感性の伸びやかさと広がりの中で展開されている。抽象的な言い方で括ると、そのような性格が六回の受賞作を通じて見えてくるのではないだろうか。そういうふうに私は思っております。

したがって、この小野十三郎賞がもっと盛んになって、結果がどうだったかとか、今年はどんな詩集が小野十三郎賞に選ばれるだろうというような話題が、全国の詩に関心を持っている人の関心事になれば、かなり怪しげな雲行きの現代詩の世界も、そうとう変わってくるのではないかと思うわけです。

●詩人にとっての作業

そういう点で、最初の方で申し上げましたナショナリティの話とか、共同体の話についても、日頃言われていることをそのまま鵜呑みにするのではなくて、自分の感性で受け止めることが必要です。変革の時期であるからこそ、それが必要な時期に来ている。たとえば、「共同体」というのは、一般には時代遅れの、具合の悪いものだと言われております。「共同体とは、物質的な富や精神的な価値を共有する関係。あるいはそれらを共有する集団」と定義されておりますから、自由な個人の集合による近代社会ではありえないものなのです。確かに、今まではそれで正しかったのです。モダニズムの感覚で言うと、それは正しかった。共同体というのは、近代社会にとって否定されるか、少なくとも異質な存在だと思われてきた。その中でも代表的なものが、村落共同体であります。

ところが、モダニズムが退廃の時期に入りますと、そういう共同体の理解では人間が幸せになれないということがわかってきた。モダンな共同体否定は、否定すべき前近代性が残っている時には有益な考え方であったが、近代が成立してしまった後、それが成熟から退廃に向かう時には、人間の孤独を追求するというマイナスの要素になる。そこで、二十年くらい前から、新しい共同体の概念が提唱されています。それは、共同体の「共」というところに重点を置いて、近代社会の共同体ではなくて、「共に生きる」ところに大きな意味を持たせている。日本語では「無為の共同体」と訳されて、ジャン=リュック・ナンシーという人の共同体論が紹介されています。それによりますと、物質的な富や精神的な価値を共有しないで、各々の精神的価値を保持しながら共に生きるということを大切にしようではないか。その原型は、男女の共同体ということになろうかと思います。そういった共同体論が出てきている。

そういうことを、私たちは頭の隅に置いて、産業社会が没落した後の共同体というものがもしあるとすれば、どういうものだろうということを考えていかなければいけない。ただ、私たちは思想家ではない。哲学者でもない。もちろん、哲学者が詩人であっても結構なのですが。そういう話を、こういう会で話題にしておいて、共同体論についても、あるいはナショナリティについても、日頃流通している概念ではなく、自分なりの理解の仕方でもって、物事を考えていかないといけない。変革の時代というのは、詩人にとってもそういう作業が必要な時代なのです。小野さんは、そういう点では、若い頃はアナーキズムというものにかなりコミットしておられました。そのことが、小野さんの近代性を、外国の文学から借りてきた他の詩人の近代性とはひと味もふた味も違ったものにしていったのではないか。私はそういうふうに思っています。

私たちが、私たちなりの産業社会後の世界を構想することによって、詩人が新しい時代を指し示す立場に立ち、その役割を果たすためには、今申し上げましたような思想的・哲学的なものとの取組も必要でしょうし、詩の手法との関係では、物は皆自らおこる――「物皆自得」とでも言いましょうか、そういった荘子の思想なども頭に入れておいた方がいいかも知れません。芭蕉が「松のことは松に習え、竹のことは竹に習え」と述べたと弟子が書きとめていますが、この芭蕉の根本には荘子の思想があったと言ってもよいと思います。伝統から学ぶのは、その中に現代以後の時代に役立つものの考え方が含まれているからです。そういう意味で、私たちは日本の、あるいはアジアの文化的・芸術的遺産の中から、未来に役立つものを見つけ出していくことが必要だろう。小野さんが「短歌的抒情の否定」を力説されたのも、そういう役割が詩人に与えられている時代に、七・五の魔に足を取られて、ただ歌ってしまってはいけないという意味ではなかったか。私は私なりに、そう小野さんの主張を理解しています。

いずれにしても、小野十三郎賞は六回を経過いたしました。ナショナリティというようなことを言いましたのは、それをもっと突きつめれば、リージョナリティ――地域性というものが重視されなければならないと思うからです。たとえば、大阪、あるいは関西ぐらいまでに広げてもいいと思いますが、これは文化・芸術の先進地帯であります。よく大阪のことを「商都」と言いますが、その頃の商いは、今のインチキ商いとは違って、人間そのものと強く結びついていたと思います。ですから、西鶴とか近松とか、いろいろな先駆者がおります。そういった人たちからも、我々はいろんなことを学ぶ必要がある。そして、大阪からもう一度、小野さんが範を示したように、小野十三郎賞が、あるいは大阪文学学校が全国的に示しているように、地域からの発信をしていく——経済はどんどんグローバル化していきますけれども、政治はそれぞれの国で独立して平等互恵で、間違っても属国になってはいけない。そして、文化はリージョナリティ——地域性に立脚することによって悪しきグローバリズムに対抗していかなければいけない。そういうことも含めて、私たちが今日、二〇〇四年にこの朝日新聞の部屋に集まって、第六回の小野十三郎賞の授賞式を持てたということには、とても大きな意味があると思います。いろいろな困難はありますが、私たちはそれを乗り越えて小野十三郎の詩の精神を、さらに強く全国的なものにしてまいりたいと思っております。皆様方の詩的、芸術的、文化的ご協力を切にお願いをいたしまして、私の話しを終わらせていただきます。ありがとうございました。

（二〇〇四年十一月六日講演）

「私にとって詩とは何か」

——書法と逸脱をめぐって

小池昌代

（聞き手・山田兼士）

小池昌代（こいけ・まさよ）

一九五九年（昭和三十四年）東京都生まれ。津田塾大学卒。九七年、詩集『永遠に来ないバス』（思潮社）で現代詩花椿賞受賞。二〇〇〇年、『もっとも官能的な部屋』（書肆山田）で高見順賞。〇一年、エッセイ集『屋上への誘惑』（岩波書店）で講談社エッセイ賞。〇七年、短篇「タタド」で川端康成文学賞。他の詩集に『雨男、山男、豆をひく男』、『小池昌代詩集』（思潮社現代詩文庫）、『対話・詩と生活』（四元康祐との共著）、『地上を渡る声』、『ババ、バサラ、サラバ』（小野十三郎賞）、『コルカタ』（萩原朔太郎賞）、等。小説では、短篇集『感光生活』、小説集『タタド』、『裁縫師』、『たまもの』（泉鏡花賞）等。他に絵本の翻訳等もある。小野十三郎賞選考委員。

●自己形成期から

小池　小池昌代です。きょうはたくさんお集まりいただいて有難うございます。「書法と逸脱をめぐって」という、なにか難しいようなタイトルがついていますが、気楽に聞いていただけたらと思います。どうぞよろしくお願いいたします。

山田（兼士）　小池さんには、数週間前に、この大阪文学学校のことや聴衆のことをお伝えした上で、お話の内容について電話やメールで相談しました。皆さんに資料をお配りしましたが、これは小池さんの初期から最新までの詩から選んだものです。これまでに出た六冊の詩集からのアンソロジーが、思潮社の現代詩文庫『小池昌代詩集』になって最近出ましたので、これを中心に作品を選びました。今のところ一番新しい詩集は、二〇〇一年十二月二十日に刊行された『雨男、山男、豆をひく男』（新潮社）ですね。それから、詩集以外の本もあります。エッセイ集『屋上への誘惑』（岩波書店）で、講談社エッセイ賞を受賞されました。最近では「群像」四月号に「木を取る人」というはじめての小説を書かれました。百枚くらいの中編ですが、これも魅力的な作品です。今後は小説の方にも活動の領域をひろげられるだろうと思います。あと、絵本の翻訳の仕事もありますね。それから、新しいジャンルの試みもされていますので、その話も含めてお聞きしていこうと思っています。

流れとしては、まず小池さんの詩人としての自己形成期から始めて、これまでの代表作と言えるでしょうか、二つの受賞詩集『永遠に来ないバス』（思潮社）と『もっとも官能的な部屋』（書肆山田）のあたりまでを前半に、と考えて資料を作っています。ここにある作品すべてに触れることは時間的に無理だと思いますので、この中のいくつかの詩についてお話をうかがい、朗読もしていただこうと思っています。後半は、最近の多彩な活動について、お聞きするつもりです。特にエッセイや小説について。そして、もう一度詩の話にもどって、七時頃までに終わる予定です。

●木と水と光と

山田　では最初に、小池さんに詩をひとつ朗読していただきましょうか。

小池　はい。私の一番最初の詩集に『水の町から歩きだして』（思潮社）というのがあります。私は東京の江東区、深川の下町に生まれたんですが、材木商の多い町で、私の家も材木問屋でした。隅田川支流の川がたくさん流れていて、もちろん橋もたくさんあります。そういうところから、詩集のタイトルをつけました。タイトルポエムというものはなくて、詩集独自のタイトルです。まさにここから歩きだしたことになりますが、その詩集の最初に「はじまり」という詩を置いてあります。本当に「はじまりのはじまり」なんですが、これを朗読します。

はじまり

地下鉄の階段を一段ずつのぼると
そとは　まぎれもない四月だった

視力が計れないほど微量に回復している

ハイヒールのつま先をまるくして
ことしも春があたたまった

信号を待っていると
つるんとした紺色の新入社員が
ぞろぞろと流れてくる
どのひともみんな
あごの骨の柔らかそうな顔
〈ちがうしつもんをしてみてよ〉

みどりと光がこまかくちぎれて
ちょうど　町が点描法で仕上っていたころのようだ

〈あなたのこえがすきです〉

きのう　突然　脈絡もなく
夢に現われた男は
先へいくほど尖った神経質な指をもってた

木のようなひとね

なぜだろう
かれにとらわれながら
一日をすごしてしまう

きっと

すきになり始めている

山田　ありがとうございます。最初の頃の作品ということですが、早速いくつかのキーワード、キーイメージが現れていますね。「木のようなひとね」という一行とか……。先ほど深川の材木問屋に生まれたとおっしゃいましたが。

小池　そうですね。祖父が始めた店だったんですけれど、そこで生まれて、いわゆる自然の樹木ではない、加工された木に囲まれて幼児期を過ごしました。

山田　この後の作品にも、木はよく出てきますね。材木置き場のことを書かれた散文詩とか……最近お書きになった小説のタイトルも「木を取る人」ですね。それは小池さんの原風景でしょうか。

小池　そうですね、初めて小説を書こうと思った時に、やっぱり原風景を出発点にしようということはありました。詩の中にそれがどんなふうに出てきているかは、自分で意識したことはないんですけれども、水と、職人の世界の肌触りというんでしょうか、そういう空気感というのは、始終自分の底の方に溜まっているものだとは思っています。

山田　まず木が出てきますよね。そして、水も出てきています。それと、もうひとつは、光だと思うんです。

小池　ああ……。

山田　ぼくが多少意識して、資料に載せる詩を集めたからですが、この他の作品でも、光のとらえかた、描写の仕方が非常に特徴的です。後でまたお話ししたいと思いますが、ここでは「みどりと光がこまかくちぎれて」という表現をされています。ふつう「光がちぎれる」という言い方はあまりしないと思いますが、ここではそれを「点描法で仕上っていた」と……これは美術用語の点描法のことですね、フランスの画家スーラとかシニャックとかが用いた。たしか、小池さんは絵も描かれると聞いています。

小池　ただもう好きで描いているだけですが（笑）。今、山田さんが光のことをおっしゃったのを聞いて、ふっと思い出したことがあるんです。小学校低学年の頃に、はじめて、詩というのは私にとっておもしろいものだと、何かの拍子に思ったということは、はっきりと記憶しているんですけれども、それは教科書などで何かの詩作品に出会って「こういう詩を書いてみたい」と思ったというわけではないんです。最初に出会ったのは言葉ではなかったんです。なぜ、そんな小さい子どもが、詩という目に見えない、手に触れないような抽象的な概念に惹かれ、それを詩というふうに感じとったのか、今でもよくわからないんですけれど、むしろ子ども時代の方が、言葉以前の概念の世界に親しいのかもしれませんね。私は今、小さい子どもと生活しているので、見ていて自分の子どもの時代を思い出すことがよくあるんです。子どもって、まったく、この世でないようなところを、じっと見ていることがありますね。何を見ているのか、どこを見ているのか、よくわからない瞳で、ぼーっと宙を見ている。いくら呼んでも振り返らない。そういう、名づけることのできない不思議な時間の中に子どもは生きている。さっき山田さんの言われた光ということを考えますとね、私もまた、子どもの頃に、宙に浮かんでいる埃とか塵をぼーっと見ていたなあ、と思い出すんです。ふつうは見えないんだけれど、光の存在によって、それが一瞬にあばかれて見えることがある。光が刃物のように空間に射し込んで、普段見えていないものがあばかれてしまう。今はこんな言葉で、後付けていろいろ言っていますけれど、子どもの頃にはそんなことは思わず、ただ、あばかれているもののおもしろさに目を、心を奪われてじいっと見ていた記憶があります。

大人になっても基本的に、ぼーっと何かを見ているのは、変わりませんが、光線の当てられ方ひとつで、ものがいつもと違う表情をあらわすということには、いつも心を奪われます。蜘蛛の巣のことを書いた詩があります。蜘蛛の巣というのも、見ようによっては、透明な糸で張られていて、光の具合によっては匿されているんですが、そこに光が射し込むことによって大がかりな仕掛けが見えてくる。あれは罠ですから、いつも見えてしまっては、逆に、困るわけですよね。知らないで通過しては罠にかかるという——そういうのが蜘蛛の巣ですから。日常の中では見えない、匿されているものが、何かの瞬間に見えてしまう。そういう恐ろしさとおもしろさのようなものに、惹かれていたんじゃないかと思うんです。そしてそれは大人になってからも、ずっと続いていて、今もあるものだと思います。

●抽象、具象、詩の発見

小池　私にとって日常というものは、ほんとうに見飽きないもので、机でもコップでも靴でもなんでも、じいっと見つめていると、必ずそれが解体して、抽象の世界の方にバラバラになっていく。具象を見ていると、必ずその具象の裏がわに行っちゃうんですよね。それは、皆さんもきっとそうだと思います。だから、見るということは、すごく恐ろしいことだなといつも思います。

　絵を描いていてもそうなんです。連載で文章と絵を書いていて、編集の人に「今度は抽象画でいきましょう」と言われた時に思ったのですが、私にとって、最初から抽象画を描くという概念はあまりないんです。最初の窓口は、全部具体物です。言葉の上では「具象」「抽象」と区別して、まるで違うもののように並列して置かれていますけれども、私にとっては裏と表のようにぴったりと合わさっているもので、バラバラのものではないような気が最近してきたんです。具体物を見ていると、必ずその裏がわに行っちゃう。具象が解体して抽象の方に行く。

　詩を書く時も、最初は何か具体物から入ることが多いんです。たとえば、そうですねぇ……朝顔の花なんかでも、種を蒔いたことさえ忘れていたのに、芽が出て、ふた葉がぬれているように初々しく開く瞬間……そういうのを見たときに、自分の心の中に「あっ」という驚きというか、小さな叫びのようなものが生まれて、そこから詩を書いてみたいと思ったり。入口はこの世の中の日常の現象なんですが、それを見て書いていくにしたがって、必ず抽象の方に行っちゃう。

「抽象画を描く」というのも、よくわからないことで、最初は物の形を描いているつもりなんです。それが結果として、最後は抽象画みたいに見えてしまったり……そのことは、すごくおもしろいなと思っています。それは詩を書いていても、絵を描いていても感じるところですね。

山田　子どもの頃の詩のようなもの、詩らしきものへの憧れから、最近感じておられる抽象と具象についての思考というところまで話をしていただいて、もう終わりの方まで話が来てしまったような気もしますね（笑）。

絵の話もしていただきましたが、インターネットの筑摩書房のサイトに「新・感光生活」という連載をされていて、これは絵も小池さんが描いておられます。プリントアウトしたものを持ってきましたが、ここに描かれているのはりんごでしょうか、こういう果物の絵からはじまって全部で十二回……皆さん、よろしかったら、インターネットでご覧ください（現在は配信を終了、文章のみ『感光生活』として筑摩書房より単行本化された）。

さて、幼少期に体験されたことですが、その時から「詩」として認識されたんですか。それとも、今考えたら、あれが「詩」だったのかなということでしょうか。

小池　子どもの頃から、とりあえず、その体験を「詩」と呼んでいたような気がします。ただ、言葉になっているものを見て、こういう詩を書いてみたいと思ったのとは違いますね。

山田　どこで詩に目覚めたかということについては、いろんな詩人が、いろんな言い方をされています。たとえば、前にここでお話しいただいた谷川俊太郎さんは、隣の庭に立っているニセアカシアの大きな樹に朝日がのぼってくるところを、六歳ぐらいの時に見ていて、その時に普段の感覚とは違う何か別の感覚があることに気づいて、「それが、ぼくにとっての詩のはじまりです」とおっしゃっていました。小池さんの場合は、最初から詩として認識されていたということですか。

小池　そういう瞬間はいろいろあったと思いますね。空中に浮かぶ埃もそうですし、あと、雨が降っているのを見ながら、何かそれを言葉にしたいという欲求が生まれたんですけれども、とりあえずそれを「絹糸のような雨」と書いた時に、自分の中で違和感があった。書き付ける言葉から対象が常に漏れる、重ならないんです。その違和感を限りなくゼロにしていこう、と思いつめながら雨を見ていると、雨と自分との重ならない距離のあいだに言葉が生まれます。そういうのが面白いと思ったことも、詩を書こうと思った最初にありました。でも、結局それからずっと書けなくて、「詩だ、詩だ、詩だ」と思っていたにも関わらず、実際に書けたのは二十六、七歳の時でした(笑)。

山田　その時は、たしか吉原幸子さんの教室におられたんですよね。

小池　はい。でも、すぐにやめちゃったですけれども(笑)。三カ月くらい、吉原さんの教室に行っていました。

山田　それまでは、ずっと詩に憧れていたけれども、なかなか実際に書くところまでは至らなかったということですね。今のお話は資料の四ページに出ています。「十の点描画」というエッセイですが、これはわりと最近、思潮社の現代詩文庫に書き下ろされたものですね。個人的な、自伝的な体験をスケッチ風に十の情景で描いている作品。これはエッセイと言っていいのか、散文詩と言った方がいいのか、非常に微妙なんですが、その三番目に、いま小池さんがおっしゃった雨のことが書かれています。

小池　そうですね。これは自分のはじまりとして、強く印象に残っていた風景だったので書きました。今お話ししたとおりです。

●宗教意識と幼年期

山田　詩のタイトルだけを並べて書いていたとありますが、これも本当のことですか。

小池　そうです。本当に書けなかったですね。だから、ただタイトルを並べたりして。言葉で何かを表現したいと強く思いながら、本当に書きたいことが全部漏れてしまったりして。いまだにそうなんですが、私にとって詩というのは常に……おそらく宗教を持っている人は、神様のことをそういうふうに考えていらっしゃるのかなと思うこともあるんですけれども。常に彼方のほうにあって、どうしてもそこに行き着くことができない、それを書くこともできない。私はその周囲を巡るだけなんですけれど、死ぬまでその周囲をぐるぐるぐるぐる回っていて、そこには飛び込むことができない。詩そのものに触ることはできない。おそらく最初から不可能なことをやっているという思いは、いまだにありますね。

山田　「十の点描画」でいいますと、一つめの文章の最後に「ひっそりと埋もれている、それ自身の光。それを掘り出すのが、わたしの仕事だ」とあります。これは凛々しいというか、素晴らしい宣言だなと思うんですが、この場合の「光」というのは、今おっしゃった宗教などに近い光なんでしょうかね。

小池　そうですねえ。確かに、自分の中にある志向としては、宗教的なものに惹かれるところはありますね。あまり皆さんにお話ししたことはないんですが、大学では国際関係学科というところにおりまして、とにかく、何をやってもいいという学部だったんです。そこで、宣教師のことを卒論に書きました。その頃、遠藤周作さんの一連のクリスチャンを書いた作品に惹かれていまして、特に『沈黙』を読んだ時に強い印象を受けたんです。卒論で書いたのは、ザビエルの後に日本に来たアレッサンドロ・ヴァリニャーノという宣教師のことです。私が死ぬまで詩そのものの中には飛び込めない、書けないという断念を持っているのと同じような気持ちで、彼らもこの国にキリスト教は根付くのかと思いながら、半分断念しながら、布教していったのではないか……。とにかく非常に惹かれるものがあって、学生の頃はずいぶん宗教のことを勉強していました。今でも、キリスト教、仏教など、宗教そのものへの興味は変わらずにあります。宗教的な資質を持った作家にも惹かれます。

ただ、私の中には非常に雑多なものが入っているような気がするんです。一方では非常にピュアな宗教的な光に惹かれながら、もともとは下町の職人の商売をやっている家庭に生まれましたから、家の中にはそれほど本の匂いもありませんでした。父は本が嫌いではなかったと思いますが、本棚にずらっと本が並んでいるというような家ではありませんでした。ほとんどなかったと言った方がいいかも知れません。ただ、本への憧れはあったようで、文学全集などを密かに買ってはいたみたいですが、本棚には入れずに他の荷物と一緒にそこらに積んでありました。だから、両親の影響で何かを読み始めたとか、憧れをもっていたということは、あまりないです。ただ、詳しくお話ししていけば、両親の中にそういう創造に対する飢えや渇望のようなものがあって、それがたまたま私という出口から出ていったというふうに感じることはあります。

山田　幼少期の原風景のようなものは、初期の作品にも見られますが、ただ、最近それがもっと具体的になってきたということはありませんか。もっと語れるようになってきた、というのかな。エッセイとか、小説とかいう形で。

小池　あ、そうですねぇ。

山田　最初の頃はもうちょっと断片的で、一つのイメージが一行だけ出てきたりとか、背後に何かあるんだろうなということは感じさせますけれど、あまり語っていないですよね。それが、最近の「十の点描画」とか、先ほどお話に出た「新・感光生活」などで、非常に具体的に語られてきていますね。初期の作品についても、それだけ読んでいる時にはわからなかったことが、後で明らかになってくるということもあるように思います。それは、ご自身で自覚的になってこられたということと関係があるのでしょうか。

小池　そうですね。いつも無意識のうちに、なんとなくそういうものが出てきて書いているということはあります。ただ、私の場合、ちょっと自己反省をすると、子どもの時代のことを書きすぎかなという気もするんです。というのは、私の中には、まだ地続きで子どもの時代があって、私、年だけは食ってるんですけれど、ほとんど十八歳の頃から中身が変わっていない気がするんです（笑）。本を読んだりしても知識が全部抜けていってしまう体質なので、あまり賢くなれなくて、教養がないということはこれは本当に恥ずかしいくらいなんです。そういう自分が、唯一これは確かだと信じられる領土というものを探すと、子ども時代に行っちゃうんですよね。うろうろ迷って行き着くところというのは、子どもの頃の心の原っぱなんです。おそらくそこから全然切れていなくて、そこと離れられないから、詩を書こうとしているじゃないかなと思います。

山田　子どもの頃の原風景というのは、たしかに作品の中にいくつも出てきます。たとえば、「七本の川が流れる町」というのは、まさに深川のあたりの風景ですよね。それから、第二詩集『青果祭』（思潮社）にある「村へ」という作品、これは決して小池さんの郷里ではないんでしょうけれども、古里というか、原郷のようなイメージで書かれていますよね。

小池　はい。

山田　こういう原風景への遡り方というか、到達の仕方と言ったらいいんでしょうか、そこにすごく独特なルートがあるような気がするんですよ。

●イメージの形成過程

山田　先ほど「具象と抽象」という話をしておられましたが、第一詩集に「りんご」という作品がありますね。これは初期の代表作のように言われているもので、たしか井坂洋子さんが絶賛していた作品じゃないですか。まず、具体的なりんご一つのことから始まる。それが急に、「地球の中心へ」というような抽象の方へ一挙に行くわけですよね。そして「わたしのきもち」に繋がっていって、「なくなったきもち分くらいのおもさ」と続いていく。「きもち」という量れない抽象的なものを、「りんご一個分のおもさ」という具体的な手応えのあるもので表現する。こういう繋ぎ方というのが、特に初期の頃の作品に顕著にあったように思います。

そんなことを、先ほど「抽象」と「具象」という言葉で表現されたと思うんですけれど、おそらく原風景とか幼年時代ということについても、そういう経路というのでしょうか……詩や文章を書いて生活をしている現実から、原風景に遡っていく通路の作り方というのでしょうか……詩を書かれる時にいろいろ引き出しがあって、ご自分でも意識されていることじゃないかと思います。今ここにはいろんな文学表現を志す方が大勢いらっしゃいますので、そのあたりのイメージの形成過程のようなことを、語っていただけないでしょうか。

小池　そうですね。皆さんも、きっとお書きになる時はそうだと思うのですが、見るというのは一瞬のことですよね。その一瞬はすぐに消え去ってしまうのですが、生きているうちは、そういうものを常にシャワーのように浴びつづけて生きている。それはどんどんどんどん落ちては消えていって、次々に新しい瞬間が押し寄せてくる。だけど、それを全部きれいに拭い取ろうとしても、夜眠るときもシャワーの一粒がどこかに残っているように、拭い去ってしまえない瞬間がある。その瞬間を、結局私はいつも書いているような気がするんですけれども。だから、瞬間というのは詩の住みかだというお話を、いろいろなところですることが多いのですが。

山田　この「りんご」の場合で言うと、「りんごをひとつ　てのひらへのせた」というのが、その瞬間ですか。

小池　そうです。まさに、そのとおりだと思います。そのあとに書いたことは全部机の上で書いたもので、ただ、何が真実かというと、「りんごをひとつ　てのひらへのせた」、それは確かに私にあったことです。その時の重みですね。その重みというものは、どうしても他の何かと交換できない、なにか、自分が信じられる重みだったわけなんです。いまだにこの重みというのは私の中に残ってますけれども、これはじゃがいもの重みとは違うんですよね。レモンの重みとも違うし、綿菓子の重みとも違う。なにか、それでなければならない、「ああ、りんごだ」という重みってあると思うんです。その重みっていうものを書きたかったというのかな……。

山田　その実感の重さみたいなものが、この作品は非常にうまくというのか、実感に即して出ていますね。今読み返して、ご自身でもそう思われますか。

小池　そうですね……りんごに託した「ひとと別れた」とか、そういうことは、自分にとっては実はどうでもいいことで、ただ、りんごの重みということだけを、これを読むたびに考えますね。

山田　ちょうど作品が目の前にありますので、ちょっとだけ作品論的なことをお話ししたいと思うんですけれども、まず「ところで」と始まりますよね。

小池　はい。

山田　こういう始まり方というのは、まず散文では絶対しないですね。ふつうは前に何か文脈があるわけでしょう。ところが、ここでは決して、この前の作品に対して「ところで」と言っているわけじゃない。この作品自体を書き始めるための一行目が「ところで」なわけですよね。ということは、その前の文脈には、それ以前の生活、たぶん男との別れとか、いろいろなものが渦巻いている、そこから完全にモードを転換していますね。

小池　はい、モードの転換ですね。

山田　こういう始め方というのは、あまり……すみません、僕はすぐこういう口調になってしまうのですが（笑）……あまり、皆さんはまねしない方がいいと思います。

小池　あ、そうですか。

山田　これは飛び道具というか、裏技というか、なかなかうまくいかない方法だと思うんですよ。

小池　なるほど（笑）。

山田　その後が、実にみごとに実感を表現していますね。ここで言うとキーワードは「つま先」だと思うんですけど。最初に読んでいただいた「はじまり」にも、「ハイヒールのつま先をまるくして」とあるし、次に資料に載せた「庭園美術館」という詩には年老いた学芸員が出てくるのですが、「かれのつまさきにまで届くだろう」とあって、この頃、肉体的な実感を示す言葉として、「つま先」をよく使っておられるんです。ここでも、りんごの重さというものの実感を表現する見事な比喩になっていると思います。それから、「しぼりたての町並がこぼれてくる」という、この一行なんかすごいですよね。ちょっと言えるもんじゃないと思うんですけれど。ここにも、りんごからのイメージの連鎖というものがあります。そういったところから、気持ちの測量に繋がっていく……すみません、僕が勝手に解題していますけれど（笑）……そういう通路……つまり抽象と具象を繋ぐような、その時の実感の深さとか重さを、こういうふうに表現した時は、作品が「うまくいった」という実感が、きっとあると思うんです。いつもそうはいかなくて、うまくいかなかった場合もあると思います。あるんじゃないですか、たぶん。この感じ、この感じがうまく表現できないという……。

小池　そのもどかしさというのは、ありますね。それは推敲によって、できる限り「これではない、これではない」というふうに、自分の気持ちを尖らせて、鉛筆の芯を削るように尖端を細くして……その真実というのか、その「点」というのは、ほんとうに尖らせないと到達できないんですよね。曖昧なものならば、大きな円を描くことでフィールドに入ってくれると思うんですけれど、ほんとうに書きたい点というのは、ほんとうに細い点なので、そこに行くためには、思い詰めないと行けない。その思い詰め方は、人それぞれにあると思うんですけれども。

●直観と展開

山田　そうとう推敲されますか。

小池　「違うな」と思った時は推敲しますね。でも、だいたい失敗してしまいます。どうしても行き着けないですね。

山田　どうしても行けない場合は、作品自体を没にしちゃう？

小池　没にすることもありますね。

山田　出てきたものは、割とそれがうまくいっているので、そういう苦労をしているようには端からは見えないですね。

小池　それは、その一点にすっと行けることがあるんですよね。最短距離でパッと行き着くことができた時は、ハッと思って終わっちゃう。だから、実際に書く時間はほんとうに短い作品が多いと思います。

山田　そういう最短距離というか、実感がすっと表現になって出てきた作品の例として、たとえば「蜜柑のように」というのはどうでしょう。今の「りんご」に対して蜜柑というのは、いかにも出来すぎと思われるかも知れませんが、でも、確かにそういう感覚があるように思うんです。これは、もう少し先の詩集『永遠に来ないバス』の中に入っている作品です。お手元の資料にも載せてあります。これは、ほんとうにストンと入ってくる詩です。作品を書かれた時のことを、ちょっと思い出していただきたいと思います。さっきと同じ質問になるんですが、実感の表現という点ではいかがでしょう。わりとすぐに手応えがあった作品かな、と思うのですが。

小池　そうですね。書いていておもしろかった記憶があります。蜜柑一個というのは、そんなに重いものではないんですけれども、その重みが具体物として私にあって……だけどそれだけじゃないんですよね。それが、人との関係性の中で出てきている。ある人が、「わたし」にくれたというふうに。でも「わたし」じゃなくて、ポケットみたいなちょっと外れた場所に蜜柑が落ちて、そのポケットという場所から、ちょっと遠回りをして届いた……。

山田　後半は展開になりますね。前半の「とおまわりした気持ちがようやく届いて／うれしいとおもう」まではわりと一直線で書けて、その後にまた展開がありますよね。

小池　山田さんがおっしゃったので思い出してきたんですけれど、おそらく書いた時間は、ほんとうに短かったと思うんです。パッとできちゃうということが割合多いんですけれど、だけど書く前の時間というのは、けっこう長かったと思いますね。蜜柑の重さだけではない、やさしさのことだけでもない、何かと何かと何かがぶつかって、そしてそれが動き出してくれるまでは、すごく長く時間がかかったかも知れません。

山田　小池さん、どうでしょう。このあたりで、この作品を朗読していただくと、すごくわかりやすいんじゃないかなと思うんですけれど。

小池　じゃあ、「蜜柑のように」というのを読んでみます。

蜜柑のように

さよなら
と言ってドアに手をかける
と
あのひとが
蜜柑をひとつポケットに入れてくれる
　あくまでも
わたしにではなく
ポケットに……

蜜柑のおもさ
それはしなびた蜜柑だったから
わたしはすぐに忘れてしまう
しかし、さむい二月の夜
さむい冬の夜道を歩くと
大きめのオーバーのポケットの底
蜜柑が足にうるさくぶつかるので
わたしはこの果物の存在をおもいだし
帰りぎわのあのひとのしぐさをおもいだす
　あくまでも
　わたしにではなく
　ポケットに……
とおまわりした気持ちがようやく届いて
うれしいとおもう
わたしの遅さ
蜜柑一個
わたしたちはいつも

それぐらいの何かを欠いて生きている
やさしさは異物感
ごつごつとして見慣れない固まり
辺鄙な場所へ落ちた、とおくからの届け物
深いポケットに指をのばして
わたしはおそるおそる蜜柑に触れる
ひんやりした
この夜の
夜気よりも冷えたすこやかな固まり
誰のものでもない、この固まりを
蜜柑のように
無造作に
ポケットの底に
ころがして歩く

山田　ありがとうございます。後半でガラッと展開が変わるんですよね。最初のところだけだったら、一つの情景を描写した詩で終わっている。「わたしにではなく、ポケットに蜜柑を入れてくれた」ということの意味、そのことの重みと彼のやさしさが間接的に伝わって、ほのぼの、しみじみとした微妙な感覚を表現できるだけでも大したものだと思いますが、そこで終わらずに、その後に「わたしの遅さ／蜜柑一個」というふうに続いていく。ここで速度の問題が関わってきて、欠如感とか異物感、そういう違和感の方に話が進んでいっていますよね。これは、最初からそういうところへ持っていこうとして書いたというよりも、やっぱり前半を書いたところで、書きながらそういう発見があったのではないでしょうか。

小池　そうですねぇ……。

山田　すみません、抽象的な聞き方で。

小池　いえ、わかります。あの……「遅さ」とか「速度」というのも、私がすごく興味を持っているものの一つです。速度の誤差のなかに、現れてくるものがある。追いつけないとか、先に行き過ぎちゃって振り返ったら誰もいなかったとか、いろんな情景がそこに展開してくるわけですよね。とくに優しさとか人間の感情というものは……幸福感というものもそうだと思うんですけれど、なんていうか、遅れてやってくるような気がすることがあるんです。この人に優しくしようと思って、言葉や行動を示しても、なかなかダイレクトにその瞬間には伝わっていかない。私自身がそうなんです（笑）。すごく遅い人間で、すべてに対して理解が遅いので、本を読んでも遅いし、人に好意をかけられても、それに気づくのが遅い。すべて、そういうふうにスピードが遅れて自分にやってくるもの……手紙もそうですよね、今はインターネットで送ったら瞬時に届いて、手紙のように「まだ届かないあいだ」とか「言葉が空中を飛んでいる時間」というのはネットにはない。いい悪いではなくて、遅れてくるものに自分はすごく興味があるということです。「蜜柑のように」は、重さとともに速度にすごく興味があって、書く時にそういうものが一気にぞろぞろと集合してくれて、詩みたいなものになってきたんだと思うんですけれども。

山田　最後のところで、蜜柑とポケットのイメージに戻るんですけれども、「ころがして歩く」という印象的な終わり方をしている。これはほんとうはポケットの中ですから転がりようがないんですが、ここも今お話しされた「遅さ」ということと関わってくるんですよね。

小池　最後の「蜜柑のように」という言いまわしは、私なりに工夫をしたところなんですけれども、あんまり本人が思うと他人にはいつも伝わらないもので（笑）、本人が「これはいいぞ」と思うと大体があまり評判がよくなかったり、そういうことは私の場合すごく多いんです（笑）。蜜柑なのに、なぜ「蜜柑のように」なんて書いたんだろう、馬鹿みたいだな、と思われるかも知れないんですけれども、私それが書きたかったんです。蜜柑に対して「蜜柑のように」ってどういう意味？　って思われるかも知れませんが、もうここでは、蜜柑じゃないんですよね。それで、この子にというか、この固まりに、「蜜柑のように」という直喩をかぶせてやったんです。帽子みたいにね。

山田　この前の行で「誰のものでもない、この固まりを」とありますから、もう蜜柑ではなくなってるんですよね。

小池　はい。

山田　蜜柑以外の何かになっているわけですよね。その何かというのは、いろんな想像が読者の方でできるけれども、作者の何かこう……異物感とか、重さとか、遅さとか、そういうものの固まり、なにかもっと抽象的な、観念的な固まりですよね。

小池　そうですね。でも、人に見えている姿は、蜜柑そのものでしかない。ポケットの中にただ蜜柑があるだけ。そういう現象があるんだけれども、やっぱり私はその後ろがわというか、裏がわに行きたい。もう蜜柑ではなくなっている何かについて行きたかったんだと思うんです。

●ターニングポイントとしての「永遠に来ないバス」

山田　そのあたり、小池さんの独特なところが出てきていて、ぼくは今のお話をもっと続けて聞きたいと思うんですけれども……。物というテーマでね。物の手応えとか手触りのはっきりしている、重さもはっきりしている、そういう物の手触りのように、観念とか感情とか目に見えないはずのものを扱う。光の扱いもそうですね。光を物のように扱う。そして、物をまるで観念のように扱う。モノとコトというのでしょうか……それらの往還、行ったり来たりというテーマを設定してみると、小池さんの詩はかなり深いところまで読み込めると思うんです。ただ、その話をあまり続けると先に行けなくなりますので、このあたりで別の話を進めたいと思います。

今、初期作品についてお話しいただきましたが、詩はずっと繋がっていますから、初期作品の話をしても、初期作品のことだけで話は終わっているわけではありません。小池さんご自身が振り返って、初期の頃をどういうイメージで描いていたか、どういう考え方で書いていたかと語る時に、そこには現在の小池昌代も入っているわけです。ですから、なかなか整理することはできません。

けれども一応の目安としては、小池昌代という詩人が、私たち一般の読者に届きはじめたのは『永遠に来ないバス』という詩集からではなかったかと思います。これは一九九七年の詩集で、花椿賞を受賞されました。そして、二〇〇〇年に『もっとも官能的な部屋』で高見順賞を受賞されています。このあたりの作品から、私は小池昌代という詩人を認識しはじめました。ここで、何か大きな変化があったのではないかと思うのですが、いかがでしょう。

小池　『永遠に来ないバス』を出すまで、六、七年のあいだ詩集を出していませんでした。久しぶりに出した詩集です。それまでの第一詩集、第二詩集は、今から思うと、ただ言葉がおもしろくて、言葉と戯れていただけだという気がします。それが、この頃から私生活でも問題が山積みになってきて、結婚していたのが離婚したりして、大きな変化がありました。実生活の中では一番大きな変化だったんですが、ただ、それが作品にどう反映したり、繋がったりしているのかということは——私もひとの作品をそのように読んだりはしないので、あまり意味のないことかも知れませんが——とにかく一人になって、生まれた場所に戻って書いたのが「永遠に来ないバス」という一篇でした。この詩をあまりいいと言ってくれる人はいませんけれど、自分の中では、原点に戻って書いた詩という意味で、非常にターニングポイントになった作品だったと思っています。

山田　この詩集のタイトルポエムですね。これを朗読していただけませんか。

小池　はい、わかりました。

永遠に来ないバス

朝、バスを待っていた
つつじが咲いている
都営バスはなかなか来ないのだ
三人、四人と待つひとが増えていく
五月のバスはなかなか来ないのだ
首をかなたへ一様に折り曲げて
四人、五人、八時二〇分
するとようやくやってくるだろう

橋の向こうからみどりのきれはしが
どんどんふくらんでバスになって走ってくる
待ち続けたきつい目をほっとほどいて
五人、六人が停留所へ寄る
六人、七人、首をたれて乗車する
待ち続けたものが来ることはふしぎだ
来ないものを待つことがわたしの仕事だから
乗車したあとにふと気がつくのだ
歩み寄らずに乗り遅れた女が
停留所で、まだ一人、待っているだろう
橋の向こうからせり上がってくる
それは、いつか、希望のようなものだった
泥のついたスカートが風にまくれあがり
見送るうちに陽は曇ったり晴れたり
そして今日の朝も空へ向かって
埃っぽい町の煙突はのび
そこからひきさかれて

ただ、明るい次の駅へ
わたしたちが
おとなしく
はこばれていく

山田　この詩は本当に日常生活の中から生まれた作品のように見えるんですけれど、向こうからモチーフがやって来た作品というふうに見ていいのでしょうか。

小池　そうですね。

山田　自分は受け身になっていて、生活が変わっていったり継続していったりしているのを観照していくうちに、向こう側から詩がふと立ち上がってきた、というような……。

小池　私の詩は普通の日常から生まれているものばかりですけれども、何か、言葉一つの中から詩ができるということもあると思うんですよ。先ほどの「重さ」「速さ」ということも、思い詰めて考えていくと、いろんな情景が目に浮かんでくるのですが、この詩の場合は「待つ」ということですね。「待つ」ということについて、とりとめもなく考えていると、いろんな待ち方があって、私には待っていても来ないことの方が多かったような気がするのに、都営バスというのは、どんなに遅れていても、待っていれば絶対くる……このことが、すごく不思議に思えたんですすね（笑）。日常の中にはあたりまえのことがいっぱいあるんですけれども、あたりまえのことをもう一回問い返すというのか……なぜ待っていればバスは来るのか、なぜ時計は正確に時を刻むのか、あたりまえに思っていることというのは、考えてみるとずいぶん変なことが多い。日常って本当にグロテスクだ。あたりまえの平凡な顔をしているんですけれども、めくりあげてみたくなっちゃうんですよね。本当はそうじゃないだろうって。そういうところが大きかったと思います。

●「詩の滴」と散文、そして小説へ

山田　何かこのあたりで、小池さんの詩に変化があったとすれば、日常ごくあたりまえに見たり行ったりしていることへの異議申し立てというのでしょうか……そういうことをかなり意図的にされているように感じるのですが。

小池　あ、そうですか？

山田　同じ詩集の中に「感光生活」という詩があって、これはその後ＰＲ誌の「ちくま」や「ウェブちくま」に連載されたシリーズのタイトルにもなっていますね。この「感光生活」というのが、けっこうキーワードになるのではないかと思っているんです。感光写真などの「感光」ですよね。ご自分の詩作というものが、ちょっと普通の常識とは違った角度から光を当てることで、日常や常識への批評、というか異議申し立てになっている、あるいはそういうふうになっていってほしい、という思いがあるのではないでしょうか。

小池　山田さんに分析していただいて、そうかなって思う程度で、自分ではよくわからないんですけれど、ただ先ほどもお話ししたように、光が日常をあばきたててしまうという側面には、一貫して興味を持っているのかも知れませんね。この「感光生活」という詩自体は、それほど深い意図もなく書いていると思うんですが、光のあて方によって、日常の風景が思わぬ風景に変貌していく……光を書くことによって、見えているものから見えていないものを引き出す、あるいは見えているものをひっくり返す、そういうことをずいぶんやってきたような気がします。

山田　このあたりからいろいろ活動も広がりましたね。必ずしも詩という形式にこだわらなくても、エッセイや、絵本の翻訳、物語的なものも書かれていますが、それを広がりというふうに考えていいんでしょうか。

小池　実は私の中では、これは詩だ、エッセイだ、今度は散文を書こうという意識はないんです。一般的に、詩というものは行わけできちっと書かなければいけないという批判がなされることがありますよね。これは詩ではない、散文だとか。だけど、私にとっては、その区切りはまったくありません。私の心棒にあるのは、あくまでも詩なんです。最初の詩との出会いが詩作品ではなく、「詩」というエッセンスであったことが大きいと思うのですが、詩の滴を持っているものであれば、散文の形で書かれようが、行わけで書かれようが、その時の呼吸ひとつによる違いに過ぎないという気がするんです。くどく言いたいんだという時には、散文の形になっていきますし、もう少し隙間多く語りたいんだという時には、詩になっていくという気がします。

詩がずっと書けなかった時は、散文を書いていました。十代の時も、ずっと散文の方を先行して書いていました。誰に書けと言われたわけでもないのに、小説みたいなものを書いてみたり。むしろ私にとっての順番は、最初は散文で、二十代の終わり頃にようやく詩という形になった。でも、一番最初から詩はあったんです。詩だ、詩だ、詩だと思っていたわけですから。今になってもその感覚はまったく変わっていません。「これは詩じゃない、散文だ」「この散文は詩だ」などと時々言われることがありますが、自分の中では一切の区別はなく書いているつもりです。ただ、書く前提として、いつも「詩」という思いはありますけれどね。

山田 今日の講演につけられたのは、「書法と逸脱をめぐって」というちょっと硬いタイトルなんですが、今のお話はそこにかなり関わりのあるものだったと思います。逸脱に見えていて、実はそれは自分の書法であって、書法自体はそもそも逸脱していくんだという。具体的に言うと、その頃に散文詩が増えていきますし。『もっとも官能的な部屋』の中にはタイトルポエムも含めて、散文で書かれた詩がずいぶん増えていますね。これはやはり、そういった意識……形の問題じゃなくて、自分が幼年期からこだわってきたこだわり、それが詩なんだというところに結びついていった結果ということでしょうか。

小池 そうですね。この詩集の中に入れた散文の形というのは、最近もたくさん書いていて、だんだん増えてきていると思うんです。書いていて、普通に呼吸することができました。ああ、この散文の形が私に合っているんだというような。窮屈感を感じたことはないですね。

自分のことばかり語るのは苦手なので、人のことでお話ししますと、赤坂真理さんとか、金原ひとみさんとか、最近書かれた現代小説を読んで、これは詩なんじゃないかと思うことがけっこうあるんですよ。赤坂真理さんの『ヴァイブレータ』という小説を読んだ時に、本当にそう感じました。ああ、私は詩でこういうことをやりたかったんだなって。もう少し自由になっていいと思うんです。「これは詩じゃないよ」という批判は、いつもいつもありますけれど。あまりそういうことを考えずに、私はこれからもやっていきたいと思います。小説なんて、まさに現代詩と言ってもいいと思います。小説でこんなことをやられちゃ、現代詩の世界は本当にさびしい。どうして、詩人がこういうものが書けなかったのか。『ヴァイブレータ』を読んで、私、口惜しいって思いました。金原さんの『アッシュベイビー』は、また少し違って、ある意味で閉じられた汚濁した世界を書いている。文体も、「ていうか」「ていうか」「ていうか」というのがすごく多くて、読んでいてうんざり。「この子はなんて文章を書くんだろう」って意地悪なオバサンになっちゃったぐらいなんですが、ただ一箇所、ハッとするような美しい箇所があった。主人公が何の音だろう、と思ったら、水道管から水滴がこぼれる音だったというシーン。たかが水滴が、あんなに深く心に響く文章って、そうそうありません。読み方の問題かもしれませんが、『アッシュベイビー』はその一行か二行で、俄然、私には魅力的な小説として立ち上がりました。こうして小説の中に現れてくる詩というものを見るにつけ、私も、詩を書くという現場から、小説ではなく詩をめざすという意識で散文を書きたいと強く思いました。

山田　そういう意識が一番よく出ているのが、たぶん、今度本になる『感光生活』ではないかと思います。これは、詩でもない、小説でもない、どちらともいえる、エッセイといってもい い……「ノベル・エッセイ」という名称は編集の人が付けられたんですか。

小池　はい。

山田　まさにノベルとエッセイが一緒になっていて、虚実がないまぜになっているような、フィクションでもノンフィクションでもない、越境のジャンルというのでしょうか。

小池　越境とか逸脱というのはずいぶん前から、小説の世界でも言われていたと思うんです。例えば堀江敏幸さん、最初は評論、エッセイ、書評、それから小説を書かれるようになりましたが、すべて散文の仕事というふうに考えていらっしゃる。小説家と自ら名乗られたことはないようですね。そういう形で、ずいぶん前からある考え方だと思います。私も魅力的な散文を書きたいという気持ちはありますけれど、それにジャンルの名前を付けてくださるのは読者の方で、自分の中では「きょうはエッセイ」「きょうは何々」というふうに意識してはおりません。

山田　ジャンルを越えたご活躍については、この後も引き続きお聞きしたいと思いますが、時間もだいぶ過ぎましたので、このあたりで一段落ということにします。

（二〇〇四年五月一日講演）

「詩の話」　谷川俊太郎

（聞き手・木澤豊／葉山郁生）

谷川俊太郎（たにかわ・しゅんたろう）

一九三一年（昭和六年）東京生まれ。五二年に『二十億光年の孤独』を発表。以後、『谷川俊太郎詩集』『定義』『夜中に台所でぼくはきみに話しかけたかった』『日々の地図』（読売文学賞受賞）『世間知ラズ』（萩原朔太郎賞）『私』『トロムソコラージュ』（鮎川信夫賞）ほか多くの詩集、エッセイ集を刊行。『ことばあそびうた』『わらべうた』『マザー・グースのうた』（日本翻訳文化賞受賞）のように子どものための作品も多い。ほかに映画脚本、戯曲、放送企画ビデオ作品などその仕事の領域は広い。

葉山　谷川さんには、二年前にもこの大阪文学学校に来て詩の朗読などをやっていただきましたが、今回またご縁があって、座談形式で詩の話をということになりました。私と、文学学校で詩のチューターをしている木澤豊さんとで進行役をつとめさせていただきます。

前に来られた時は、ちょうど小野十三郎賞を創設した時期と重なって、谷川さんにも、発起人になってくださいと厚かましいお願いをしたところ、快く引き受けてくださいました。長年詩をお書きになっている間には、小野さんに関心を寄せられていた時期もあったのではないかと思い、私としては、谷川さんから見た小野さんの話もぜひ聞きたいと思っております。

谷川さんは、詩作や書かれる文章が実に多面的な方なので、今日はどのくらい話が引き出せるか心許ないのですが、どうぞよろしくお願いいたします。

「詩は万人のものである」とか「詩的に生きたい」ということが近代文学の理念の中にあります。事前の打ち合わせの中では、現代詩を「詩史的」に語る自信はないとおっしゃっていましたが、それは谷川さんの衒いのようなものかと思います。まず私の方から、話のきっかけになるようなことを、いくつか並べてみたいと思います。

谷川さんがよくとりあげられる題材に「紙飛行機」があります。「紙飛行機が宙に浮いていた数十秒の間ぼくの心を満たしたもの／それをぼくは詩と呼ぶ」。

それから、エッセイなどでは繰り返し「宇宙的感情」のことを書いておられます。南軽井沢の丘の上に立って、浅間山を見たり高原を見たりした時に、人間的感情よりも宇宙的感情に惹かれると。それが、『二十億光年の孤独』以来の孤独で多感な少年的感性から来る一貫した谷川さんのテーマの一つかと思います。

樹木についてもよく書いておられて、二つほどご紹介しますと、「木蔭が人の心を帰らせる／今日を抱くつつましさで／ただここへ／人の佇むところへと」（「木蔭」）「樹の形して／樹は風に鳴っている」（「旅」）。この二つの詩に、これ以上説明を加えるのは僭越なんですが、人間を越えている自然を通じた宇宙との交歓をテーマにしておられるのではないかと思います。特に後の詩については、谷川さんご自身が「自分にとって、樹は人間存在の比喩だ」という言い方もしておられます。

亡くなった小野十三郎さんは詩を書かれる一方、『詩論』という論理的な著作もありました。その小野さんにして晩年にいたっても、詩とは何か本質的なことは語り得なかったと述懐しておられます。意識的、無意識的に長年、詩作してきても、説明的に簡単に言葉にできない複雑な内容を、詩というものが持っているということでしょう。小野さんは現代詩の批評性を重視された方ですが、平易な言葉で詩を書かれたこと、樹木や言葉探しの詩を繰り返し書かれたことが、谷川さんと似ておられる。私なども詩人に憧れたことのある人間ですが、詩的に生きることは並大抵のことではない。谷川さんは、それを身をもって体現されている方かと思います。後の議論との関係で、谷川さんの比較的最近の著作『世間知ラズ』の中から、詩や言葉に関する発言をいくつか読み上げてみます。

「詩はなんというか夜の稲光りにでもたとえるしかなくて／そのほんの一瞬ぼくは見て聞いて嗅ぐ／意識のほころびを通してその向こうにひろがる世界を」

谷川さんは、常々「生きる」ということと「生活する」ということを区別しておられて、「生きる」というのは肉体を通じたコスモスの中の生であり、「生活する」というのは生活という現実によって人間になることだ。けれど、詩人は、というよりも人間は、社会を越えたものに気づいていなければならないと、おっしゃっておられます。その他にも、

「詩は言葉を超えることができない／言葉を超えることができるのは人間だけ」。

「詩は言葉のためにあるのにすぎず、言葉は生のためにあるにすぎぬ」。

「世間知ラズ」という詩の「私はただかっこいい言葉の蝶々を追っかけただけの／世間知らずの子ども……詩は／滑稽だ」は、詩人の自己批判とか、詩に対する問いかけ、詩で詩論を書いているとか言われましたが、谷川さんはサンボリズムのある流れのように詩を純化することには、若い時から反対してこられた。詩は詩でないものと関わるべきという一種のアンチ・詩論があります。「詩において、私が本当に問題にしているのは、必ずしも詩ではないのだという一見奇妙な確信を、私はずっと持ち続けてきた。私にとって本当に問題なのは、生と言葉と

の関係なのだ。（中略）私は決してけちな自己表現のために、言葉を探すのではない。人々との唯一のつながりの途として言葉を探すのである」（「私とって必要な逸脱」）

私が今申し上げたことは、谷川さんにとってはもう古い過去かも知れませんが、これから話を進めていくための前置として紹介しました。それでは、木澤さんに繋ぎます。

●詩人の〈沖縄〉

木澤　どうもお疲れのところ……。きょうは、谷川さんの言葉が生まれてくる現場に私たちを誘っていただきたいな、というのが本音です。

谷川　今ここで詩を書けっていうんですか？（笑）

木澤　（笑）うーん、それができたらいいんですけれどねえ。一昨日、沖縄からお帰りになったところですか。

谷川　はい。

木澤　谷川さんにとって、沖縄というのは遠いところなんですか。それとも、近いところなんですか。

谷川　観光旅行も含めると、たしか四回目の旅です。前に朗読に行ったのはもう十数年前だったと思います。ただ、何ていうのかしら、ぼくはここ数年、息子のバンド「ディーバ」と一緒に現代詩の朗読と演奏をしながら日本中を回ってるもんですから、山形なら山形、大阪なら大阪という、それぞれの場所として捉えるよりも、もっと普遍的な日本というふうに考えたいんです。沖縄は相当特別な土地ではあるんですが、それでも、普遍的な場としてとらえたい。沖縄独自の言葉は脈々と今もありますが、共通語が通じないことはない。だから、やっぱり普遍的な土地だというつもりで行ったんですけれど、今回は平和祈念資料館を見て、胸を打たれましてね。

琉球時代からの歴史ということもあるけれど、やはり太平洋戦争で、沖縄の人たちがいかにわれわれ本土の人間と違う経験をしたのかということを感じました。だからといって、自分がそういう沖縄について語れるとは思いませんが。前に一度沖縄の「ジアンジアン」で詩の朗読をしたことはあったけれど、後はほとんど気楽な観光だけで、たしか平和祈念公園もできる前だったので、北の方に遊びに行ったくらいでした。だから、今回はすごく行ってよかったと思いました。

特にぼくは、資料館の第四室の「証言」というところが凄いと思った。戦争でひどい目に遭った人たちが話し言葉で語った記録を、ここの四倍くらいある広さの部屋にデスクがいくつも並べてあって、その上に一つ一つひろげて置いてあるんです。入館者は、前に座って読むことができる。背後にはビデオが映し出されて、インタビューの様子を見られるようになっている。あまり時間がなかったので、ほんの二、三人の証言しか読むことができなかったけれど、一日中そこに座って読んでいたいような生々しさがありました。現実に生きている普通の人たちが、ある極限状況で発した言葉の強さには、到底、文学はおよばないと思ってしまいましたね。そんな言葉の強さを、詩も小説も持てるのかな、という疑問にとらわれました。

木澤　歌と自然についてお聞きしたいのですが。沖縄の人というのは、悲しいにつけ、嬉しいにつけ、歌をうたう。選挙に当選したといっては歌をうたい、落選したといってはうたっているわけですよね。そういうことにどういう印象を持たれたかということが一つ。もう一つは、谷川さんの詩にはよく自然が出てきます。樹木が出てくる。岩が出てくる。——町の中に大きなガジュマルの樹がありましたでしょう。

谷川　はい。これはすごいと思って近づいたら、コンクリートでできた樹だったりしましたけれど。本物は五十年前にほとんど無くなっちゃったわけでしょう。

木澤　樹の印象って、特別なものがありましたか。

谷川　そうですね。やはり、あっちは亜熱帯で植生にも違いがありますから。とりわけガジュマルは特徴的で強い印象を受けたし、そこで子どもたちが遊んでいるのなんかを見ると、ここは半分外国だなという感じがしました。

歌に関しては、ステージの後にラジオのインタビューを受けた時、息子が「こういう南の国には詩なんかいらねえんだ」と言うんですよ、録音の最中なのに。そこで「何だ、お前はおれを否定するのか」みたいな話になったんですが（笑）。ぼくなりに解釈すると、今おっしゃった何かにつけて歌をうたうということもそうですし、今度の旅に誘っていただいた浦添市から

『浦添文藝』という雑誌を送っていただいたのを見ても、小説や現代詩や短歌だけではなくて、琉歌をつくっておられる方もある。その他にも沖縄の歴史についての座談会とか、小説や映画、芝居が沖縄でどういうふうに行われているかとか、取り上げられている内容がすごく幅広いんですね。それを見て感じたのは、詩の世界といっても、東京などのように現代詩だけ浮き上がって存在しているのではないということです。

沖縄の人が詩を書く時には、伝統的な芸能の歌とか三線《さんしん》の音楽なども含めて、文化的な土壌にちゃんと繋がっているんじゃないかという気がした。だからむしろ、抽象的に現代詩を書く必要はないのかも知れない。昔ながらの芸能そのものが、まだ生き生きしている。東京みたいに、それが国立劇場にありますとか、横丁の三味線のお師匠さんのところにしかありませんとか、能楽堂に気取りかえって聴きに行きますというのとは、ちょっと違う。

木澤　うん、地面——歩道の上にありますよね。

谷川　そういう、普通に暮らしている人たちと芸能との結びつきというのが、ちょっと違うなと。それが羨ましいと思いました。

●詩人の〈地理〉

木澤　こんなことをお聞きしたのは、非常に印象に残っている谷川さんの文章がありまして、憶えておいでてでしょうか、一九七三年の『ユリイカ』。「谷川俊太郎による谷川俊太郎の世界」

を編集なさいましたね。巻頭に「詩とプリミティブ（生態学的生存）」がありました。その後に金関寿夫《かなせきひさお》（一九一八―一九九六）先生の「詩と地理」という文章が置かれていた。「地理」ですね。その時です――それまでお作を拝見していて気づかなかったこと、谷川さんの詩の生まれる場所ってどこだろうかと、ハッとしました。

谷川　ぼくは東京の大学教師の家に生まれました。父は愛知県の出で、母は京都が長かった。父は愛知の田舎の常滑《とこなめ》という町が嫌で京都大学の学生になったような人だから、普通の家庭の暮らしにあるような伝統がほとんどなかった。というか、敢えてそれが否定されていたような家でした。

戦時中、ぼくが小学生の頃ですが、家に神棚がなくて困ったことがあります。先生が「神棚に榊を上げなさい」と言われてもないから。かといって仏壇もないんです。母親があわてて安い神棚を買ってきて、上にあげていた記憶があります。お盆とかの、暮らしの節目もない。父が昭和初年に家を買って住んだところが、東京の新興山の手というんでしょうか、江戸とはほとんど何のつながりもない場所でした。すぐ裏が田圃で、肥溜めに落っこちたりしたような、都会とも言えないところ。それからうちの父はインテリだから、隣近所とのつき合いもしない。訪ねて来る人といえば、大学の同僚だとか学生だとか。そういう意味でぼくは、家のあった杉並区と自分とが結びついているという感覚が、若い頃ほとんどなかったんです。だから、逆にいうと――。

木澤　縛られてなかったということですか。

谷川　いや、それはそうなんだけれど、最初に葉山さんがおっしゃったように、最初の詩集が『二十億光年の孤独』になってしまったのは、身内から隣近所へ、それから友人というふうに社会が広がっていくはずなのに、ぼくはそういうものを飛び越えて空とか宇宙ばかりを見ていた。

　誰でも思春期には、自分とは何かとか、自分の家はどういうところなんだろうと思いますよね。兄弟がいれば兄との関係とか、生活が厳しければ社会との関係の中でいろいろ考えるんだけれど、幸か不幸かぼくはそういう環境にはなくて、一人っ子で、戦中に食う物がなかったというくらいで、社会との関係で自分を考えるよりも先に、宇宙と自分との関係を考えてしまったようなところがある。だから、地縁というのか、自分の生まれた土地育った土地と結びついていることが羨ましかったんです。

　『ユリイカ』の特集で、最初に金関さんにゲーリー・スナイダーの訪問記を書いていただいたのも、彼がアメリカの現代詩人である前に、森林監視官でアウトドア派だということがあったからです。ぼくが彼にはじめて会ったのは一九六六年か七年だったと思いますが、都会に住まないで、シェラネバダの麓の水道も電気もないところに家を建てて根付いているというのが、ぼくにとっては驚異だった。日本で詩人といえば、都会の名曲喫茶や風月堂にとぐろを巻いているような時代に、こういうふうに自分の暮らしをある土地に根付かせている生き方もあるんだということで、あそこに載せたんです。だから、自分がそうだからではなく、自分に欠けているものを持ってきたという感じがあります。

木澤　その頃のお作では、直接遠い空をながめていらっしゃいましたよね。今『世間知ラズ』を読ませていただくと、一度地面にもどって、人にもどって、そこから空をながめていらっしゃるという気がしますね。

谷川　それは——、自分が恋愛して結婚して、子どもも生まれたわけですから、どうしても人間の世界に入って行かざるを得ない。今でも一番奥底では、何だかよくわからない宇宙の虚無の中にふわふわ浮いているような感覚は残っているかも知れないけれど、実際にお金を稼いで子どもを学校にやったりして、いろんな現実の条件が自分の肩にかかっていますから、そういう意味では実際的な生活をしてきたつもりです。その段階で、自分と他の人間との関係を考えざるを得ないというふうになってきた。そして、逆に、いかに自分がそういう人間関係を知らなかったか、関心がなかったかということを考えるようになった。

葉山　最初に紹介しました「紙飛行機」に限らず、そういう浮遊感覚をあっちこっちに書かれている。

木澤　こんなことを聞いてみましたのは、最近小野十三郎さんの詩集を読み直して、地理感覚が非常に鋭いと思ったんです。海があり工業地帯があり町があり、それが明晰に表現されている。変なことをお聞きしますが、谷川さんは方向感覚はいかがですか。さっきお出でになった時、この裏で――。

谷川　いや、駄目なんです（笑）。さっき裏で迷っちゃったでしょう。

木澤　まあ、あれはタクシーの運転手が間違えたんじゃあ。

谷川　いや、でもちゃんと方向感覚があれば、だいたいこの辺だと見当ついてるわけだから。最初こっちの方だと言ったんですが、自信がなくなっちゃって反対側に降りてしまったんです。ぼく、車にカーナビ付けているんです。どうもあれに頼ってしまいますね。方向音痴と言っていいかどうかはわかりませんが、時々友だちにからかわれます。

木澤　その噂を、さっきお待ちしている時にしていたんです。谷川さんは、方向感覚はどうなんだろうと。

谷川　ちょっと危ないです（笑）。

木澤　そうですか（笑）。小野さんの詩を読まれて、どう思われますか。そういうことも含めて。

谷川　ぼくはあんまりちゃんと読んでいませんけれど、日本の詩にはめずらしく、田園的ではない風景描写が、単なる描写ではなくて、人間の内面に対応するものとして書かれているという印象は持っています。

木澤　そうですか。葉山さん、小野さんについて伺うことありますか。

谷川　いや、ぼくは小野さんについてはあんまり語れないんです。ただ、お目にかかって、そのお人柄は非常に好きでしたけれども。それから、やはり「短歌的抒情」をあの時点で否定されたということはとても大きなことで、それが非常に強い影響を与えていると思います。ある意味でよかった面もあるし、われわれを縛りすぎた面もあるとぼくは考えています。

葉山　小野さんは短歌的抒情を否定された上で、それに代わる新たな抒情をというようなことも言われたんですが、それがどれほど詩の中に実現されたかというと、よくわからないというのが実感です。谷川さんは、日本語で詩を書く上でいろいろな試みをされていて、ひらがなで詩を書くとか、音楽性や音韻性を大事にされているし、わらべうたも書かれている。小野さんも世上、有名な現代詩の批評性を重視した、物に即した詩だけでなく、生活詠もあるし、樹木詠、言葉探しの詩の他にも、夢やロマンチシズムのスタイルもある。多様な詩を書いてこられたわけで、同じく多様な詩を書いてこられた谷川さんが、そのどこかで小野さんと交叉し、すれ違っていかれたのではないかと私は思うのですが。

それで当初、「現代詩の話——小野十三郎のことなど」というテーマでお願いしようとしたのですが、「小野さんを詩史的にはとても語れない」とおっしゃいました。現代詩についても理論的に語りたくないということで、「詩の話」という何だか素っ気ないようなタイトルになりました。ですから、谷川さんと小野さんを比較することで、谷川さんの詩にどれだけ迫れるかということも、こうして横で喋らせていただいている今も、切り口をどうしようか迷っています。一つは先ほどから言われている風景のこと、それから樹木をはじめとした物・事物の捉え方、地名の取りあげ方などがあるのではないかと思いますが。

谷川　ぼくはやっぱり、自分の生まれ育った東京の杉並に、小野さんが大阪に根を下ろしておられたほどには、下ろしていないという気がする。それに尽きてしまうと思うんです。

木澤　どこかに「私は根無し草だ」と書いておられませんでしたか。

谷川　ええ。親の代からの根無し草ですから。

木澤　でも、根無し草だから、見えるものもありますよね。

谷川　うん、それはたぶんあるんでしょうね。自分では気づいてないけれども。

●詩人の生き方

木澤　こういうふうに谷川さんの詩を読ませていただいていると、二つの視点があると思うんです。一つは、樹とか石とか、物に対する印象的な詩を書いておられる。いつか書いていらっしゃったことで、非常に印象に残っている言葉があるんです。「インド木綿を愛用するのはのっぴきならないひとつの生きかただ」と断言されていたことがありましたね。

谷川　ああ（笑）。

木澤　それに対して私は「ぼくののっぴきならない生き方は帆布の手さげ袋であった」という詩を書きました。谷川さんがそう書かれたのは、そういう時代だったということですか。

谷川　当時実際に薄いインドの木綿が日本に入ってくるようになって、ぼくは汗かきなものですから、それを愛用していたんですよね。その時にどうしても対比してしまうのが、背広にネクタイ、あるいはタキシードを着るというような生き方です。それに対して、自分はTシャツとかインド木綿を着るという、いわば相対的な選択なんです。どうしてもインド木綿でないといけないということではない。

木澤 その口調が非常にきっぱりとしていました。燕尾服やら礼服やら、全然着られないんですか。

谷川 もう、すごい苦手ですね。特に夏にお葬式があると、どうしようかと思いますね。まさか、Tシャツでは行けませんから。黒の詰め襟の服を、夏用と冬用と二着持ってはいるんですが、葬式の直前まで脱いで手に持っているようなことで。

木澤 そういう谷川さんを見てみたいですね。——もう一つは、声の問題。ずっと声にこだわってらっしゃるけれど。

谷川 こだわっているというわけでもないんですが。ぼくの若い頃は、ノートに文字で書いて、それを雑誌に載せて本にする。つまり印刷メディアが当然だと思っていた。その頃、朗読というと、NHKの資料室にでっかい黒いレコードがありましてね、それをかけるとがーがーという音の向こうから幽霊みたいな島崎藤村の声が聞こえてくる、というようなものだと思っていたわけです。要するに、朗読というのは生前の声を記録するものだと考えていた。実はそれ以前に、戦時中、俳優たちがグループを組んで戦意高揚の詩を読み歩いたことがあったようですが、ぼくはそれをまったく知らなかった。
　ですから、一九六六年から七年にかけて、奨学金のようなものをもらってアメリカに行った時に、「お前は何をしているんだ」と問われて「詩を書いている」と言うと、まず「じゃあ一編読んでみてくれ」ということになる。ああ、そういうもんかと思う。で、今度は、詩の朗読会というのがあるというので行ってみると、お客さんが何百人かいる前で、詩人は堂々と自分の詩を読んで、笑い声や拍手がおこる。そういう経験をしてみると、詩というのは単に文字化して印刷メディアで発表すればいいというものでもない。音声メディアで発表するのも負けず劣らず大事だし、印刷では伝わらないいろんなものが、実際に目の前で詩人が声にしてくれると伝わってくる。それで、自作朗読はやった方がいいんだと思うようになったんです。

木澤　それからですか、朗読をよくなさるようになったのは。

谷川　そうです。最初のうちは、緊張して胃が痛くなるし、朗読し終わった後で、打ち上げとか言ってご馳走が出たりするんだけれど食べられないんですよ。これは困ったと。

木澤　それは、思いがけないことをお聞きします。

谷川　照れてちゃだめだと思いました。自作を読むというのは照れるでしょう。これはもう、厚顔無恥にやるしかないと居直ったんですね。相当の決意が必要でしたが、居直ってからだんだん楽になってきましたね。自分の過去の詩も、わりと客観的に読めるというのか……。

木澤　やっぱり、初めて言葉が生まれる時って、「声」じゃないんでしょうか。

谷川　うーん、それはすごい微妙な問題ですね。ぼくの場合は、今ワープロを使ってますから、ワープロの前で、ただこうぼんやりと座っているだけなんです。主題とか、そういう意識は一切頭から追っ払って、自分が空っぽの管になるようにして、できるだけ自分の意識下から出てくるのを待つ姿勢で、何か、あるひと繋がりの言葉が湧いてくれれば、しめたもの。湧いてこなかったらやめちゃう、みたいな話なんですけれど。湧いてきたものは、湧いてくればワープロで打ちますから、その瞬間に対象化してしまうわけです。

木澤　文字になりますね。

谷川　だけど、ある音声的なメロディとかリズムをともなっているのはたぶん確かだと思います。自分でそれを音声化して読むということはないんですけれど。というのは、出てきたものをワープロで打ってみる、それを読み返した時にその言葉がだめな言葉だったら消してしまう。意味的に、また表現としてはこれでいいと思っても、音声的に腑に落ちない場合には、そこで書き直しますね。だから、無声の声のようなものは伴っているんでしょうね。

木澤　ということは、こういうふうに指を動かして一語一語文字にしながら、その声が谷川さんの身体の中で響いているわけですか、同時に。

谷川　そうですね……それが書いた文字から響くのか、それとも、声として生まれたものを文字化しているのか、そこは微妙でよくわからないですね。たぶん、同時だろうという気はするんですが。

木澤　ということは、いつもそばに声があるわけですね。谷川さんの詩の場合は。
谷川　──たぶん自分の身体の中に声はあるんだと思います。
葉山　ここで谷川さんの声や音声言語についての考え方を紹介しておきます。母国語と言いますよね、英語でマザー・タング。谷川さんは「マザー・グース」を翻訳されていて、日本のわらべうたと重なると言う。母の声は、人間の言語体験の出発であって、それは世代をこえてつながる母国語の声でもあるわけで、そこに肉声がそのまま人と人との間のスキンシップとなっている言葉のもっとも原初的な形がある。そういうふうに谷川さんは声の一面をとらえられていると思います。
木澤　私たちは日常の生活の中で雑音に囲まれています。ノイズに。その詩を身体の中に響かせる瞬間というのは、ノイズの方はどうなっているんでしょう。
谷川　ぼくは詩を書く時、普段言語化できるところからは言葉を取り出さないでおこう、もっと全然言語化できない、もやもやもやもやした自分の意識下にとどくようにして、そこから言葉が出てくるのを待つことにしています。これはまったく事実ではなくてぼくのイメージに過ぎないのですが、──自分の意識下には日本語の総体みたいなものがあると思っているんです。
木澤　塊ですか。
谷川　ものすごく巨大な。つまり日本語というのは歴史的にも、地理的にもいっぱい語られ、書かれていて、そのスタイルにしても、法律もあれば経済用語もあり、もちろん文学もある。

文学といっても過去の短歌俳句も歌謡もあって、ものすごく豊かな世界があるわけです。――その総体を、ぼくは実は地獄だと思っているんです。

地獄に自分は根を下ろしている。日本語の総体から自分の意識下を通して何かが出てくる、と思いたがっているんですよね。それをユングふうに言うと、集合的無意識ということになると思うんです。その集合的無意識の部分に、言語以前の言語が潜んでいる。そこには当然あらゆる雑音が含まれているというふうに考えますね。

木澤　それが、どうして地獄なんでしょうか。

谷川　やっぱり、言葉というのは――天国ではないですよね。

木澤　（笑）それは、感じてます。感じてはいますが。

谷川　普段生きていても、夫婦げんかしている時の言葉というのは、どっちかっていうと地獄でしょう。それから、新聞記事を読んでいても、暗い話が多いですからね。それは、事実とどう対応するかということもあるんだけれど、他の動物の持たない人間固有の言語そのものが、やっぱり一面で呪われた存在だということがある。同時に、言語がいかに素晴らしいものであるかということもわかっているんだけれど、どっちかというと地獄と言いたいんです。だから、昔の西洋の詩人たちが、インスピレーションは天上から息をふきかけてくれると言っていたようなイメージでは全然ありませんね。天上から来るとは全然思えない。

●みみをすます

木澤　地面から湧いてくるのですか。その中で、耳をすまされているわけですね。

谷川　いや、そう格好よくは、ないですね。

木澤　「みみをすます」というのは人の言葉を聞きとるということと同時に、お作の中では、ものから言葉を聞きとっていらっしゃるような気がします。

谷川　そう。そういう意味では、ぼくは西洋音楽の世界よりも、日本音楽の世界を身近に感じていて、以前に琵琶や尺八を小さな部屋で聴かせてもらったことがあるんですが、外の風の音や鳥の声も渾然一体となって、雑音としては聞けないんです。虫の声を雑音としてではなく、音楽として聴くというのは日本人と西洋人との違いだと言われますよね。だから、「みみをすます」というほどの努力も意識的にはしていないかも知れません。「みみをすます」という言い回し自体、英訳する時に向こうの人が困ったらしいんですが、そういう英語の表現がなくて、どうしても「みみを傾ける」とか「みみをそばだてる」とか、ある音源に耳を集中させるという意味あいが強くなる。「みみをすます」というのは、あらゆるまわりの音を受け入れるということですよね。そういう意味で、どんな音も区別なく受容するということはありますね。

葉山　その場合、詩の視点というか、詩人自身の一人称による声でなく、他人の声を現代社会の構造にみあって取りこみたいと言ってこられた。それと、詩は散文とつながっている。よりノイズにさらされる散文の声や音に詩は何重にもとり囲まれている――その認識の上での詩作ということを強調しているのは、金時鐘さんですが、小野さんの詩の言葉についての考えでもありました。

谷川さんも『世間知ラズ』を出された年の『現代詩手帖』（93年7月号）での辻井喬さんとの対談で次のように言っておられます。「その異文化がぼくに言わせれば世間なんですね。自分が書いて多少なりとも人に受けいれられた詩集を見ると、そこには必ずノイズがはいっているんです。純粋な詩というのはどうしても衰弱していくしかないような気がします」

木澤　じゃあ、「みみをすます」というのは、その中から声や音を取り出すという意味ではないんですね。

谷川　最終的にはもちろん選んではいますけれども、最初はできるだけいろんな音を受け入れたいという立場です。そこから、だんだん選んでいくということです。

木澤　どういう選び方をなさるんでしょう。

谷川　そりゃあ、それこそ詩人の資質なんじゃないでしょうか。つまり、そういうところで意識的に選んでいるということは、ほとんどないような気がするんです。ほとんど無意識に選んで書いていって、あとで見直して、これは月並みだから駄目だと削除する、そういうことはあるんですけれども、ある原則とかルールとかで選んでいるということはまったくありません。言葉が生まれてくる時と同じように、選択する時にも、意識下のものが相当関わっているというふうに思います。

木澤　音とノイズに関してなんですが、武満徹さんとお仕事をなさった時期がありますね。そのお話を少し聞かせてください。今のお話と関連させてでも結構です。

谷川　実は琵琶と尺八を聞かせてもらったのは、武満の家でした。武満徹というのは、正規の音楽教育をまったく受けないで、シャンソンを聴いて音楽家になろうと思った人だから、最初から音楽に対する考え方がすごく広いんですよね。

つまり、西洋のクラシック音楽の伝統に連なろうという意識は最初からなかったと思う。もちろん書き始めた頃は、メシアンとかジョリベといった、同時代より少し上のヨーロッパ、アメリカの音楽家の影響を受けていたけれど、有名な「ノヴェンバー・ステップス」を発表する少し前から邦楽器を使うようになりました。最初はラジオドラマの音楽でしたが、その使い方が他の作曲家とは全然違っていた。彼は邦楽の伝統を尊重しながら、それとは切り離された「音」として聞ける人でした。その前に、彼はミュージック・コンクレートというものを作っていた。それこそ現実音とかノイズとかをテープに録音して、それを構成して作っていくわけです。

音楽は楽音だけで作る物ではない、雑音も音楽のうちであるという考え方を、比較的若い頃からはっきり持っていたという気がします。ぼくも彼のそういう考え方に影響を受けました。そういう人ですから、西洋音楽では飽き足らなくて、いわゆるエスニックな、東南アジアやアボリジニ、ネイティブアメリカンなどの音楽に関心を持つようになったのも当然だと思います。

ただ、彼はそっちを向きっぱなしというのでもなくて、常に西洋音楽の伝統と、日本音楽も含めたその他の音楽との拮抗関係の中で作曲していたという気がします。

木澤　それは往き帰りしているという意味ではなくて、同時に捉えていらっしゃるということですね。

谷川　日本の音楽と西洋音楽をブレンドするのは嫌だ、と言っていました。混ぜるのではなくて、異質な物を二つ拮抗させることで「ノヴェンバー・ステップス」をつくったんだと思います。

●詩人と〈もの〉

葉山　お話を少しもどして申し訳ないんですが、風景と事物ということで、谷川さんと小野さんの違いに迫れたらと思っていました。風景については、すでにお話しいただいたので、谷川さんの場合はひとまず「根無し草的な風景論」とでも名付けることができるのではないか（そんな簡単なものではないでしょうが）という気がしています。先に沖縄をめぐって谷川さんの方から「普遍的な場」という発言がありましたが、小野さんの「葦の地方」というのも、戦前の大阪の風景であることを越えて、普遍化や抽象化があって、世界的な文明の風景として捉えられていた一面もあります。風景の方は一応、語られてきたので、事物についてお聞きしたいのですが。

小野さんは、常に「物に即して語る」と言われまして、その場合、事物がすべてなんです。「見る詩」「読む詩」と言われましたし、圧倒的に視覚を大事にされていた。「瞳は精神よりも欺かれることが少ない」というレオナルド・ダ＝ヴィンチの言葉が非常にお好きでした。谷川さんの事物については、大岡信さんが谷川さんを「感受性の祝祭を生きてきた詩人だ」と呼び、「事象・事物を通じて背を見せる生そのもの」を、谷川俊太郎は一貫して描きたいのだと言われています。また、言葉には音と意味（さらにイメージ）、五感のうちで特に、聴覚と視覚がありますが、谷川さんはどちらに行かれるのか。「みみをすます」という作品も書かれていますが、そのあたりはいかがでしょうか。

谷川　考えてみると、ぼくは聴覚的な人間ですね。これは生まれつきで、母がピアノをやっていましたから、たぶんそっちの遺伝だと思います。父はどちらかと言うと視覚的な人間で、音楽よりも美術の方に興味がありました。ぼくは自分のことを考えてみると、視覚的な記憶が貧しいし、風景なんかパッと見ても全然頭に焼きつかない。人の顔も覚えない。だから、ぼくはどちらかというと聴覚的で、小野さんが視覚的だと言われたのも、なるほどそうだなと思いました。それで、ぼくは小野さんの描かれる風景に感心するんだなと思いましたね。

ただ、事物ということになると、ぼくは子どもの頃から物が好きでした。幼稚園の頃から自動車が好きで、タクシーに乗っても「この車はシボレーの何年型だ」と言うと、運転手さんが喜んで「坊や、カタログやるぜ」みたいなことがよくありました。（場内笑声）。小学生になると、戦時中のこともあって、模型飛行機づくりに熱中していました。でも手がぶきっちょなものですから、なかなか飛ばないんですよね。それが飛んだときにはすごく嬉しかったりして。それから、はんだごてを握ってラジオに凝りました。まだ真空管の時代で、だんだん物資が乏しくなってきたので、大したことはできなかったんですけれど。敗戦後アメリカから真空管が入ってくると、短波ラジオ――昔の電蓄、いまのオーディオを作るところまでいきました。ぼくは詩を書くよりも、そっちの方がずっと好きだったんです。詩にはほとんど関心がなかった。でも、今は児童文学をやっている北川幸比古とクラスメートになって、彼が同人誌を出すというので、誘われて詩を書き始めたんです。書き始めた時も、後で考えてみると、世界の模型を作っているような気分がありましたね。書いてみると、小さな世界のモデルが書けるみたいな面白さがあった。

それ以来ぼくは、実は今日も行ってきたんだけれど、東急ハンズとかロフトとか、いまだに好きですね。特に買う物がなくても行ってぶらぶらして物を見たり触ったりしてる。それはどういうことかというと、詩にも書いたことがあるんだけれど、日常生活の中ではむしろ人間関係よりも、人間の作った物の方がすごい存在感があるというか、確かなものに思えるんです。そういう感覚がある。それは、聴覚的ではないんだけれど、単に視覚的でもなくて、もっと触覚的なもののような気がするんですよね。

それを自覚したのが、『定義』という詩集を出した時です。あれは本当に、目の前のコップとか、クリネックスの箱とか、どうでもいいようなものを言葉によってどこまで定義できるか、みたいなことをやったものです。

一つのきっかけになったのは、この間大阪にも来たフェルメールというオランダの画家の描いた絵です。写真や複製で見てた時には全然わからなかったんだけれど、初めて本物を見た時に、そこに描かれている事物の存在する輝きみたいなものに打たれたんです。事物というのは、それほど確かに存在していて、われわれが普段何気なく使い捨てているものが、じっと見ていくと限りなく不思議なものに思えてくるという、そんな経験ですね。ぼくは物が好きだと言いましたが、確かに大岡信が言ったとおり、ただコップとして見ているのではなくて、その背後に人間の歴史とかそれを生成した地球の歴史を、知識としてではなく感じとるから、物に執着するのかなと思います。そういうものをうまく書くことができれば、それは詩として成立するんだという意識がありますね。

木澤　触るんですか、コップに。模型にも。

谷川　コップだけじゃありませんけれど。他にもっといい気持ちのものがありますからね（笑）。でも、触るということは非常に大事だと思うし、言葉も、文字だと視覚的に読むだけで触るという感じはありませんが、声に出すと人の耳に触っていくわけです。そういう触覚的なものは、もしかしたら一種マザコンの延長かも知れないんだけれど（笑）、幼児的な世界の確かめ方だと……。

木澤　手足で、ですか。

谷川　手足だけではなくて、皮膚感覚もそうですね。だから、ぼくがオノマトペ、擬声語・擬態語を詩の中でよく使うのも、視覚的だけでなく、聴覚的だけでもなく、触覚的なものも言葉には含まれているから。詩でも、その世界を開拓しようと殊更意識はしていないけれど、そういう姿勢はあるんじゃないかなという気がします。

葉山　今、出されている『定義』の中の有名な詩篇、「コップへの不可能な接近」というコップについて書かれたものがありますよね。コップという名前、言葉を使わないと、その物の実在や本質について五感全体で迫るしかない。五感の中でも触覚が諸感覚の母だと自然人類学者などが言っています。

木澤　大きな樹の前に立たれたら、触ってみます？

谷川　今はもう、非常に意識的に触りますね。何か、もらおうとしますね、樹から。気を（笑）。

木澤　樹が、何か話しかけます？

谷川　いやあ、残念ながらそこまで修行が足りなくて（笑、場内も笑声）。

●名付ける

木澤　だって、ル・クレジオの『向こう側への旅』の書評の中でそのことを書いていらっしゃいますよね。「小石、いばら、海辺の白い岩のことばを借りて自分を語ろうとする」と。「借りる」ということは、見るだけじゃなくて、直接交流するということでしょう。

谷川　でも、ぼくにはそういう感覚は欠けている方ですね。林の中に入るとすっかり気分がよくなるとか、きのこを見ると興奮するとか、直接的に自然と交流するという感受性の人がいますが、ぼくはそういうところは薄い方ですね。だから、多分に観念的なのかなあという気がするんですけれど。

自分がアニミスティックな宇宙観を持っているのは確かなんですが、それは日本人の伝統かも知れないし。ただ、ぼくは植物の名前とか全然覚えないんですよ。

木澤　そう言えば、詩の中で、木の名前はあまり書かれていませんね。

谷川　でしょ？　月並みなんですよ。前にことばあそびの中で「名もない野花」と書いて、友人に怒られましてね。「お前、花には全部名前があるんだぞ、知らねえのか」と言うんですね（笑）。でも、ぼくは名前を付けるのは人間の傲慢だと思っているんです。植物を一つずつ分類して名前を付けていくなんて、そんなことして何になるんだよっていう思いが、どこかにある。

木澤　じゃあ、名前を呼ぶということは？

谷川　それが自分にとって必要な場合には、もちろん名前を呼ぶし、名前を付けたいんだけれど、基本的にはすべては無名であると思っています。無名であるところで、エロスというものが宇宙を生成しているんだと思いたいんです。現実にはそうはいきませんけれど。

葉山　自分の内部にあふれているもの、それを谷川さんは巨きな感情であったり、混沌とした未分化な思想の塊だとされています。それは結局、生命力につながるエネルギーということになるのでしょうが、谷川さんは「自分の中にあふれていたもののひそやかな不思議」と言い、「それを私は強いて名づけたくないのだ」と書いておられた（「あふれるもの」）。

木澤　でも、言葉って名前を付けることじゃないんでしょうか。

谷川　結果的には、そうしかできないんですよね。だけど、ぼくは、もし詩を書いている人間として、ちょっと特徴的なところがあるとしたら――、ぼくは、最初から言葉と詩を常に疑ってきましたね。そして、未だに疑っていますね。そうすることで、自分の詩が前進できたと。これでもだめだ、これでもだめだということで、進んできたという気がすごくするんですよ。

●言葉のかなしみ

木澤　「言葉を越える道は、言葉によってたどるしかない。それが、かなしみだ」と書いていらっしゃいましたね。

谷川　その時はそういうふうに書きましたが、「かなしみ」だと言い切れるかどうかはわかりません。

木澤　その時の「かなしみ」って、どういうかなしみなんでしょう。

谷川　やっぱり、人間というのは何かを表現しようとすると、本当は遠吠えしたいんだけれど、遠吠えすると精神病院に入れられちゃうから、仕方なく言葉に分節する。そうすると、分節された言葉では捉えきれないで残ってしまうものがある。そういうことなんじゃないかな。

木澤　それは自分に対するかなしみですか、それができないという――。

谷川　いや、ぼくは基本的には、人間以外の動物も含めて、生物が存在していることの基本的感情は、かなしみなんじゃないかなと思っているんです。ただ、それだけじゃあんまりやるせないから、一所懸命「生きる喜び」とか言うし、確かに喜びはあるんですけれど、一番深い感情は何かというと、それはかなしみだと思いたくなる傾向がありますね。それが、日本人独特なのかどうかはよくわかりません。

木澤　そうすると、私たちの感性の、模様の部分じゃなくて地の部分というのは、そういう「かなしみ」なんでしょうか。

谷川　「あてどなさ」というのかね。「かなしみ」っていうと、すごく限定されちゃうんだけれど、「かなしみ」と名付けても本当はいけないと思うんですよね。――どういうふうに言えばいいのか。でも、ぼくは自分では「あてどない」という感じがわりと近いと思っています。「あてどない」というと、寂しかったり悲しかったりするんですが、また、「あてどない」ことによって自由でもある。

●隣近所

木澤 定住する方ではないと自分でもおっしゃっていますが……。

谷川 いや、ぼくは定住型ですよ。

木澤 あ、そうなんですか。どこかで、そうではないと書いてらっしゃいませんでしたか。

谷川 いや、逆だと思います。ぼくは基本的には、放浪型ではなくて定住型です。むしろ、若い頃はほとんどの詩人が放浪型だったから、自分はちゃんとした家庭を築いて定住したい、というようなことを書きました。

木澤 そうですか。それにしては、旅が多いですね。

谷川 それが、商売ですからね。旅興行ですから。

木澤 そうか（笑）。じゃ、いつもどこかへ帰ろうとなさっている、ということですか。

谷川 いや、もう年をとると、そういうのはなくなってきましたね。つまり、ぼくは東京杉並にもう七十年近く住んでいるわけです。途中ちょっと出たり入ったりはしましたけれど、二十代の時に女と同棲するためにアパートに行ったりしただけですね。それ以外は、自分の生まれた家にずっと住んでいて、しかも、父親が昭和初年に家を買った当時の和室が、今でもひとつ残っているんです、もうぼろぼろになってね。

やっと今になって、東京都杉並区成田東というところに帰ってくると、ほっとしますね。隣近所とも、ある程度つき合いがあるし。すぐ近くに「ねじめ民芸店」があって、ねじめ正一さんが住んでいますし（笑）。特にしょっちゅう帰りたいとまでは思わないけれど、自分が落ち着ける場所だと思えるようになってきて、それがすごく嬉しいですね。

木澤　「根を生やす」という言葉がありますが、そうですか。

谷川　いや、そこまでは行ってないんじゃないかな。根を生やすためには、土地だけじゃなくて、家とか家族とか近所との交際とか、いろんなものが複合的にあるわけですよね。隣近所とつき合うと言っても、そこに共同体があるわけでもなく、顔を合わせたら挨拶するとか、物をもらったり贈ったりとかその程度のことでしょう。

木澤　谷川さんは東京で空襲に遭われましたか。

谷川　はい。

木澤　あの時の、隣近所って……。

谷川　すごい嫌なものでしたね。

木澤　――そうでしたか。

谷川　母が毎日泣いてるのを見ていましたからね。防空演習とかいって狩り出されるでしょう。やっぱり、一種の統制ですよね。ちょっとでも灯りが漏れると、「非国民」と言われる。うちの父は自由主義者だから、防空演習なんか出て行かない。すると、母が行かざるを得ないわけでしょう。そうすると、「何とか組長」を命ぜられる。ぼくが、母の泣いたのを初めて見たのは、戦時中の隣組関係のことでした。

大岡信がぼくのことを「離群性」と言ったけれども、学校嫌いも、集団で何かやるのが嫌だということが基本的にあったから。とにかく、隣組というのは、子ども心にもすごい嫌なものでしたね。

木澤　ああ、そうですか。今はどうでしょう。

谷川　今でも、回覧板がまわってくると、なーんか、「うざってえなあ」(場内笑声) と思いますね。「こんなの、もういいじゃないか」って。また、そういうのが好きな人がいるんですよね、おじさんおばさんの中に。ぼくは、やっぱり一人っ子だし、家庭も核家族のはしりみたいなところがあったから、どっちかというと一人でいるということが基本で、それが一番快いというところが抜けませんね。もしつき合うんだったら、本当に気の合った友だちとつき合う。だけど、最後は家へ帰って一人で寝たい、みたいな。今の隣近所づき合いも、回覧板的なものは嫌ですね。ゴミを出すのは当番でしょうがないから、やっていますけれどね。

葉山　うれしいことに、小野さんも同じことを言っていました。自己認識として、離群性を詩人的素質の一つと見なしていいものとして振り返っておられる。もう一つ、かくれ遊びに似た空想癖もあげておられますが (『奇妙な本棚』)。私も大いに共感します。

木澤　基本的にはお一人でということですが、まあ、書く者は孤独だと言いますが……。

谷川　孤独だと思わないで、気楽だと思いますね。

●沈黙

木澤　なるほど。それで、また一つお伺いするんですが、「遊びと沈黙」についてどこかで発言しておられましたね。マルセル・マルソーの芸について書いていらっしゃった時でしたか、「無償の遊びというのは沈黙の補償だ」というようなことを。

谷川　なんか、引用されると、全部自分の言葉じゃないみたいですね。そんな立派なことをぼくはいったはずがないと（笑）。

木澤　（笑）ところが、言ってらっしゃるんですよね。

谷川　憶えてないなあ。

木澤　詩人って、やっぱり言葉を生みだす人ですよね。

谷川　生みだすのか、再生するのか……。

木澤　それとも、聞きとるのか、それはよくわからないですが、そうすると、その中で沈黙については、どう思われるんでしょう。

谷川　ぼくは本当は黙っているのが大好きなんですけれどね。きょうはしかたがないから喋っていますけれども。

木澤　申し訳ありません。

谷川　いや（笑）、それはそうと、ぼく大体字書くのが嫌いなんですよ。筆圧が高くて、昔は鉛筆で書いていたから消しゴムを使うとくずが散らかるし、友だちなんかで学生時代に大学ノートがみかん箱一杯たまったとか、亡くなった有吉佐和子さんみたいに一日書かないでいると書きたくて手が震えるとか（場内笑声）、そういう話をきくと本当にびっくりしちゃうんですけれど。ぼくはできれば書かずに済ませたいし、できれば黙っていたい、基本的にはね。

ただ、ぼくは言葉以外に人と交流することができないから、ものを書いている以上、そこでしかある役割を持てないわけだから、それがないと自分がいなくなっちゃうから、発言したり書いたりはしていますけれども、気質としては、ぼくは沈黙というのが一番美しいと思うし、一番好きです。たぶん、そこにはニヒリスティックなものが混じっていると思います。

というのは、小野さんなんかは、大阪の町の風景や工場の風景がきっとお好きだったと思うんです。ぼくは、一番好きな風景というと、東京などでは今は賑やかになってしまいましたけれども、湾岸などの埋め立て地です。まだ何も建物がたっていなくて、ただ草が生えていて、その向こうに海があるだけの。あるいは、外国でいうと、アメリカのネバダ州とか、アリゾナ州とかの完全な荒地ですね。サハラ砂漠みたいに砂がきれいにあるんじゃなくて、荒涼とした風景がずっとつづいていて、そこに一直線に道が走っているような。レンタカーで走っていても三十分ぐらいは全然対向車に出会わないような、そういう場所にすごく惹かれるんですよね。

木澤　実際に行かれます？

谷川　ええ。実際にそういうところへふらふら行ってしまいます。惹きつけられますね。これはやっぱりぼくの中のニヒリズムと言えばいいのか、消滅願望と言えばいいのか。「渚にて」

という映画が昔あったでしょう、あの映画がすごく好きだったんです。何が好きかというと、地球が滅びてしまって人っ子一人いなくなるというところに、エロティックに惹かれたんです。それは、自分ながらちょっと気持ち悪い感覚なんですけれど。

ぼくは、人間がわいわいがやがや喋っているのも好きだけれど、時々マスメディアなんかを見ていると、「いい加減に黙らんかい」みたいな気持ちになります。何も喋っていない動物などを見ている方が好き、みたいになっちゃうんですよね。

木澤　それなのに、言葉に書いてしまってますよね。

谷川　それしないと、生活費が稼げなかったから。

●詩のすがた

葉山　ここで言葉について、私の方から喋らせていただきます。少し前に谷川さんがユングのことを言っておられたことに関連して、まず追加しておきます。谷川さんは詩人の、本当は一人一人の人間の意識下に日本語の総量があると考えておられる。宮沢賢治の無意識の言語についてもよく引用されている。二つ目は谷川さんと木澤さんの言葉についての議論の中にあった、物と名、事物と言語の関係についてです。プルーストという作家は、小説中の虚構の画家に仮託して、絵画が描く事物の変貌が詩のメタファーに似ていて、芸術家は普通考えられるように物に名をつけるのではなく、物から名を奪う、あるいは物に別の名を与えることで、物を再創造すると言っています。物を一般的に示す名は、意味というか概念という知性の産物であって、かえって芸術家の汲みとるべき印象を消してしまうとしています。

この追加の上で、先に行きたいのですが、谷川さんは「言葉というのは心身相関的な言語」であって、味わい深い言葉として、日常言語にとどまらない多義性を持ってくるというようなことを、常々おっしゃっています。

たとえば空について、次のように書かれています。「〈空〉という言葉の中には、その〈空〉という言葉を超えている、もっと大きな、もっと得体のしれない、もっと肉感的な、或る実体の感じがある」。また、「郵便」については、「〈郵便〉という言葉によって、ぼくらは、自分の中の、郵便に関するいろいろな具体的な体験や、抽象的な知識の記憶が触発され、またそれによって、想像力も呼びおこされて、赤いポストや、手紙を書いている友人の姿などを思い浮かべる。そしてそうすることで、ぼくらは、生活にむすびつけられるのだ」。そして、詩の中の言葉については、「世界の中の事物に呼びかける限り、ぼくらは言葉によって、生とむすばれることが出来る」(「詩人とコスモス」)と、人と人を結びつける力を強調しておられます。

私たちがしゃべっている言語というのは、一面べらべらと騒がしいざわめきのようなものですが、エッカーマンの『ゲーテとの対話』の中にあったと記憶しているのですが、ゲーテは建築などの芸術をさして「沈黙する音楽」と言っていました。プルーストは多義的に(多声的にと言ってもいい)語る言語芸術としての文学作品にも他の芸術と同じく沈黙の気配があると言っています。先ほどから木澤さんとのやりとりをうかがっていて聞きたくなったのですが、言葉で語ることは最終的にある種の無為を目ざしていることなのか、逸楽なのか。また、黙っていることと存在することの意味とは何か。その辺のことを、谷川さんはどのようにお考えでしょうか。

谷川さんの詩や文章の言葉に感動したことは多々あるのですが、これもその一つです。「一輪の本当のバラは沈黙している。だが、その沈黙は、バラについての、リルケのいかなる美しい詩句にもまして、私を慰める。言葉とは本来そのような貧しさに住むものではないのか。バラについてのすべての言葉は、一輪の本当のバラの沈黙のためにあるのだ」(「私にとって必要な逸脱」)。私には武満徹さんの「音、沈黙と測りあえるほどに」と同じことを言っておられると思えます。

谷川　一編の理想の詩作品をどういうふうにイメージするかと問われたら、腕のいい職人が作った、いい細工の木箱みたいに存在してくれるといいなと答えるでしょう。作者の表現ではなく、それだけで持続している事物と同じように存在できたら、いちばん素晴らしいと思います。そういう詩というのは、言葉でできていても、たぶん静かなんだろうなと思います。

木箱にしても、本当にいい木箱はしんとした感じがするけれど、この頃日本工芸展なんていうところに行くと、ものがみんな喚き立てているような印象を持つんです。エゴとエゴのぶつかり合いのような展覧会になることがある。本来沈黙しているはずのものすら、人間の手にかかると喚いたりするんです。まして、言葉によって作られている詩が、静かに存在することはとても難しいという気がします。しかし、お答えになってるかどうかわかりませんが、ぼくは詩がそういう存在感を持ってくれたら、いちばん嬉しいと思います。

木澤　存在感というのは、言葉がおしゃべりするという意味じゃなくて、もっと身体全体に感じるということですか。

谷川　そういうところも分析しにくいんですが――。

木澤　手応え、でしょうか。

谷川　何でしょうか、そういうふうにうまく分けられない感覚があると思うんです。

たとえば、小説でも読み終わった後味ということを言いますよね。後味がいいとか悪いとかいうことが、その小説の何によるのかと言われても、よくわからないでしょう。つまり、作者の人柄なのかも知れないし、文章の醸し出すものかも知れないし、ただ筋立てとかいうこととはあまり関係なくて、後味のよさがある。たぶん、文体というものが、後味のよさと一番関係していると思うのですが、それでは文体とは何かと言われると、すごい難しいですよね。

木澤　そう。その感覚って、「ほら、あれ、あれ」と指さしても、ひとりひとり違いますからね。

谷川　そう、違うんだけど、底に共通の理解があって、どこかで一致することもある。「静けさ」にしても、聴覚的でもあるし、視覚的でもあるし、意味の非常に繊細な結びつき方の醸し出す何かでもあるし、イメージの透明さでもあるし――いろんなものがあって、一概に言いにくいという気がします。

木澤 谷川さんの詩を読んで好きなのは、静かだからです。

谷川 うーん。そう言ってもらえると、すごく嬉しいんだけれど、油断はできないな、みたいな（笑、場内も笑声）。

●書くとき

木澤 それでね、詩を書く時、つまり谷川さんの中から詩が生まれる時ですが、その時どんな姿勢をしていらっしゃいますか。身体の方です、心の姿勢ではなくて。

谷川 ここにワープロがあるとします、こう椅子に座っていますよね、（姿勢を変えながら）こうなってるか、こうなってるか、煙草を吸っているか。

木澤 詩の始まりもそうですか。その前に、何か――。

谷川 え？　何か、儀式みたいなこと？

木澤 うーん、儀式というのもあるかもしれないけれど、つまり、そこから詩って始まるんですか？

谷川 どこから始まるかなんて、わからないですよォ。ただ、実際的なことを言えば――。

木澤 うん、実際的なことを、ききたいんです。

谷川　締切ですね。ぼくは締切を厳守しちゃう人だから、だいたいひと月ぐらい前に書かないと気が済まない。

締切があるなぁと思って、ワープロの前に座って、バカみたいな顔をして待っているわけです、煙草吸ったりなんかして。言葉が出てくりゃ書きますし、半分くらい書いて今日はこれぐらいにしようとか。あるいは、バーッといっぺんに書けてOKと思って寝て、翌朝見たらひどかったりとか（笑）。いろいろあるわけですが、その状況の中で、言葉がぽこっと足の下の地獄から生まれてきたところが詩のはじまりかと問われたら、実際にはたぶんそうだと思います。少なくとも、一編の詩のはじまりではあると思います。だけど、自分にとっての、もう少し集合的な資質のようなもの、それから生まれ育ち、そんなものによって感性の質みたいなものができてしまった。それがどちらかと言えば詩的な方にかたよっているのが源にあると思う。遺伝的なものもあるのかも知れません。

木澤　いや、いちばん実際的なところが聞きたかったんです。

谷川　実際的なことは、先にお話ししたとおりで、バカみたいなことです。さあ、これから詩を書こうとは思いますが、夜でないとだめだとか、そういうことは全然ありません。いつでも気が向いたらやってみる。

木澤　詩人によっては、書く前に、心の中か頭の中かで、一所懸命言葉を練る人もいらっしゃいますね。

谷川　ぼくはそういうことはないですね。自分を空っぽにすることに集中するだけです。

●うた

木澤　谷川さんといえば、「歌」という言葉が思い浮かびますが――。

谷川　歌の場合には、ちょっと質が違いますが、詩と同じようにできたものの方がいいようです。でも、詩と同じようにはいかなくて、もう少し理詰めで書いてしまうこともあります。校歌なんかだと、その学校の校風に合わせて書く必要があって、たとえば校庭に大きな欅があったら、その欅をテーマに書こうとします。そうすると、欅からの連想で書き始めるということになります。それから歌詞の場合には、あんまりきちんとした詩にしてはいけない。「間抜けな詩」にしないといけないと、経験上ぼくはわかってきたんです。ところが、間抜けな詩を書くのが結構難しくて、つい見栄が働いて「読んでもいい詩」みたいなことを考えてしまう。

　メロディが先にあって、そこに詩を当てはめていく場合には、否応なしに詩がバカみたいになっていくものですが。それで一番成功したのが、「鉄腕アトム」だとぼくは思っています。どこがいいかというと、「ラララ」というのが入っているでしょう？　あれは、うまく言葉がメロディの中に入らないから、「ラララ」で誤魔化しているんですよ。意図的に使ったんじゃない。苦し紛れに書いたら、それが効果的だったというだけのことです。

木澤　詩と歌を区別するわけではありませんが、詩を書かれる時にも、そういう心の動きってあるんですか？

谷川　いや、詩の場合には、もっと見栄をはっちゃって、びっしり言葉を濃密に書こうと思ってしまう。

木澤　それでも、谷川さんの詩には、歌を感じることがあります。

谷川　うん、それは作詞の歌というよりは、日本語に内蔵されているメロディとかリズムというものでしょう。ぼくは比較的、それこそ生理的に、それに沿って書くという傾向はあります。別に一、二、三とか、五、七、五と数えているわけじゃないけれど、自分が手直ししている段階を思い返すと、ここは一音足りないとか、ここは一音多いとかいうふうに、書き直している場合があるんですよね。やはりどこか、七五調みたいなものが基本にあって、八六のものもあるし、それからもう少し自由律的な日本語のうねりみたいなものを自分では声に出さなくとも、書きながら感じているんじゃないかと思います。

木澤　ええ、ええ。血の中を流れているんでしょうね。

谷川　そうでしょうね。

木澤　そのことについてはどう思われます。

谷川　それが、自分が日本の詩歌の伝統に繋がれる唯一の道だと、オーバーに言えば、そう思っています。つまり、ぼくは五七五そのものでは書けないし、俳句は遊びでやっていますけれども本気になれないし、大岡信みたいに教養があれば何か他にもあるんだろうけれどぼくには

編集工房ノア　2016~7

大阪市北区中津3-17-5　〒531-0071
電話06·6373·3641　FAX06·6373·3642
メールアドレス hk.noah@fine.ocn.ne.jp

表示金額は本体価格で消費税が加算されます

写真集 淀川 水谷正朗
流域の静と動。たゆまぬ水と生命の交歓。3800円

隣の隣は隣　安水稔和

神戸　わが街　阪神・淡路大震災から21年。神戸大空襲から71年。たくさんのいのちの記憶。隣の隣と繋がる。語り継ぐ詩人の記録と記憶。六〇〇〇円

杉《さん》堂《どう》通信　定　道明

白山、別山の雪を望む里、老いに向かう穏やかな日常の出来事、旅先の風景の中に潜むもの、生のただよい、過去に分け入る日記体文学。二〇〇〇円

定年記　三輪正道

長年のうつ症をかかえながら、すまじき思いの宮仕え。文学と酒を友とし日暮らし、むかえた定年。報告と感謝を込めて、極私小説の妙。二〇〇〇円

またで散りゆく　伊勢田史郎

岩本栄之助と中央公会堂　公共のために尽くしたい熱誠で私財百万円寄贈した北浜の風雲児のピストル自殺にいたる生涯と著者遺稿エッセイ。二〇〇〇円

映画芸術への招待　杉山平一

〈ノアコレクション・1〉映画の誕生と歩み、技法と芸術性を、具体的に作品にふれながら解きあかす。平明で豊かな、詩人の映画芸術論。　一六〇〇円

三好達治　風景と音楽　杉山平一

（大阪文学叢書2）詩誌「四季」での出会いから、自身の中に三好詩をかかえる詩人の、詩とは何か、愛惜の三好達治論。　一八二五円

わが敗走　杉山平一

（ノア叢書14）盛時は三千人いた父と共に経営する工場がゆきづまる。給料遅配、手形不渡り、電車賃に事欠く経営者の孤独なたたかいの姿。　一八四五円

窓開けて　杉山平一

日常の中の詩と美の根元を、さまざまに解き明かす。明快で平易、刺激的な考え方や見方がいっぱい詰まっている。詩人自身の生き方の筋道。　二〇〇〇円

詩と生きるかたち　杉山平一

いのちのリズムとして詩は生まれる。詩と形象。詩と音楽。大阪の詩人・作家。三好達治、丸山薫、花森安治、竹中郁、人と詩の魅力。　二二〇〇円

巡航船　杉山平一

名篇『ミラボー橋』他自選詩文集。青春の回顧や、家庭内の幸不幸、身辺の実人生が、行とどいた眼光で、確かめられてゐる（三好達治序文）。　二五〇〇円

青をめざして　詩集　杉山平一

アンデルセンの少女のように、ユメ見ることのできるマッチを、わたしは、まだ何本か持っている／新鮮を追い求める全詩集以後の新詩集。　二三〇〇円

希望　詩集　杉山平一

あたゝかいのは　あなたのいのち　あなたのこゝろ冷たい石も　冷たい人も　あなたが　あたゝかくするのだ。精神の発見、清新な97歳詩集。　一八〇〇円

私の思い出ホテル　庄野　至

ノルウェー港町ホテル。六甲の緑の病院ホテル。ホテルで電話を待つ二人の男。街ホテル酒場の友情。兄の出征の宿。ホテルをめぐる詩情。

一八〇〇円

異人さんの讃美歌　庄野　至

明治の英語青年だった父の夢。兄、潤三に別れを告げに飛んできた小鳥たち。彫刻家のおじさん。夜汽車の女子高生。いとしき人々の歌声。

二〇〇〇円

足立さんの古い革鞄　庄野　至

第23回織田作之助賞受賞　足立巻一とTVドラマ作りで過ごした日々。モスクワで出会った若い日本人夫婦の憂愁。人と時の交情詩情五篇。

一九〇〇円

佐久の佐藤春夫　庄野英二

佐藤春夫先生について直接知っていることだけを書きとめておきたい——戦地ジャワでの出会いから、大詩人の人間像。

一七九六円

大阪ことばあそびうた　島田陽子

大阪弁の面白さ。ユーモアにあふれ、本音を言う大阪弁で書かれた創作ことばあそびうた。著者は大阪万博の歌の作詞者。

正・続・続続各一三〇〇円

かかわらなければ路傍の人　川崎正明

塔和子の詩の世界　ハンセン病隔離の島で一生を終えた詩人の命の根源を求める詩の成りたちを、身近にかかわった著者が伝える人間賛歌。

二〇〇〇円

希望よあなたに　塔　和子詩選集

ハンセン病という過酷な人生の中から生まれた詩は、人間の本質を深く見つめ、表現されたものばかりで、心が震えました(吉永小百合氏評)。

文庫判　九〇〇円

塔　和子全詩集〈全三巻〉

ハンセン病という重い甲羅。多くを背負わなければ私はなかった。生の奥から汲みあげられた詩の原初。未刊行詩、随筆を加える全詩業。

各巻八〇〇〇円

余生返上　大谷晃一

「私の悲嘆と立ち直りを容赦なく描いて見よう」。徹底した取材追求で、独自の評伝文学を築いた著者が、妻の死、自らの90歳に取材する。　二〇〇〇円

連句茶話　鈴木　漠

連句は世界に誇るべき豊穣な共同詩。その魅力を東西文学の視野から語れる人は漠さんを措いてはない。普く読書人に奨めたい（高橋睦郎）。　二五〇〇円

英国の贈物　河崎良二

『メアリー・ポピンズ』の神秘、ハーンの夕焼け、ナルニアの街灯、クエーカー新渡戸稲造の内なる光、他イギリスの精神世界に分け入る。　二二〇〇円

象の消えた動物園　鶴見俊輔

一つ一つは短い文章だが、批判精神に富み、事物の本質に迫る論考が並ぶ。戦後とは何かを問うてきた哲学者の境地が伝わる（共同通信）。　二五〇〇円

再読　鶴見俊輔

（ノア叢書13）零歳から自分を悪人だと思っていたことが読書への原動力となったという著者の読書による形成。『カラマーゾフの兄弟』他。　一八二五円

家の中の広場　鶴見俊輔

能力に違いのあるものが相手を助けようという気組みが生じる時、家らしい間柄が生じる。どう生きるか、どんな社会がいいかを問う。　二〇〇〇円

火用心　杉本秀太郎

（ノア叢書15）近くは佐藤春夫の『退屈読本』遠くは兼好法師の『徒然草』、ここに夜まわり『火用心』、文芸と日常の情理を尽くす随筆集。　二〇〇〇円

駝鳥の卵　杉本秀太郎

ことばの上　ことばの下　ことばのなかを　吹きとおる風。東西の古典や近代文学の暗号、繊細な美意識で織り上げた言葉の芸術。初の詩集。　二〇〇〇円

天野忠随筆選　山田　稔編

「なんでもないこと」にひそむ人生の滋味を平明な言葉で表現し、読む者に感銘を与える。　二二〇〇円

草のそよぎ　天野　忠

遺稿随筆集　「時間という草のそよぎ」小さなつぶやきに大きな問いが息づいている。　二〇〇〇円

耳たぶに吹く風　天野　忠

遺稿随筆集　詩と散文のあわい、さりげない人生の風景、ことばをとらえる短章集。　一九四二円

春の帽子　天野　忠

随筆　車椅子生活がもう四年越しになる。穏やかな眼で、老いの静かな時の流れを見る。　二〇〇〇円

木洩れ日拾い　天野　忠

（ノア叢書11）私の会った人、昔の傷、老人と時間、路地暮らし、茶の間の郷愁。（品切）　一八〇〇円

うぐいすの練習　天野　忠

遺稿詩集　老いの情景を平明な言葉でとらえた詩人の、自らの最後を見届ける完結詩集。　二〇〇〇円

私有地　天野　忠

読売文学賞受賞

隅々までとぎ澄まされた、一分の隙もない詩。現代詩の貴重な達成（大岡信氏評）。　二〇〇〇円

万年　天野　忠

生前最後の詩集。みんな過ぎていく／人の生き死にも／時の流れも。老いの自然体。　二〇〇〇円

夫婦の肖像　天野　忠

「結婚より私は『夫婦』が好きだった」夫婦を主題にした自選詩集。装幀・平野甲賀。　二〇〇〇円

沙漠の椅子　大野　新

天野忠、石原吉郎を中心とした詩人論。迷宮である詩人の内奥に分け入る。　二〇〇〇円

天野忠さんの歩み　河野仁昭

天野忠の出発と『リアル』、主文社とリアル書店、コルボオ詩話会、地下茎の花、晩年。　二〇〇〇円

戦後京都の詩人たち　河野仁昭

『コルボオ詩話会』『骨』『ＲＡＶＩＮＥ』『ノッポとチビ』へ重なり受けつがれた詩流。　二〇〇〇円

杉山平一 青をめざして　安水稔和

杉山に関する対談や講演を集めたものだが、長年月を費やし、敬愛する先達への親炙《しんしゃ》と調査を深めた、貴重な汗に輝いている（東京新聞評）。　二三〇〇円

小野十三郎 歌とは逆に歌　安水稔和

改めて短歌的抒情の否定とは何か。詩の歴史を変えた不世出の詩人・小野十三郎の詩と『詩論』、『垂直旅行』までを読み解き、親しむ。　二六〇〇円

竹中郁 詩人さんの声　安水稔和

生の詩人、光の詩人、機智のモダニズム詩人、児童詩誌「きりん」を育てた人。まっすぐにことばがとどく、神戸の詩人さん生誕百年の声。　二五〇〇円

春よ めぐれ　安水稔和詩集

阪神・淡路大震災。繰り返し記憶すること、失われたいのちのために、私たちが生きるために。鎮魂と再生の震災詩集20年。　文庫判　一五〇〇円

へんろみち　あいちあきら

お四国遍路だより　さまざまなへんろさん、へんろ宿。つぎつぎ意外な場面が展開する。中高年たちを元気づける、お楽しみ本（小沢信男）。　一八〇〇円

ふらけ　舟生芳美

父が出奔した母子家庭の少女の思い。長い別居生活の後、両親は離婚。男にたよらず生きていこうとする女の、内なるものを独自の感覚で描く。　二〇〇〇円

詩と小説の学校　辻井喬他

大阪文学学校講演集＝開校60年記念出版　小池昌代、谷川俊太郎、北川透、髙村薫、有栖川有栖、中沢けい、奈良美那、朝井まかて、姜尚中。　二三〇〇円

小説の生まれる場所　河野多恵子他

大阪文学学校講演集＝開校50年記念出版　黒井千次、小川国夫、金石範、小田実、三枝和子、津島佑子、玄月。それぞれの体験的文学の方法。　二二〇〇円

ないから、日本語に内在しているメロディやリズムみたいなものでやっと繋がっている。ぼくはそれに対しては肯定的だし、それをどうコントロールしていくかということには相当意識的です。

木澤　それに縛られることって、実際の詩作の中で差し障りになるんじゃないですか。

谷川　それは、ありませんね。これは、七七でつなげていった方がきれいだなと思った場合は、少し無理をしてでもそれで書いていくようにしていますが、それで縛られていると思ったことはありません。ぼくは、容れものに詩を入れていく方が書きやすいタイプなんです。若い頃に、わざとソネットにして十四行で書いたりしたこともあるし、今でも、「十七字詰二十三行」なんていう注文が来ると嬉しいんです。

木澤　ほう、そうなんですか。それはすごいなあ。やっぱり、そういうリズムやメロディで、自分を解き放たれるということなんですね。

谷川　うん、だから、今現代詩は、基本的に自由詩で、形式が何もなくて、何でもありになってしまっているでしょう。それが、自分にとっては不安だということがあるでしょうね。もちろん自由に書きたいんだけれど、書き出してみたら、なんだか四行で五連になってしまったりとか、そういう生理が働いちゃうんですよね。視覚的なかたちもある。行脚がそろうと格好悪いから二行目はのばそうとか、そういうことを結構やっているんですよね。不思議ですけれどね。

木澤　でも、自分の内側と繋がれば、それは本当ですよね。

谷川　そうですね。それはもちろん、内側と繋がっていなければできないことですから。外側の形式は必ず内側と繋がっているものです。

●現代詩

葉山　ぼくは小説を書いている人間なので、詩と散文との関係についてもお聞きしたいと思っていました。現代社会や人間の個の多様性、多面性、多義性を切実に感じておられるから、物書きが混沌としたその全体に迫るのは容易ではないと、谷川さんは言われる。だから詩作として、パッチワーク、断片、モンタージュの手法を使い、さまざまな詩作品の集合によって現実に迫るべきという発言などは、散文家の方にも切実な課題のはずです。が、もう時間もありませんので、詩と散文の問題はやめて、谷川さんは常々、最近の現代詩は現実が見えていないんじゃないか、リアリティがないというようなことを言われていますが、そのことについて最後にお話しいただけませんか。

谷川　まず今の詩にあまり興味が持てませんね。詩集を読むぐらいだったら、何かもっと他のジャンルの本、文化人類学とか心理学を読む方がずっと面白いということが、まず第一にあります。これが七十年代なんかだと、若い人でこれは面白そうだという詩人がいたんですが、ぼくの勉強不足のせいかも知れないけれど、今はほとんどいない。

それから、今の若い人たちというのは、これはいいことでもあるんですが、従来のヒエラルキーをまったく無視する形で出てくることがある。

今までだと、まず書き始める、それから同人誌に所属する、先輩にしごかれる、うまくいくと『現代詩手帖』などの商業誌に載る、さらに『新潮』に載って、最後に賞をもらうというふうな順序が、つい十数年くらい前まではあったような気がするんです。一心に投稿欄に詩を送って、一歩一歩行くというような。ところが今の若い子たちって、いきなり一般大衆相手に始めてしまう。『現代詩手帖』とか「高見順賞」とかには興味はないんですよね。お金をやりくりして朗読のCDを作って、そこらで売っているみたいなところがある。詩壇文壇的なヒエラルキーが崩壊して、新しい詩人たちが出てくるようになった。パソコンで印刷もできるし、インターネットのサイトを開いたっていいわけで、自分と他者、読者、聴衆を結びつけるテクノロジーが発展したおかげで、従来のヒエラルキーが崩壊したことそれ自体は、ぼくは非常にいいことだと思っています。

反面、そういう若い人たちの書く詩は、何だかどれも相田みつをみたいなんですよね。変に人生詩だったり、でなければポップスの歌詞みたいになってしまう。われわれが「現代詩」として幻想してきたものが、今壊れつつあるという気がします。しかし、壊れて新しいものが生まれてきているというのは、技術経路面の改革だけであって、内容的には、「現代詩」と言われているものが、散文とか演劇とか映画とかポップスの歌詞の方に拡散していっている。

木澤　たしかに、どれも同じに聞こえるというところがありますね。

谷川　そう。昔だったら詩人になっていた人が、すごい優秀なコピーライターになっちゃう、とかね。あるいはゲームデザイナーになってしまう、そういう時代だという気がします。

木澤　それは、やむを得ないことなんでしょうか。

谷川　もう、しょうがないでしょうね。大天才が現れれば別なんでしょうが。

木澤　その流れの中に自分で杭を打ちたいと思われますか。

谷川　いや、ぼくはもともと詩壇とか詩人を読者に持ちたいとは思っていませんでしたから、これまでも割合一般ジャーナリズムを開拓して書いてきました。今は、朗読会などに小さな子どもやおじいさんおばあさんが来てくれるので、そういう人たちを読者聴衆だと思っているんです。その人たちに向けて、今まで書いてきたものをもっと自覚的に書きたい。それが、現代詩にとってどういう意義を持つのかということは、もう考えないですね。

木澤　どうもありがとうございました。いろいろ引用しましたけれど、直接お目にかかったことがないから、つい引用に頼りがちになりました（笑）。

谷川　ありがとうございました。

（二〇〇〇年十月十七日講演）

「詩の現在と谷川俊太郎」

北川　透

北川　透（きたがわ・とおる）
一九三五年（昭和十年）愛知県生まれ。六二年、詩と批評誌「あんかるわ」を創刊し、九〇年終刊まで、同誌を基盤に精力的な詩と批評の活動を展開する。九一年下関市に移住し、九六年から二〇〇〇年まで、詩と批評誌「九」を、山本哲也と共同編集で刊行。詩集に『死亡遊戯』『戦場ケ原まで』『黄果論』『俗語バイスクール』など。評論集に『中原中也の世界』『荒地論』『萩原朔太郎〈言語革命〉論』『詩論の現在』全三巻（〇一年、第三回小野十三郎賞受賞）『谷川俊太郎の世界』（思潮社）など。

山田兼士（司会）　北川さんは一九三五年愛知県碧南市生まれ。早くから同人雑誌「あんかるわ」を創刊され、そこに詩や詩論の代表的なものを発表し、一九九〇年に終刊するまで、三十年近く続けられました。最初に出された著書は『詩と思想の自立』、一九六六年の刊行です。これは現代詩の最先端のところの貴重な手引きとして、当時は他になかったものです。当時、文学青年の間で教科書のように読まれていました。その後に出たのが第一詩集『眼の韻律』、一九六八年の刊行です。以後、詩と詩論をたえず両極に、常に現代詩の最先端のところで活躍されています。最近では『俗語バイスクール』という、ちょっと奇妙な詩集が出ています。〈自動連綿体〉という命名を、北川さん自身がされていますが、一種の自動記述と解釈していいのでしょうか。去年出ました。一番新しい評論としては『谷川俊太郎の世界』。意外なことに、谷川俊太郎について書かれたモノグラフィとしては初めての本だということです。この中に収録されている一番古い谷川俊太郎論は、谷川さんの『21』という詩集が思潮社から出た時に書かれたものです。もう四十年以上前ですね。つまり、五十年以上にわたる谷川俊太郎の詩作を、北川さんは四十年以上にわたって論じ続けていることになります。

その他の代表作としては、第三回小野十三郎賞を受賞された『詩論の現在』三部作があります。さらに、中原中也論、萩原朔太郎論、北村透谷論と、近代詩人論を多数出版されています。これまでに詩集は十四冊、著書は四十数冊。これに編著や共著を入れると、ちょっと数えられません。今日は「詩の現在と谷川俊太郎」というテーマで、谷川俊太郎の最新詩集と、荒川洋治、藤井貞和の今年出たばかりの詩集からの抜粋を資料として用意して頂きました。詩の現在と今後のヴィジョンを中心にお話をうかがいたいと思います。

私から北川さんにお願いしたのは、「自分のことは棚に上げないでください」ということです。詩論家としてのみではなく、詩人としての北川さんのお話も聞きたいので、北川さんご自身の作品についても語ってくださいと注文させていただきました。そのきっかけとして、北川透さんの初期の詩集の中から一つだけ短い作品を読ませて頂きます。初期の詩集に『闇のアラベスク』という一冊があります。その中から蝶のシリーズの一編。三十代の頃に書かれた「蝶あるいは優しい時」という詩です。

わたしの有罪を確信するために／自転する闇の球の／縁にとまる／／うたわない　声を奪われてある／うたわない　母と密通する／うたわない　夜のために／／やがてわたしは刺殺される／光たちに／光たちに征服された花粉たちに

●『谷川俊太郎の世界』という書物

北川　ご紹介をいただきました北川です。最初のご依頼は谷川俊太郎さんの詩について話してほしいということでしたが、谷川さんだけではなくて、現在の詩の全体へ広がっていくお話をさせていただいた方が、谷川さんについてもよく伝わるのではないかと思っています。

なぜ、谷川さんの詩について、今僕が話をするのか。それには、今年の五月に『谷川俊太郎の世界』という一冊の本を出したといういきさつがあります。谷川さんがとても有名なので、現役の詩人論の本としては珍しいことに、大新聞や週刊誌の書評欄で紹介されたりして少し話題になりました。この本の性格について、最初に少し触れておくと、谷川さんについてお話しすることの意味がはっきりしてくるんじゃないかな、と思います。

まず、この本は研究書でも鑑賞の手引きでもない、ということです。僕が自覚的に、詩や詩論を書きはじめたのは一九六二年頃でしょうか。発表する場所がなかったので、その年の九月に同人誌を作りました。それ以来、ずっと今日まで、詩の批評や詩論について書いてきましたが、特に谷川さんについては、折に触れてというか、休みなく批評の対象にしているということが、他の詩人に対するのとは違った特色です。この四十年間ぐらいの間に、谷川さんは、非常に多面的な、多領域の活動をされています。詩も詩の雑誌だけではなくて、週刊誌など一般読者や、子ども、婦人向けなどのさまざまなメディアに発表されてこられました。そこで多くの異なる読者の層に届く言葉が工夫されているわけだから、僕の書く谷川論の性格も様々なものにならざるを得ません。その中には研究とか鑑賞という性質のものも含まれてはいますが、それよりも、今谷川さんの詩がどういう課題に直面しているのか、それがわたしたちの全体の詩とどういう関連にあるのか、それについて自分がどう思っているか……その時々の谷川さんの仕事の意味について発言し、批評をする、その集成がこの本になっているのではないか、と思っています。

谷川さんの詩はこの五十年くらいの間に、ずいぶん変わってきています。その背景には戦後の社会の激しい変容があるわけですから、僕自身もその変化に飲み込まれているわけです。ですから、谷川さんの詩を、そうした時代の移動を超越した、ある一つの視点だけで論ずることは不可能です。その都度、自分が今どういう視点で書いているのかということを意識せざるを得ない。谷川さんの詩の変容と、戦後の詩の変容、その中で批評もアクティブであろうとすれば変容せざるを得ないわけです。長い期間のあいだに変わっていくことが、この一冊の本の中に、意図したわけではないけれど、写し出されている。これは、そういう特殊な本です。

もし優れた研究者がいて、今後、谷川論を書くことになれば、もっと素晴らしい『谷川俊太郎の世界』という本になるでしょう。しかし、それは同時代の発言ではないわけですよね。この本の取柄があるとすれば、谷川さんの詩と同時的に、持続的に、それについて考えてきた人間がいる。そういう人間の文章だということです。谷川さんについて考えるということが、現代詩や戦後の詩全体について考えるということになっている。うまく考えられているかどうかはともかくとして、これはそういう性格の本です。

●戦後詩の三人と谷川俊太郎

戦後詩の変容について、もう少しお話ししておきます。たとえば、戦後詩の代表詩人を三人挙げろと言われたら、人によって好き嫌いはあるでしょうが、ある程度、客観性を持たせて言うとすると、例えば、鮎川信夫は戦後詩のある傾向を代表しているでしょう。

鮎川信夫の「死んだ男」という、よく知られた作品があります。この詩はどういう言葉から始まっているか。

たとえば霧や／あらゆる階段の跫音のなかから、／遺言執行人が、ぼんやりと姿を現す。／

——これがすべての始まりである。

これは非常に象徴的な言葉ですね。鮎川信夫さんというのは、太平洋戦争の末期にはまだ二十代で、自分もスマトラ島に出征し、奇跡的に生還しましたが、森川義信という友人が戦地で亡くなる。森川は戦前から非常に優れた詩を書いていた人です。そんな優れた詩人が、何人も戦争で亡くなっている。鮎川信夫はもともとモダニズムの詩人でしたが、戦争体験の意味を問わなければ、自分の戦後が始まらなかった。そこに「遺言執行人」というような発想が出てくる必然性があります。「自分が遺言執行人だ」と言っているわけではありませんが、「遺言執行人」の位相で戦後の詩が始まった、ということは象徴的です。

それから、黒田喜夫という、今はあまり読まれなくなったけれど、とてもいい詩人がいます。僕は彼の全評論集のようなものが出た時に長い解説を書いています。感情的には今も親しいものがありますが、最後は黒田さんと喧嘩のようなことになりました。私情を交えた喧嘩ではないのですが、スターリニズムをめぐる思想的な対立は埋めようがなくなって、向こうから公開で絶交状を叩きつけられました。左翼的な詩の流れを代表する、もとは「列島」の詩人です。この人に「毒虫飼育」という優れた代表作があります。

アパートの四畳半で、母親が蚕を飼う。しかし、実際に飼っているのは見たこともないような毒虫だという。母親は、小作の百姓の暮らしに疲れて、自分の土地を持つということが夢で、その妄執にとらわれている。自分では蚕を飼っていると言うのですが、それが実は毒虫なのです。「それは蚕ではない」と言うと、「おまえ、また革命の夢が甦ってきたのかえ」と母親が聞くという、そういう詩です。鮎川信夫の「死んだ男」の持っている戦争体験に対して、黒田喜夫の詩には、東北の飢餓の村で育てられた、妄執や革命の夢がある。その挫折がモティーフになっています。

もう一人、戦後詩人の代表として、吉岡実をあげたい。彼の代表作の一つに「喪服」という詩があります。

　ぼくが今つくりたいのは矩形の家／そこで育てあげられねばならぬ円筒の死児

つまり、いま、生きるというのは、円筒の死児に乳を与えて育てるようなものだというのです。まさに今、死児に乳を与えて育てているのが戦後社会ではないかという、そういう奇怪な、グロテスクなイメージ。この人の背後には、サルトルなどの実存主義などのヴィジョンがある。

人間が生きるのはどういうことか、という問いです。実存主義という思想そのものではなくて、実存主義が問題にしているような、たとえば嘔吐すべき世界というような、暗い感覚的なイメージで詩が書かれています。

こういう戦後詩の世界が、まだ生きている最中に、谷川俊太郎が登場してきた。戦後詩のテーマは、いま三人の代表詩人で見てきたように、とても重かった。今日の若い人たちから見れば、そんな暗い世界はとても耐えられない、という感想が出てくるかも知れません。それぞれのテーマが、基本的にこの世界を否定するという矢印を持っているからです。この世界は肯定できない、そこでは生きられない、そういうイメージですね。ところが、そこに登場してきた谷川さんの詩はどうか。谷川さんの『二十億光年の孤独』は、まだ十代の末に書かれた詩集です。谷川さんは、戦後詩をほとんど読まなかった、と言います。友人の北川幸比古さんの書くものは読んでいたようですが……。従って、谷川さんの詩の言葉は、戦後詩の影響をほとんど受けていないばかりか、対極的と言ってもいいほどですね。

僕の本は、最初に谷川さんの『二十億光年の孤独』という詩集が、どういう成立の仕方をしているかを追跡した文章が収められています。この詩人誕生をめぐる詩集についてだけは、これまで書いてこなかったので、今回書き下ろしたのです。谷川さんは、そこではじめて宇宙、あるいは宇宙からきた少年の悲しみというものをモチーフにして、コスミックな感覚の詩を書いた。透明感のある悲しみに満ちてはいるけれども、明るく軽い言葉で生み出された世界。この不思議な世界は、戦後の詩の重いテーマ、世界を否定する強力な矢印を持った詩的世界の中に、占める位置がなかったのです。

そこで、当時の批評は、これは昔の「四季派」の模倣だという読み方をした。立原道造や三好達治、中原中也のいた「四季派」ですね。しかし、「四季派」には宇宙感覚で書かれている詩は一篇もない。ただ、抒情的なところが似ているということで、そういう解釈がなされただけです。谷川さんの第一詩集『二十億光年の孤独』は、まさしく異星人の言葉だったのです。

僕は谷川さんよりも四つか五つ若いのですが、戦後詩の強い影響を受けていました。それでも、谷川さんの詩を、そのまま全面的に受け入れることができた、と思います。影響は受けていても、僕は別に戦後詩を書いてきたわけではなかったからでしょう。しかし、戦後詩の中には谷川さんを入れる余地がなかった。文壇の一部で評価されていましたが。後年、鮎川さんに谷川さんをどう思うかと聞くと「あれは才能のある詩人だよ」という言い方をされたことを記憶しています。しかし、戦後詩の中で、谷川さんの詩が何であるかということをきちっと論じられることは、ずっとなかったのです。確かに、「谷川俊太郎は何かである」という形で、広いマスコミの世界やジャーナリズムの中には出てくる。しかし、正直に言うと「一段低い詩人」として、思想的なものがないとか、あれは親の七光りでやっているだけだとかいう評価をされていたのではないでしょうか。尊重はされているけれど本当の意味では評価されていなかった。

僕はそういう中で、最初は谷川俊太郎を「危機」というモチーフでとらえました。実は、僕にもよくわからなかった。僕も若くて、ただやたらにものを書いていた時代なので、自分でも谷川さんが何者かということは、よくわかっていなかったと思います。後年、谷川さんに会った時、それは壇上で聴衆にむかって対談をしている席でしたが、「北川透は、まだ自分が誰からも評価されていなかった時、そして自分が評価されていないという自覚すら持っていなかった時に、戦後の詩壇の中から、最初にまともな評価をしてくれた人だ」と紹介されました。僕もびっくりしました。自分の書いた未熟な文章が谷川さんにそういう形で記憶されていたことに対してです。

●谷川俊太郎という「基準」

この本に収められた文章の中の「危機の中の創造」(一九六五年)というのが、僕が最初に書いた谷川俊太郎論です。きちっと調べたわけではありませんが、どうもこれが、書評以外では、谷川俊太郎について書かれた最初のまともな論文だったらしい。これは何も自慢して言っているのではなくて、そのぐらい谷川さんが異質な詩人だったということです。今でこそ、大詩人だとか、(僕はこういう言い方は好きではないので使いませんが)「国民詩人」だとか、ずいぶん評価されていますが、出発してからかなり長い間、一般読者はともかく、詩壇ジャーナリズムではまともに評価されてこなかったのです。

四十年の間、いつも谷川さんのことを書いてきたわけではありませんが、時評的なところで取りあげた文章を除いて、これまで十年という幅で三回か四回は、必ず谷川俊太郎について何かを書いています。二〇〇〇年に入ってからも、もう五本ぐらい書いています。どうして、この四十年の間に、谷川俊太郎の詩について持続的な関心を批評の形で成り立たせてきたのか、それをどこまで自覚していたかというと、首を傾げるところもあります。だいいち僕にとっては谷川さんだけが詩人ではないわけで、関心のある詩人はたくさんいます。先ほど、僕の著書を紹介されましたが、評論集だけで言うと三十数冊ということになります。その中で、谷川さんについての本はこれ一冊だけですから、それ以外は違うことを書いてきたわけです。でも、谷川さんに一貫した関心を持ち続けたということは確かです。

いったい何が、谷川さんについての関心を持続させたのか。つきつめていくと、結局は谷川さんではなくて、詩というものへの関心なのです。詩といっても、この場合は現代詩のことですが、詩というものが、この社会で、どういう条件を与えられれば生きていけるのか。あるいは、詩というものが生きていない社会というのは、どういう社会なのか。詩はわれわれ人間にとってどういう意味があるのか。こういうことへの関心だと思うんです。詩が生きていくということ……たくさんの詩が毎日書かれているわけですけれども、批評家がいいと言ったとか、何賞をもらったとかいうこととは関係なしに、たくさんの読者が無意識に選択して、残っていく詩や詩集というものがあります。つまり、そういう詩なんです。

賞をもらったからその詩集が優れているということはないでしょう。一年間ぐらいの範囲なら誰もがそう思うかも知れませんが、十年の射程をとってみるだけでも、賞なんてあまりあてにならないことが分かります。選考委員の選評を読むとずいぶんいかがわしいことを述べている例があります。今詩を書いている人はあまりそういうことを気にしない方がいい。そうではなくて、自分がほんとうにやりたいことをやられるのがいい。実は僕もある賞の選考委員になっているので、悪事を重ねているような負い目があるのですが（笑）。

昔は賞というものは一つか二つしかなかった。詩集が売れるとか売れないとかいうことも、それがいい詩集がどうかということの目安には、必ずしもならなかった。新しい詩人が出てきた時に、その人が迎えられるかどうかということを何が示していたかというと、批評の言葉なんですね。批評の言葉が、その詩に命を与える、あるいは命を引き出す役割を果たしていた。今は批評の力がすっかり弱くなって、そして、賞がいかにも詩の力を保証しているかのような錯覚がある。だから、気の毒に思うのは、若い人たちが賞をもらって早く一人前の詩人にならなければいけないと思い込んでいることです。賞にむかってキョロキョロしている。悪いのは若い人ではなくて、僕も含めて賞についての幻影を与えている人なんですが（笑）。

話が逸脱したついでに、詰まらないエピソードを話しますと、僕は今、ある賞の選考委員をしていますが、最近僕の推薦した詩集はまず受賞作にはなりません。しかし、僕は自分の詩の読み方についてあるヴィジョンを持っていますから、最初から、僕の推薦する人はぜったいに賞をもらわないだろうという、そういう確かな予測の元に選考委員会に出ているのです（笑）。そして、言いたいことをすべて言って、後は選考委員会の決定に委ねます。そうすると、僕の推薦した詩集はたいてい落ちます。だけど賞の選考経過は雑誌に載りますから、そこに、自分が推した詩集の可能性について、僕の批評的な能力のすべてを賭けて書きます。非常に短い文章ですが、僕は選考の言葉ではなくて、批評の言葉を残したい、と思っているのです。

谷川さんだって、若い頃からある時期まで、ずっと賞などというものとは無縁でした。今でこそ偉くなっちゃって、いろんな賞をもらっていますが、もともとそんなことは谷川さんの詩とは関係がなかった。しかも、彼は批評の言葉にすら恵まれてこなかった。でも、彼の詩は生成発展して、今日まで来ている。いま、誰も谷川さんの詩の豊かさを否定できません。

僕が谷川さんへの関心を持続させたのは、谷川さんの中で詩が生きているから。今の詩の中で、谷川さんの詩を基準にして詩の状況を見ていくと、たいてい間違わないだろうと思ったからです。批評家というのは、そういう詩人を発見することが大切なのです。これは、小説の批評でもそうですね。今の小説のどこが一番おもしろいのか。どこが一番生き生きしているのか。「この作家を基準にしていくとたいてい間違えないよ」という、そういう作家を持たない批評家は駄目です。

僕にとって、今までにそういう詩人は複数いましたが、谷川さんだけは、ずっと切れ目なくそうであり続けました。それは、谷川さんがずっと休みなくいい詩を書き続けてきたからです。

一九九〇年代の終わり頃に、ちょっとの間、詩を書かない時期がありましたけれども、それについても、果たして本当にそうなのか。いろいろな考え方があります。その時期を除けば、非常に多産で多様な活動がなされている。谷川さんに焦点を合わせて、全体の詩を見ていれば、自分の言葉は批評として生きている、こういうある種の確信がありました。谷川さんの新詩集が出れば必ず買って読んだ。ごくまれに貰ったことはありますが。そして、谷川さんは今このレベルまで来ている。こういう新しいことをやっているんだ、この読者の層まで言葉を届かそうとしている。その他の詩人たちはどうだろうというふうに見ていたところがあります。そこに谷川さんの詩について、僕の関心が持続した秘密があります。

●マスコミュニケーションとディスコミュニケーション

その一方で、僕は谷川さんと距離をとることが、とても大事だと思っていました。これはどの分野でもそうですが、自分が好きな対象に同一化すると、同じような詩を書いたり、文章を書いたりしてしまいます。それは避けたい。僕の詩は、谷川さんの詩とはまったく違います。いい意味でも悪い意味でもそうです。僕にとって谷川さんという人は、あらゆる意味でとても遠い人です。その絶対的に異質な遠いものを、至近距離で読む。自分が書いた詩のように読む。それが、ものを考える時にとても大事だと思います。

どう遠いか、ということを羅列してみます。まず、谷川さんは生まれてからずっと、一時、京都に疎開した時期を除けば、東京で生活しています。僕は東京に二、三日行ったことはありますが、四日以上東京にいたことがありません。生まれたところは愛知県の碧南市というところです。大学は、やはり愛知県の岡崎市、就職したのは豊橋市です。それから豊橋にずっといて、一九九一年に山口県下関市に住まいを移動させました。東京生活を一度もしたことがない。いつも、東京と自分が住んでいるところには大きな距離があった。

それから、谷川さんのお父さんは、ご存じのように谷川徹三さんです。非常に有名な哲学者で、最後には法政大学の総長を務められた大知識人。谷川さんはそういう家に育った。僕は、生まれて二カ月目に父親を病気で失いました。愛知県碧南市は、今は「市」という名前がついていますが、もともとは愛知県碧海郡旭村というところです。ものすごく貧しい村。その中でもとりわけ貧しい家に生まれました。家の中に一冊も本が転がっていないという百姓の家で育ち、周囲に知的な環境がまったくなかった。谷川さんとは対極の育ち方をしました。

谷川さんは勉強もよくできて優秀な生徒でありながら、だんだん学校が嫌いになって登校拒否。最終的に定時制高校を一年遅れで卒業して、大学には行っていない。僕はものすごい劣等生でありながら、新制高校から教育系の大学に入り、危なかったですがそこを一応卒業している。その間に自分の中に知識を集積する訓練をしてきました。谷川さんは「自分は文学史のことは何も知らない」とおっしゃる。近代の詩歌についての鑑賞や研究についての本は、谷川さんには一冊もない。そういう知の集積には関心がないとおっしゃる。谷川さんが勉強しないということではありませんよ。例えば、近代詩歌の中の、僕がやっているような萩原朔太郎研究とか、中原中也研究とか、そういうことはしない。中原中也の詩は好きだから大勢の前で中也の詩を朗読する、そういうふうなことはされるんだけれど、研究とは一切無縁です。僕は劣等生の癖に評論を書いている。学者の書く研究論文とは違いますが、それと隣接するような著作をこれまでずいぶん積み重ねてきました。アカデミックな雑誌に論文を発表することもあります。これも非常に対極的ですね。

谷川さんは定時制高校を卒業すると、すぐに文筆活動で生活を立てようとされたから、学生運動や労働運動を経験されたことがない。僕は大学時代に、学生運動に深く関わっていた。僕が劣等生である理由は頭が悪いからですが、学生運動に巻き込まれて、あまり勉強をしなかったせいです。卒業してからは、就職した私立高校がたいへん劣悪な労働条件であったので、組合を結成してその中心的活動家になったこともあります。そんな経験は谷川さんにはありません。

その他にも、モーツァルトの好きな谷川さんと、ドストエフスキーの好きな僕というように、やはり全然違う（笑）。谷川さんはマルクスとか、レーニンとか、毛沢東の著作は読んだことがないと思います。僕は、そういうものを暗記するほど読んだ時期があります。今はほとんど無効な経験ですが、ものを考える時に、そこで学んだ哲学的な素養が意味を持つこともあります。こういうふうに取りあげていくと、似ているところがほとんどない谷川さんと自分。

一番大きな隔たりは何かというと、谷川さんの活動の場所は、新聞や雑誌などのマスコミュニケーション、広いジャーナリズムです。婦人雑誌や子ども向けの雑誌、ラジオやテレビや映画、コマーシャルコピー、そういう広いメディアで、これまで詩を発表したり、生活の糧を得る場所を見つけたりしてこられた。たくさんのマスとしての読者が相手でした。それに対して、僕は「あんかるわ」という同人雑誌を出発点にしましたが、途中からこの雑誌は僕の個人編集になりました。はじめは一〇〇部ぐらいしか刷っていなかった。ところが、この雑誌がだんだん読者の支持を得られるようになって、七〇年代を中心にして、売り部数一六〇〇部ぐらいになった。大阪に梁山泊という古本屋がありますけれども、そこで毎号五十冊買って下さっていました。梁山泊は岡山から大阪に出てきた古書店ですが、岡山にあった頃からのお付き合いでした。全国のそういう書店に支持されて、赤字を作らない、読者の購読料だけでできていた雑誌でした。そういう詩と詩評の雑誌を、三十三年間続けてきました。これは、ディスコミュニケーションです。コミュニケーションを、むしろ切断することによって、読者と繋がるというものの考え方ですね。ディスコミュニケーションの世界で、自分の中心的な仕事をしてきた僕と、マスコミュニケーションを主要な活動の場所にする谷川さん。まったく対極的なライターとしての位置。

もちろん、僕も新聞に書くことはあります。私立高校を九年で退職して、それから二十年近くライターとして、谷川さんと同じように特定の職業を持ちませんでした。収入を得なければいけませんでしたから、ＰＲ誌に書いたり、スポーツ新聞に書いたりすることもありましたが、自分の一番大事な詩や評論は、「あんかるわ」を中心にしたディスコミュニケーションの中で書いてきた。たくさんの目に見えない読者を相手にしている谷川さんと、多くても一六〇〇人、終刊した時には八〇〇人ぐらいというふうに読者を限定することでコミュニケーションを成り立たせてきた僕。そういう姿勢で、長い間詩や評論を書いてきました。ライターとしての世界における位置が、谷川さんと僕とでは対極的ですね。対極的だけれども、というより、対極的だからこそと言った方がいいかも知れません。谷川さんの書く詩は、いつも自分の積極的な関心から失われなかった。

僕の出していた雑誌「あんかるわ」は、読者が自分の書いた詩や評論がここに載るべきであると判断すれば、載るというのが原則なんです。「自分で決めて下さい」と言っていた。あなたが自分で書いた評論が、多くの人に読まれるべきであり、「あんかるわ」がそのスペースを提供すべきだと考えれば、あなたの作品は基本的に載ります、と。しかし、無条件にそんなことをしていたのでは雑誌が成り立つわけがありません。それをやっていたら、すごく分厚い本を毎回出さなければならなくなります。お金を出して買ってくれる人の立場に立ってみれば、そんな下手くそな詩や滅茶苦茶な評論は載せられないよということになる。だから、僕が読者の代表としてセレクトします。こうして、百ページから二百ページくらいのあいだの雑誌が出来る。作品が載る条件は、自分がこの雑誌を買うかどうかということ。自分で書いたものが読者に迎えられるかどうか、自己批評ができるかどうかということです。この評論は、もう少し直すとよくなるよというものは、僕が線を引っぱったり、ちょっと書き入れをしたりして返し、直してもらいました。ということで、「あんかるわ」を媒体にして出ていった評論家や詩人は何人かいます。僕自身も、そこで育てられた。

しかし、このディスコミュニケーションの雑誌が、だんだんうまくいかなくなっていった。それにはいろんな事情がありますが、ここで全部話している余裕はありません。一つは、自己満足です。この小さな世界に自足してしまう。もっと、世の中はダイナミックに展開していて、その世界の問題を、自分の中にモチーフとして繰り込まなければ、表現というものは生きてゆけないと気づいた。まさしく谷川さんがマスコミを相手に闘っている、その問題ですね。その問題を、どんなに小さな場所にいても、自分の中に繰り込まなければ、こういう小さな雑誌は維持できないんだということです。そのために、谷川さんの世界というのは、とても刺激的だし、そこから学ぶことによって得られたものはとても多かったのです。

そんなふうに、むしろ異質なもの、対極的なものをいつも視野に入れるような形で、谷川さんに対する関心を持続してきた。飯島耕一さんに言われたことがあるのですが、北川透は中原中也に全然似ていないと（笑）。「中原中也の会」という全国的な組織があって、今五百人近い会員がいますが、僕はその責任者をさせられています。中原中也についての本も二冊あります。そうすると、北川透は中原中也に全然似ていないのに、なぜなんだと言われる。同じような意味で、北川は谷川俊太郎に全然似ていない。そこが大事なんです。似ていないからこそ、谷川俊太郎のよさ、詩の生命がよく見える側面がある。もし似ていたら影響を受けちゃって、わけがわからなくなるでしょう。どういうふうに、異質なものを自分が発見して、そのものから強い刺激を受けるか。あるいはそこから学ぶことによって、同じものではなく別のものを生み出す。これをダイナミズムと言っていいかどうかは知りませんけれども、そういう関係を持っていくことが、少なくとも詩を書く人にとっては生産的ではないかと思います。

山田さん、このあたりで、一度切りましょうか。

●向日性と背日性

山田　さっきからどのあたりで切らせていただこうかとタイミングをはかっていたのですが、今止めたら嚙みつかれそうだな（笑）と思って、ずっと聴いていました。最初に日本の戦後詩の大きな流れを話していただきました。鮎川信夫や黒田喜夫など、「荒地」や「列島」の詩人のこと、彼らの作品の引用から始まって、そこに谷川俊太郎というまったく異質の詩人が登場したこと、その詩人を自分の対極に置くところに北川さんご自身の詩と詩論の展開があり、そこにはマスコミュニケーションとディスコミュニケーションという正反対の方法論があったというようなお話でした。このあと、各作品についてのお話に入っていくと思います。谷川俊太郎の『シャガールと木の葉』、荒川洋治の『心理』、藤井貞和の『神の子犬』からの引用が、お手元の資料にありますので、これから各論ということになると思いますが、ここでちょっと時間を置きまして、これまでのお話を聞いて質問したいことがあれば、皆さん、どうぞ聞いてください。

まず、私の方から一つ伺っていいでしょうか。「対極」ということを言われて、ダイナミズムに関わる面白いお話だったと思いますが、たとえば具体的な作品で、谷川俊太郎のこういうところが自分とは正反対だ、あるいは対照的だと思われた詩や詩集があれば、北川さんご自身の詩や詩評と対比させるかたちで教えていただけないでしょうか。

北川　谷川さんの『二十億光年の孤独』というのは少年の詩集ですから、ちょっと置くとして、その次に『六十二のソネット』という、世界を女性に見立ててうたった褒め歌のような詩集があります。女性を讃えるといっても、ひとたび恋愛ということになれば、そこには苦しみもあれば悲しみも嫉妬もあるというふうに、様々な感情が出てきます。一律ではない。彼は世界を抱くように肉感的に見て、そして歌う。肉体的な意味でも精神的な意味でも、世界を女性のようにとらえた褒め歌を成り立たせています。これは、僕のとても好きな詩集です。谷川さんの英訳詩集が刊行された時に、僕は『六十二のソネット』について解説を書きました。その文章は今回の本の中には入っていませんが、とにかく好きな世界でした。

ただ、僕はまったく違います。よく似た作品がないわけではありませんが、さっきも言いましたように、僕は知的環境とは無縁の飢餓の村に生まれ育ったので、いつも貧困故の家族の争いや飢えなどが身近な問題でした。むしろ最初にお話しした黒田喜夫という詩人が体現しているような世界が、僕の少年時代の世界でした。近くを矢作川という川が流れていましたが、雨が降らないために涸渇したところへ、三河大地震が起こった。これは太平洋戦争の末期、昭和二十年一月に起きた大きな地震でしたが、参謀本部はこの地震を報道することを禁止したんです。何千人もの人が死んだのですが、そのことは日本の歴史から消されている。岩波の『昭和史』にも、三河大地震の記事は載っていないのです。『碧南市史』だけにちゃんと書かれていますが。とにかく、人家が倒壊し、村じゅうが地割に覆われた。ちょうど新潟地震の時の山古志村のように。川の水が涸れて、稲作が全然出来なくなった。しかも、まだ戦争中でもある。その時、僕は小学三年生でした。この少年時代の体験をどういうふうに言葉にしていくのか。青年時代に学生運動や労働運動をやった時期があると言いましたが、その時、僕をそこに向かわせていった非常に大きな力のようなもの、自分でもわけのわからない暗い衝動みたいなもの、その根本に幼年から少年時代のこんな貧しい村の体験があったのです。

そういうことを初期の作品の中でいくつか書きました。村の中で言葉を覚えていくと、村から放逐されることになる。村の中に居ようと思ったら、言葉を失わなければならない。言葉の一番大きな特質の一つは「普遍的な言葉ほど身近では理解されない」ということです。もっとも普遍的な言葉は、もっとも遠い人に届く。詩集を出したって、まわりの家族や友人は全然理解できない。でも、日本のどこかにいる知らない人が、仮に千人理解してくれたら、これはたいしたものです。そこに言葉の生命というものがある。だから、村の中で言葉を覚えるということは、村から自分が疎外されていくこと。家族から疎外されて、見知らぬ人間、見知らぬ息子になっていくということでした。僕はそういう過程を生きてきた。これが僕の最初の切実な詩のモチーフでした。ですから、世界を女性にたとえて褒め歌をうたう谷川さんとは、ずいぶん違う世界だったというふうに思います。

山田　谷川俊太郎の向日性と北川透の背日性……『闇のアラベスク』という北川さんの第二詩集のタイトルがこのことを見事に示していますね。非常に興味深いお話で、もっと聞きたいとも思うのですが時間の都合もありますので……。

●作品読解1「シャガールと木の葉」

北川　これから具体的な詩の読みとりに入っていくのですが、その前に、僕が今もっとも谷川さんに共感するところはどこか、という話をします。二〇〇三年刊の『夜のミッキー・マウス』という詩集。その「あとがき」の中で、谷川さんはこんなことを書いています。

同じ土壌から匂いも色も形も違ういろんな花が咲くように、作者にも予想がつかないしかたで詩は生れる。そこに働く力は作者自身の力量を越えている。

「この詩で何が言いたいのですか」と問いかけられる度に戸惑う。私は詩では何かを言いたくないから、私はただ詩をそこに存在させたいだけだから。

ここが、今の谷川さんに一番共感するところです。僕も同じように思います。大きく言うと、今読んだところで、二つのことが言われています。結局最終的には一つのことなんですけれども。まず、詩人は何かを伝えたくて詩を書いているのだろうか、という問題です。何かの目的のために詩を書く……そうすると、詩は目的の奴隷になってしまうのです。これはさっきの質問とも関連します。たとえば、プロレタリア文学。その中で、今も読まれている詩がどのくらいあるか。残念ながら、ほとんどない。つまり、どんな目的にせよ、目的のために詩を書くと、詩は目的の奴隷になるのです。理念や知識で詩を書いたり、詩を語ったりしないことが、僕は大事ではないかと思います。

理念とは何か。たとえば、今質問に出たので例として出しますが、マルクス主義もそうです。でも、それだけじゃないですね。たとえば、ロマン主義。古典主義。自然主義。サンボリスム。表現主義。アナーキズム。ダダイズム。シュールレアリスム。行動主義。モダニズム等。僕は一九九六年から約五年間かけて、若くて力のある詩人たちと非常に激しい論争をしました。ポストモダニズムの流れの中にある詩人たちです。その時に書いた文章は、このあいだ小野賞をいただいた時の『詩の現在』三部作の中の一冊に収録されています。彼らの考え方には、僕は必ずしも反対ではない。だけど、ポストモダニズムの理念によって詩が存在させられていて、詩そのものの理由において存在していないのはどうしてなのか。詩は、詩だけの理由で存在すべきであるのに、一生懸命に何かの主義で武装を固めなければ存在しないような詩では、だめではないか。じゃあ、詩が詩の中にしか存在理由を持っていないということは、どういうことなのか。

具体的に、『シャガールと木の葉』という谷川さんの詩集で見ていきましょう。谷川さんの言っていることが、この詩にどういうふうにあらわれているか。今日配ったばかりで、まだ読んでおられないと思うので、まず読んでみます。「シャガールと木の葉」。

貯金はたいて買ったシャガールのリトの横に／道で拾ったクヌギの葉を並べてみた／／値段があるものと／値段をつけられぬもの／／ヒトの心と手が生み出したものと／自然が生み出したもの／／シャガールは美しい／クヌギの葉も美しい／／立ち上がり紅茶をいれる／テーブルに落ちるやわらかな午後の日差し／／シャガールを見つめていると／あのひととの日々がよみがえる／／クヌギの葉を見つめていると／この繊細さを創ったものを思う／／一枚の木の葉とシャガール／どちらもかけがえのない大切なもの／／流れていたラヴェルのピアノの音がたかまる／今日が永遠とひとつになる／／窓のむこうの青空にこころとからだが溶けていく／……この涙はどこからきたのだろう

今日は鑑賞者の側ではなく、できるだけ書く側に立って読んでみたいと思います。まず見てすぐにわかることは、行わけで二行が対になって書かれているということ。そして、この詩の一番大きな特徴は、シャガールと木の葉という、まったく関係のない二つのものを対として並べて、あるいは向き合わせているということです。その二つはどんな関係にあるのか。一方のシャガールは、値段をつけられるもの。復刻であっても、かなりの値段がします。それに対して、木の葉なんてものは今外に出ればいくらでも舞っています。それから、人の心と手が生み出したもの（シャガール）と、自然が生み出したもの（木の葉）という違い。それから、二連ほどおいて、次の二行がきます。

シャガールを見つめていると／あのひととの日々がよみがえる

「あのひと」というと、いろんな人が考えられます。たとえば、亡くなったお母さん。あるいは、昔恋人だったひと。もしかしたら、前の奥さんだったりするかも知れません。そういう、誰か。

クヌギの葉を見つめていると／この繊細さを創ったものを思う

自然の起源。自然というのは、とても神秘的です。それを誰が創ったのかということを思う。人工的なものと自然。こういうふうに、まったく関係のないように見えるが、どこかで結びついている、と。次元は違うけれども、両方とも〈美しさ〉として目に入ってくる。あるいは「どちらもかけがえのない大切なもの」だという。そして、フランスの音楽に、両方がうまくなじんでいる。この世の中に二つのまったく違うものがあるが、それがどこかで結びついているることの神秘とでもいうのでしょうか。不思議さ。そういうものに、身体が動かされて、その感動が「涙」という少し感傷的な言葉につながっている。

谷川さんはここでいったい何を目的として書き、何を読者に伝えようとしているのか。いや、谷川さんはそういうことのためにこれを書いたのではなくて、ふっとシャガールの絵が思い浮かんで、その時、喫茶店にいたのか、道を歩いていたのかわかりませんが、そこに木の葉を見た、あるいは思い浮かんだ。詩を書くときに、偶然のようにその二つが結びついた、ということでしょう。僕は今、こういうふうに読めるんじゃないかということを言いましたけれど、別に僕と同じように読む必要はありません。これを他の人は、これまで自分が詩を読んだり、書いたりした経験の中で自由に読んでいいわけです。詩というのは、そういう多義性を持っている。一つの詩が、さまざまな読み方を可能にする。それはどうしてかというと、言葉が非常に短くて、省略がされていて、説明が何も書いていないから。今僕が言ったようなことを散文として書けば、いろいろと尾鰭がついて一つのエッセイのようなものになるわけです。しかし、詩は二つの関係のないものを、ちょうど物を二つ置くように関係付けていった。

でも、読む人が読めば、自分の心にしんみりと訴えかけてくるものを感じることができる。「あ、いい詩を読んだな」という感じを受ける。いい詩を読んだ後は二日ぐらいは生きられる。だけど、三日目にもう一ついい詩を読まないと、それ以後は生きられない（笑）。そういう感じになるということだと思うのです。

●作品読解2「飛ぶ」

次に「飛ぶ」という詩があります。

いつあなたは捨てたの／何十年もためこんでいたあなたの人生を／あの哀しみ　あの歓びあの途方もない重みを？／／私は今日も空を見上げる／花のように私は咲く／はだしの足をやさしい春の大地に埋めて／あのひとが空を飛んだ／とうとうほんとに飛んでしまった／ほんとに飛べるなんて思ってなかった／夢見てるだけだと思っていた／／あのひとは野原をゆっくりと走りだし／綿埃みたいにふわりと浮き上がり／やがて高く高く青空に溶けこんでいった／地上に残した私のことはけろりと忘れて

これは何をうたったんだろう。これは「シャガールと木の葉」以上にいろんな解釈を許すと思うんです。ひょっとしたら自分がよく知っている人、自分が愛している人が自殺をしたのかも知れない。それが契機になっているのか。あるいは自殺ではなくて、年を取って死んだのかもしれない。あるいは、死んだのではなくて自分のところから離れていったというだけなのかもしれない。とにかく別れがうたわれている。しかし、その別れが、非常にメタレベルのイメージに変わっている。何十年もためこんでいた人生の重さが最初に強調されていて、そのあとに書いてあることは「軽さ」ですね。さっきの詩は「シャガール」と「木の葉」というまったく関係のないものを二つ並べていた。今度は「重さ」と「軽さ」という、それこそ対極的なものが、この中に入っている。そんなにたくさんためこんでいた人生の苦しみと歓びを捨てて、野原をゆっくり走り、綿埃みたいにふわりと浮き上がって、遠く遠く飛んでいってしまった。なにか、たんぽぽの綿毛みたいですね。あれは、ものすごい飛翔力があるらしいです。一つ二つの県を越えたところに着地して、根をつけるということです。たんぽぽの綿毛のようにふわりと浮き上がって、たくさんの重みを捨てて飛んでいく。どうして、僕がたんぽぽを思い出したかというと、「花のように私は咲く」という一行があるからです。これは、僕の読み方です。

この詩は「シャガールと木の葉」以上に、様々な読み方を可能にしている。詩がおもしろいのはそこです。谷川さんはこの詩で何かを訴えようとしているのか。ご本人は「私はそんなことはしていない」と言っている。もちろん、無意識の中で何かを訴える衝動は働いているかもしれない。でも、読む人は自分の経験や意識の中で自分なりの読み方をして、誰もそれを間違っていると言うことはできない。「あなたの読み方は間違っているよ」と、いったい誰がどういう資格があって言えるのか。書かれていることをもとに読んでいる限り、間違っているとは言えない。これが〈詩の自由〉イコール〈読む自由〉ということですね。この二つはいつも対になっている。そういうことを、谷川さんはさっきの「あとがき」で言っていたのです。

もう一つ、谷川さんが言っていたのは、作者にも予想がつかない仕方で詩が生まれることがあるということです。それは、作者の力量を越えていると。詩を書いている人が、詩を書きながら、ふっと何かの言葉を思いついて、今まで書いていた言葉を消して新しい言葉を書いてみる。そうすると、今までと違った展開が出てくる。その時に、自分が書いているのではなくて、あたかも自分の背後から何か強大な力を持った者が、自分の持っているペンを握って書かせているような、そういう感覚のことです。そのことをあまり力説すると、神秘的で、嘘になりますけれども、そういう啓示のようなものが、詩を書いている時に訪れることは、大なり小なり誰もが経験することでしょう。

谷川さんにとってそれは何だろうか。谷川さんは「知の集積」は嫌いだという話はしました。谷川さんは近代や戦後の文学史にも関心がない。僕ならば、そういう力を感じた時には、今までに読んだものがいつの間にか自分の肉体の一部になっていて、自分が思ってもいないような飛躍を作品に与えてくれたと思います。例えば、そこに中原中也がいたり朔太郎がいたり、北村透谷がいたりして、彼らの力が自分に押し寄せてきているのかなと感じることもある。しかし、谷川さんはそれを拒否している。じゃあ谷川さんを促しているものは何だろう、ということです。

●『詩ってなんだろう』について

ここに、谷川さんの『詩ってなんだろう』という本があります。実におもしろい本です。これは一番素朴な疑問です。詩ってなんだろうって、子どものように素朴な疑問から、詩について考えている。どんなに高いレベルで詩について考えたとしても、結局はもっとも初歩的な疑問が最終的な「詩」への問いなのです、詩についてどんな問い方をしても、一義的な答えというものはない。問いだけが残ります。この本の巻頭、一行目は「わらべうた」という名称で出てきます。

いない　いないいない　ばあ

これで終わりです。そして、注が入っています。

こんなことといって、あかちゃんをわらわせたことあるかな？

と、こう書いてあります。「こんなことといって、あかちゃんをわらわせたことあるかな？」。これって、本当にわらべうたかなと、僕は思いました。赤ちゃんが生まれて、少し言葉がわかるようになってきた時に、ちょっと陰にかくれて「いないいないばあ」というと赤ちゃんが笑う。何遍でもおんなじことを繰り返す。赤ちゃんは決して飽きない。でも、これは、赤ちゃんが言葉を覚えていく最初の経験ですね。いない　いない　ばあ。これが第一行目に引かれている。この視線の低さ。谷川さんの詩を考える時に、一番本質的な問題です。よく保育園の先生たちが園児と話をする時に、腰を折って三歳の子どもと同じ目の高さで話をする。上から下を見下ろして話をしたら、コミュニケーションが成り立たないからです。腰を低くして、目線を合わせて話をするんですね。これは、幼児教育にとってとても大事なことです。谷川さんは、それと同じことをやっているんですよ。その次に、

ちょうき　ちょうき　あわわ
かいぐり　かいぐり　とっとのめ
おつむてんてん、はらぽんぽん

というのが出てくる（笑）。その後に「あかちゃんのころ、あなたもこんなことばであそんでもらったことが、あるかもしれないね」と書いてある。これ、註です。その次に、

だるまさん　だるまさん　にらめっこしましょ
わらうとぬかす　あっ　ぷっ　ぷ

というのが、出てくる。「ともだちとにらめっこすることあるよね。そんなときことばに、ひとりでにふしがつく」。子どもというのは面白いもので、「おこづかいくれ」とせがんで、「だめだ」というと泣きますね。親が知らん顔をしていると、いつまでも泣いている。でも、だんだん泣くことに飽きてくる。そうすると、どうするか。リズムをつけて泣き出すんですね（笑）。五・七・五で泣いている。そういう世界です。子どもは、自分の悲しい感情をいつのまにか詩にあるいはリズムに転化している。「だるまさん、だるまさん、にらめっこしまし

ょ」。これも、五音、五音、七音です。こういうふうに「詩ってなんだろう」という問いを、例えば二歳とか三歳の幼子が、お母さんや周囲の大人たちと対話をする、その言葉の場面に向けている、詩の出発点をそこに見ている。詩ってなんだろう。詩って、そこにあるんじゃないの？　と、問いかけている。

これは、小学生向けの本じゃないです。小学生が読んでもじゅうぶん面白いですが、ずっと読んでいくと、たとえば、高村光太郎の「根付の国」など、かなりむずかしい近代詩が何篇も引用されていたり、「いろはかるた」や谷川さん自身の『ことばあそびうた』の中の「つみあげうた」も出てきたりするし、現代の詩人の作品も出てきます。最後のほうに、永瀬清子さんの詩がある。もう亡くなりましたが、岡山の詩人です。「詩を書く理由」という詩。永瀬さんには私も会ったことがありますが、谷川さんが詩を書き始めた時に世話になった、谷川さんが非常に信頼している女性詩人です。どうして、この詩を谷川さんが最後のところに持ってきたのか。「いないいないばあ」から始めて、そして現代詩も含めて「詩とは何か」という問いに向き合った時に、なぜ最後に永瀬清子さんの詩を持ってきたのか。その詩を読みます。

植物の中を水が通るように——。／つまり植物の表面において水は乾くから、／植物は根から水を汲むポンプだから／だから私の中を詩が通る。／かわく作用がなければ水は揚がらない。／汲む力がなければ水は通らない。／そしてそれは私の心の小さな手押ハンドルなのだ。／地球の水を汲む私の手押ハンドルなのだ。

とてもいい詩です。植物は根から水を汲むポンプだ。木に耳をつけると、植物が水を吸い上げている呼吸のような音が聞こえる。嘘です。聞こえません。だけど、聴診器をあてると聞こえます。植物は音を出して呼吸をしている。水が下から吸い上げられていく。その音を聴診器で聴く。非常に高度な聴診器ですね。だけれども、聞こえると思って植物に耳をあてると、聞こえるんです。自分の心の中でね。植物全体がポンプのはたらきをしている。谷川さんは知識で詩を書かない。イデオロギーや理念で詩を書かない。何で詩を書いているのか。日本語の経験の総体というもの……それは赤ちゃんの「いないいないばあ」から、現代詩の高い稜線まで。これが日本語の詩の経験の総体ですね。もっとそれを超えた日本語の全体の中から、汲み上げる力があれば、それがすぐれた詩になる。

「詩は○○でなければならない」「詩は高い目的のために書くべきである」「皆が幸せになるために詩を書こう」というのでは、あらかじめ設定された理念や目的や幸福に奉仕するために詩がある、ということになります。人々が全体の幸せのために尽くしていたら、表現の自由のない強大な官僚国家になり、原水爆で威圧するような恐ろしい国家に成長していたということもあるわけです。詩はそういう外側の論理からできるだけ自由でありたい。日本語の総体の中から、言葉を使うよろこびを見出していく詩が、さまざまな機能をはたし、様々な読み方を許して、それが批評の目も生み出していく。これが、僕は大事なことだろうと思っています。

●荒川洋治『心理』について

さて、谷川さん以外に、詩の現在を代表している詩集として、プリントには、荒川洋治の今年の詩集『心理』から「心理」を引いています。詩集の題名になっているということで、この詩にしましたが、別に他の詩でもよかったのです。ただ、この詩集はずいぶん多様な方法で書かれた作品が収められているので、これでいまの荒川さんを代表させるのは無理かもしれません。荒川さんは、何というか、粋な詩人というのでしょうか、いつも詩の形の美しさを考えている人です。この詩にもそういうところは現れているのですが、それよりも、僕が驚くのは、荒川さんの詩がずいぶん散文化しているということです。いま、詩というものが散文的な領域の中に入っていかざるを得ない、そういう一つの方向、あるいは傾向を映し出しているのではないでしょうか。最初の方を少し読んでみます。

新幹線で三島駅を通るたびに／「ああ、もっと勉強しなくては」と　子犬は思う／／昭和二十年　終戦の年の十二月／静岡県三島市に「庶民大学」の序章は生まれた／講師は三十一歳の／東大助教授丸山眞男／学生、商店主、農民、主婦、子犬が集まる。

「子犬は思う」「子犬が集まる」というような表現が繰り返し出てくる。いったい「子犬」とは何か。これがわからないんです。終戦は昭和二十年の八月。同じ年の十二月に、静岡県三島市で自主講座のようなものが開かれたというんですね。そこで、まだ若い丸山眞男さんが講座に出席した市民に講義をした。

講義の中心は「なぜ戦争は起きたのか。どうして日本人は戦争を阻止できなかったのか」／という根本的自他の冬の問いかけに応えるもので／初回「明治の精神」（この日　子犬が集まる）／翌年二月から四月は「近代欧州社会思想史」（八回）／十二月は「現代社会意識の分析」（二回）　さなかに彼は／雑誌「世界」に「超国家主義の論理と／心理」を発表、／漱石の小説「それから」のせりふと／戦争中の軍隊教育令、作戦要務令をとりあわせるなど／の斬新な手法と論理で　戦争に至る／日本の精神史を描き出す

ここに漱石の小説のことが出てくる。『それから』という小説はご存じの方も多いと思いますが、代助という主人公と兄嫁がおかしな関係になって、二人が対話を交わすところがある。代助の父親が国家のために尽くしまくるような人で、そういう人に対する疑問を二人が話す。丸山眞男が言いたいことは、自分の個人的な問題が、代助の父親にとっては国家の命題と一致してしまっている。個人の倫理というものがなくて、国家の倫理に同一化してしまっている。そのことを「それから」のせりふを引用したり、戦争中の軍隊教育令、作戦要務令を引用したりしながら、丸山眞男は論じている。こういうふうな小説の会話が政治学のアカデミックな論文になるということが、とても戦後的なことでした。そういうことは、今までアカデミックな論文ではありえなかった。それを丸山眞男はやった。むろん、荒川さんはそういうことはわかっていたと思いますが、ここには書いていません。しかし、荒川さんがここにこういうものを持ってきたということは、今の社会の中で、イラクの戦争があったり、北朝鮮の問題でキナ臭

い空気が流れていることと関わっているでしょう。そういう時代に、荒川さんの関心は、敗戦の第一ページで丸山眞男が三島市という地方都市に出かけていって市民たちに語りかけたことに向いている。その光景というものを一つの詩の舞台を借りて書いた。次にもう一つ、この詩の中に出てくるのは「許さん!」という言葉。

「許さん!」というメモを/子犬はバッグのなかに/しのばせて歩いていたら/それが町の風でこぼれ落ちて　子犬のもとから/ふわふわ空を飛んで//それは「ゆるさん!」ではなく「許さん」という韓国の批評家の名前だ/その許萬夏さんからはよく突然国際電話がかかるが/彼はたいへん明敏な人で/以上のような話も/「三島教室というのがありまして……生きた人の、生きた話を/生きた市民がきいた、というような、事件」/くらいに早口でしゃべり/あとは/ぼくはびわが好きです　びわもお月様　などと/何の関係もないことのひとつふたつ言っておくと/（これが　重要だ）/ものごとはちょうどいい具合になり/すべてを/理解しているという人なのだ//外国に対しては　電話がちょうどいい/つながるときも/切れるときも

許さんという人はかなり年上の人で、韓国に在住している。荒川さんは韓国語ができます。韓国によく行くし、韓国に友だちがいる。その中に文芸評論家の許さんという人がいて、この人が丸山眞男のことを国際電話で話すという設定なのです。支離滅裂なことを電話で話す人が、許さんという人。「許さん」だから、それが「ゆるさん」と聞こえたという、何ともアイロニ

カルな表現です。

丸山の生活は庶民と同じで衣食住はままならず貧窮の底を這った　普段着は軍／服と軍靴

あいまをみて郷里「信州」や常磐線沿線まで買い出しにでかけた　／軽い荷物と重い荷物

が駅を通過する　とても静かな駅を

敗戦直後の東大の先生は食うにも困るような生活をしていた。普段着は軍服と軍靴だったということ。あいまをみて、郷里の信州や常磐線の沿線まで買い出しに出かける。そういう戦後の風景が思い浮かべられている。その後に川端康成の言葉が出てきたりします。

いろいろな違うものを混ぜ合わせて、戦中から戦後まもない時期を今と対比させる。先ほどの「シャガールと木の葉」のように、本来関係のない戦後の日本と、韓国の文芸評論家が今電話を掛けてきたという出来事を結びつける。そして、一つの光景を描き出していく。これが、今荒川さんが作り出している詩の世界です。

「子犬」は何度も出てくるのですが、これは何だろう。あるところでは、荒川さん自身が子犬になっている。子犬って、荒川さんのことだろうか。「ああ、もっと勉強しなくては」と子犬は思う、というのです。三島駅を通るたびにそう思うのは、許さんという人が、丸山眞男のことを教えてくれたからです。自分は日本人のくせに知らなかった。それで、自分は子犬のようなもんだという。その当時も、自分のようにものを知らない子犬が、丸山さんの話を聞きに行ったんじゃないかということで、今度は自分のことじゃないけれど子犬がまた出てくる。子犬が一人歩きしている。これは、荒川さんの作品に彩りをあたえている一つの仕掛けですね。

●藤井貞和『神の子犬』について

次は藤井貞和の詩集『神の子犬』ですが、これも実は、戦後すぐのことについて書かれている。たしか藤井さんは僕よりも十歳ほど若い人でしょう。もうちょっと下かも知れませんが。敗戦の時は四歳ぐらいかと思います。その時に見た父親や母親のいる光景を、非常に面白く書いている。「敗戦」という詩をプリントに出しました。

「今回はだいじなことを書くので、死んだおとうちゃん、死んだおかあちゃん、ゆるしておくれ。」とわたし。

死んだおとうちゃん、おかあちゃんに許しを請いながら、詩を書き始める、こういう語り口がとても面白い、短篇小説のような趣がある。

「ゆるしておくれと言われても、ねえ。」と死んだ母親。母は東京へ出て、大塚の女子アパートでの生活が、長かったし（いまの竹早高校で教鞭生活だった）、父と知りあったときには、きどった共通弁で誘ったことであろうから、奈良市に一時もどってからも、「あなた。」「……てよ。」「いやだわ。」といった、女性語をときに自然に使うことができた。というふうに、死と生の境目をとっぱらって書いていって、そのあとで、厳密に言えば短歌じゃないんだけれど短歌的なものが、すっと一つ引用してあります。

葵咲き、会う日近づく。母がみとあたわすこころ、父のみの知る

藤井貞和は、古代文学の専門家で、最後は東京大学で古代文学を教えましたが、たしか今は退職しています。古典の中でも『源氏物語』が専門です。だから彼の詩の中には、古代の用語が出てきたり、古典からの引用が出てきたりします。「母がみとあたわすこころ」の「みと」というのは入口、陰部ですね。「みとあたわす」というのは、セックスするという古語でしょう。母が性的欲望を持っている心は、父だけが知っていたという。こういう表現を、ちょこっとだけ短歌的な韻律で入れる。その後はまた、「父は、戦前からやりのこしていた、明治維新史の資料編纂を、つづけており……」というふうに書かれている。

これも非常に散文的なんですが、一人の生活を東京でしている父が、疎開先の母のところに帰って来て、その二人の部屋が子どもの目で見られています。四歳の男の子に父と母の振る舞いがどんなふうに映っているか、ということが浮かんできます。

これは敗戦後の父と母の部屋ですが、その他にも、この詩集にはいろいろな部屋が出てきます。今インターネットを接続すると、若い人たちがホームページを開いたり、公開の日記（ブログ）を書いている。とても閉ざされた部屋ですが。しかし、そこには何人もの人が書き込んでいる。そういう部屋がある。他にもいろんな部屋があって、それが皆閉じている。閉じた部

屋が房のように連なって今の一つの世界ができている。イラク戦争のことがホームページで話題になっている。そのことを書いた詩では、藤井貞和はインターネット用語で詩を書いています。そうかと思うと、上代の古語やリズムを借りて朗誦しているような詩もあります。「けけれ　と　けとば」という作品。「けけれ」というのは上代東国方言で〈心〉の意味、「けとば」は同じく〈言葉〉という意味です。

ホーレー、ホーレー、ユキのうたう
ホーレー、ホーレー、ユキのうた
ホーレー、ホーレー、にくったらしい
ホーレー、ホーレー、兄さんが
ホーレー、ホーレー、邪悪川

「ホーレー、ホーレー、」というわけのわからない掛け声が延々と続いて、その下に一つずつ違う言葉が置かれている。こういう呪術的な雰囲気をもった世界もあります。藤井貞和がこれまで古代文学研究の中で培ってきたものが呼び出した詩の部屋がここにある、といってもいいでしょう。現在の日本語の経験のなかでは、お互いにわからなくなってしまっている。インターネットのホームページや敗戦後の父親と母親が寝物語で語っている言葉。これはまったく個人的な言葉。古代の呪術的な言葉の世界、他の誰にも通用しないけれども、自分の中では生きている。そういういくつもの言葉の部屋が、ちょうどバナナの房のように並んで一冊の詩集を作っています。プリントに載せた「敗戦」という詩は散文的ですが、この詩集には非常に短い行わけの詩も入っています。そこではリズムを大切にした朗誦的な世界も展開されている。これが、今の時代の言葉というものではないか。こういうふうに言葉が存在しているのではないかという、詩人なりの世界の見方がそこにあります。

●詩人の個性とは

僕もまだ詩を書いていますし、皆さん方の中にも詩を書いておられる方が多いと思いますが、今われわれにはどういう詩が書けるのか。引用した作品を読んで頂いただけでもわかりますが、谷川さんの詩の特徴というのは、個性を消しているということです。鮎川信夫や黒田喜夫や吉岡実たち、戦後の大詩人のようにはっきりとした体験的根拠や文明批評というものがあって、そこで書かれている詩ではない。「この詩は鮎川信夫だ」というような個性は、谷川さんの詩にはありません。荒川洋治の詩だって、いったいどこに荒川洋治の個性があるのか。荒川洋治にも個性がない。藤井貞和の詩も、たしかに多様な詩の部屋が展開されていますが、藤井貞和がいったい何者かということが一読してわかるような際立った個性はありません。

今は一人一人の詩人の個性を際立たせて存在するような詩の可能性はないと、僕は思うのです。じゃあ、どういう詩の可能性があるのか。たとえば、これは一つのイメージなのですが、巨大な龍というものがいる。現代詩はあまり巨大ではありませんから、ちょっとイメージ負けしてしまいますが、巨大な龍がいて、それは無数の頭を持ち、そこにはいっぱい口がついている。その口でこの世界の様々なものを採り入れて咀嚼する。龍はそれを咀嚼して、言葉に紡ぎだしている。多様な口を持った龍は、一つの大きな現代詩という共同性ではないか。今生きている不可解な世界に、その口がいろんな食いつき方をして、多様な世界を表現する。それは、詩人の個性ではなくて、龍という共同性のなかの語り口の違い、作品の差違として表れているような、そういう時代の詩。それが今の詩ではないか、という気がするんです

「詩人に個性がある」という場合には、たとえば、僕と谷川さんの生まれや育った環境が全然違うというようなことが、現在も存在していれば、個性というものも出てくるでしょうが、しかし、僕が生まれた日本で一番貧しい村だったかも知れないところは今ではもう存在しません。干拓工事で埋め立てられ、大きな電力会社が進出して、日本でも稀にみる優秀な公害協定を結んで、税金収入が日本で一番だと聞いています。僕が生まれたあの貧しい村は、日本でも有数な高度成長した町に変貌しています。むろん貧富の差は今でもありますが、昔のような都市と農村の埋めようもない対立、落差というものはない。そこで育った僕の姪や甥は、僕のようなモチーフを持ちようがない。そういう社会の中にいて、わたしたちが詩を書くという時、ことさら個性に根拠をおいた詩は不可能になっているわけです。

しかし、だから詩が存在できないかというと、そういうことではなくて、今われわれが生きている世界にも不条理や戦争があり、今生きていかれないたくさんの子どもたちがアフリカに

いて、エイズなどにかかって死んでいる。そんな例を出さなくても、身近にわたしたちは問題を山ほど抱えています。この高度な資本主義社会には、それ特有のいろんな問題がある。世界への肯定と否定の隙間に、手を突っ込むようにして探りながら、言葉や人間を生かす詩を書こうとする物憑きのような詩人がいる、ということです。それをするもっとも果敢な詩人が谷川俊太郎です。また別の方法で展開しているのが、荒川洋治であり、藤井貞和でしょう。僕も及ばずながら、そういう方向に加担したいと思っていますが、なかなかうまくいっていません。この辺で、今日の話を終わりたいと思います。

（二〇〇五年十一月十二日講演）

「文学を愛好することは深く生きること」

高村　薫

髙村　薫（たかむら・かおる）

一九五三年（昭和二十八年）大阪市生まれ。国際基督教大学（仏文専攻）卒。専門商社退社後の九〇年『黄金を抱いて翔べ』で日本推理サスペンス大賞を受賞しデビュー。九三年『リヴィエラを撃て』で日本推理作家協会賞、日本冒険小説協会大賞を受賞。同年『マークスの山』で直木賞を受賞。九八年『レディ・ジョーカー』で毎日出版文化賞を受賞。二〇〇六年『新リア王』で親鸞賞を受賞。一〇年『太陽を曳く馬』で読売文学賞を受賞。他の著作に『神の火』『地を這う虫』『照柿』『晴子情歌』『半眼訥訥』『閑人生生　平成雑記帳2007-2009』などがある。

佐久間慶子　文学講演会、作家髙村薫さんによる「文学を愛好することは深く生きること」を始めさせていただきたいと思います。

ご存じのように髙村さんは一九五三年、大阪でお生まれになりました。『黄金を抱いて翔べ』『マークスの山』『レディ・ジョーカー』『新リア王』など、さまざまな作品を書いていらっしゃいます。そしてその多くの作品が、さまざまな賞を受賞してもいます。どの作品も、私たちが人間としてどう生きるか、また組織と社会との関係を深く書いて、読者にとって問題を問われるような作品になっています。心に残る作品だと思います。また、社会的な問題に関しても、新聞紙上などで鋭いコメントを出していらっしゃいます。

今日司会をさせていただくのは、大阪文学学校の講師をしている佐久間慶子です。今日は大阪文学学校の学生や講師、約二百名が参加しています。また、一般の方からも二百九十名の予約がありました。昨日の台風の影響で来れなくなった方がいらっしゃたことは残念でしたが、二百九十名のうち二百五十名の方にお越しいただいています。熊本、あるいは福岡、東京、千葉、栃木という遠いところから、髙村さんの話を聞きたいと駆けつけてくださった方がたくさんおられます。今日は、なかなか聴けない髙村薫さんのお話を、どうぞゆっくり聴いてお帰りください。

●「小説を読む人」と「小説を書く人」

高村薫でございます。今日はほんとうにすごいお天気の中、わざわざお集まりいただいて恐縮でございます。どうかよろしくお願いいたします。

本日お集まりの皆さんが小説のどういうところに関心がおありになるのか、私は一言でこうだと言いあてることはできませんけれども、少なくとも皆さんの多くは「小説を読む人」のはずであります。そこには「小説を書きたい人」もいくらか含まれているにしても、実際に小説を書く人はそれほど多くはないのではないかと思います。私のように作家を生業にしている者も含めて、皆はじめは「小説を読む人」であります。

とくに日本人は外国に比べて、よく小説を読む国民だと言われておりますし、外国の文学がこれほど日本語――母国語に翻訳されている国も、そうそうないということです。つまり、私たち日本人の多くが生涯を通じて小説に親しみ、小説を読む人であり続けてきたわけで、その中からたまに「小説を書く人」も出てくるわけです。

本日、最初に考えてみたいと思うのは、一言で申せば「小説を読む人」と「小説を書く人」は同じなのか、同じではないのか、ということであります。先に結論を申しますと、私は同じではないと思うんですけれど、かりに同じではないのなら、書く人と読む人の境目というのはどこにあるんだろうか、あるいは、小説を読む人は、いつどうやって小説を書く人になってゆくんだろうか……ということを考えてみようと思います。なぜなら、大人から子どもまで、今ではネットを通じて誰でもが発信者になれる時代です。そういう今、読む人と書く人がかりに別物だとしたら、両者を分けるものというのは文学特有の何か、もしくは想像という行為に特有の何かだと言えるように思うからであります。

この大震災と不況の時代に、あえて生きることに直接関係のない浮世離れした話になるかも知れませんけども、行為としての文学は、そもそも生活とは無縁のものであるというところで、あらかじめご了解いただきたいと思っております。

大正時代末期の円本ブームというのがございました。そして同じ時代の岩波文庫の創刊で、庶民が広く古今東西の小説に親しめるようになりました。そのとき、日本人の文学好きというのは裾野がどんと広がりまして、職業としての「作家」も一般人が職業を選ぶときの選択肢に少しずつ入ってくるようになりました。とは言え、戦前戦後を通じてプロ・アマを含めて小説を書く人の数がぐんと増えたのは、やはり一九八〇年代後半からだと思います。

この頃に何があったかと申せば、いわゆる純文学と呼ばれる分野の小説が少しずつ勢いを失いまして、かわりにエンターテイメント小説の市場が一気に拡大した時代であります。ときはバブル時代で出版業界も間違いなくバブルだったわけですが、出版社はこぞって高額の賞金を出すエンターテイメント小説の新人賞を設けまして、応募して入賞すれば一般人が一夜にして作家デビューする——そういう仕組みが作られたわけでした。いわゆる「小説を書く人」の大量生産システムであります。ご存じのとおり、ここにおります私自身もそうして登場してきた書き手の一人です。この作家の量産システムというのは、もちろんエンターテイメント小説というのは出せば売れるという出版バブルに支えられていたわけでございまして、小説を書く人が増えればそのぶん小説を読む人も増える——そういう幸せなサイクルが当時は成り立っていたのでありました。

こうした「小説を書く人」の商業ベースでの量産システムというのは、今ではもう二十年前の勢いはございませんけれども、現代でも一応機能はしておりまして、それには二つの時代の背景があります。

一つはネット社会の普及拡大で、一般人が誰でも発信者になれるという時代になった——ということがあります。個人が身辺雑記をネット上で発表して、不特定多数の人がそれを受信する。そういう環境が出来あがったことで、発信者になるためのハードルが消えたわけでありま す。すなわち同じ人が書く人にもなるし読む人にもなる——そういう時代が来たわけでありま す。この現象は小説の場合にも広く起こるようになりまして、同じ人があるときは小説を書く人になり、あるときは読む人になる。これが広がることによって、要は小説を書く人の絶対数が増加してゆきました。こうして二〇〇〇年以降は、小説を書く人ばかりで、小説を読む人がいなくなったと言われる時代に入り、表向きは作家にプロもアマもなくなっていったわけであります。

作家の大量生産システムのもう一つの背景に、バブル時代に進んだポストモダンの消費文化があります。当時、日本のポストモダンの消費文化は世界の最先端にあると言われたわけですが、これは一言でいえば、それまでの時代の「体系化された価値観」の否定であります。たとえば、オリジナルとコピーを比べると、当然オリジナルの方に価値があるというのがこれまでの常識だったわけですけれども、コピーがさらにコピーされて大量に流通しはじめますと、オリジナルそのものにあまり意味がなくなっていきます。これが大量生産、大量消費行動を支える原理となります。

●体系の崩壊

それまでの時代には、その道の大家を頂点とした一つの体系というものが築かれていましたが、ポストモダンの時代にはその体系が崩壊して、Aというものの価値はそれが属する体系の中で決まるのではなくて、たかだか隣のBという存在との差異で決まるようになりました。たとえば日本人が大好きなルイ・ヴィトンの価値も、エルメスやグッチといった皮革製品の伝統の中に位置づけられたり、あるいはルイ・ヴィトンという絶対的な価値を持ったりするのではなくなって、数あるブランド品の一つ、流行の一つ、あるいはセレブの象徴の一つになってしまったわけです。また、こうしてルイ・ヴィトンの価値が相対化されてしまうことで、日本では十代の子どもでも平気でルイ・ヴィトンを持つ時代が出現しました。

こうしたポストモダン時代、大きな物語やオリジナルの価値が退場してしまった世界で、消費のための消費が進みますと、真っ先に消えてゆくのが「消費できないもの」であります。たとえば、重くてしんどいものは消費に向いておりません。理屈っぽいもの、深刻すぎるもの、難しすぎるもの、これも消費には向いておりません。哲学のような解答のない世界も、消費には向きません。こうして、これらとは逆のもの、すなわち、お手軽で、単純明快で、すっきりとした答えのあるもの……こういうものが、おおいに流通して消費される時代になったわけであります。ですから、こういう中で純文学が勢いを失っていったのは、ある意味、時代の趨勢でありました。

ちなみに、明治時代に欧米の近代小説が日本に入ってきて以来、たかだか七、八十年の間に、日本の文学は本家本元の欧米以上に洗練され進化を遂げてきました。そうして七十年代、八十年代には、それこそ文学の表現の深さ、あるいは尖鋭さという点で世界に類を見ない高みに達しておりました。具体的に申し上げますと、いわゆる「内向の世代」と呼ばれた作家たちでありまして、ここではかりに古井由吉さんと大庭みな子さんの二人の名前を挙げておきます。どちらも私の大好きな作家です。

ともかく、文学が次第に難解になってゆく一方、世はポストモダンの消費文化が真っ盛りになっていたわけで、進化しすぎて片手間では消費しづらい難解さを持つようになった純文学は、市場から追い出されてゆくことになりました。一言でいえば、小説を読む人が好んで手に取るような小説が変わったということです。小説を読む人と小説を書く人との距離が、その頃どんどん開いていったということであります。そして、その代わりに出てきたのがポストモダンの消費にぴったりのエンターテイメント小説、新しいエンターテイメント作家たちでした。つまり、この間に進んだ価値観の変容が、そのまま小説の変容になり、書く人と読む人の関係性の変容にもなっていったことになります。

そこで、小説を書く人と読む人の違いを考えるにあたって、ひとまずプロとアマチュアの違いについて考えておく必要があると思います。プロとアマチュアの違いはどこにあるのでしょうか。お金になるかならないかは、プロの条件ではないと思います。たとえば生涯に一枚の絵も売れなかったというゴッホですけれども、お金をまったく稼げなくてもゴッホは日曜画家ではなかったと思います。画家以外の何者でもないという意味で、彼はプロの画家だったと言えると思います。

そもそも、大正時代に円本ブームで大儲けした作家たちと一部の大御所、そして戦後のごく一部の流行作家をのぞけば、作家という職業はどだい儲からないものでございます。特に純文学は、今ではそれだけで食べてゆくことができない場合がほとんどです。それでも細々と書き続けて研鑽を怠らない作家の方たちをプロと呼ばずして何と呼べばいいのでしょうか。実際、純文学の作家の大半が、大学で教えたり他に職業を持っていたりして作家が生業にはなっていないのですが、それでも彼らはもちろんプロの作家であります。

一方、エンターテイメント小説の場合はどうかと申しますと、この私自身もそうだったように、新人賞を受賞してサラリーマンが一夜にして作家になったわけですけれども、そもそもプロの作家が一夜にして生まれるわけはないのであって、形の上ではプロになっても、私のような作家の内実は、能力の上でも意識の上でも当初はどこまでもアマチュアだったということになります。

スポーツの世界と違って、文学というフィールドでプロとアマを分けるものはお金ではありませんし、とりあえず本を出したか否かでもない。何かの不幸な偶然が重なって、なかなか日の目を見ないだけの優れた書き手の方はきっといらっしゃるだろうし、優れた書き手というのは優れた文学表現を持つということでありまして、一般人にはない手法を獲得した人は、意識の上ではプロと読んでもいいのだろうと思います。かと思えば、エンターテイメント小説の場合、ベテラン作家の小説が一万部しか売れないのに、新人賞をとったばかりの作家の小説がいきなり何十万部も売れたりもします。これがかりにボクシングとかレスリングといった格闘技の世界でしたら、プロの試合の方がアマチュアの試合よりも絶対に面白いのに、文学の世界はそうではないので、世の中は一筋縄でゆきません。

要は、こと文学に関するかぎり、プロとアマを分ける線というのははっきりしないんですけれども、はっきりしないからこそ、読む人と書く人の境目が簡単に溶けだしてしまいますし、作家の量産システムのようなものが、こうして可能になったりもするわけです。また、小説自体の変容がわりに簡単に起こってしまうのも、プロとアマの境目がはっきりしないことが大きく関係しているのではないかと思います。もちろん、はっきりしないからといって、境目がないわけではない。プロとアマを分ける一線というのは確かにあります。

●表現の欲望

ちなみに、二十年前に一夜にして作家デビューしてしまった私は、いつプロという意識を持つにいたったかと申しますと、『照柿』という小説を書いた時でありました。このとき、それまでの『マークスの山』以前の作品と比べてはっきりと違う意識を持っていたんですが、具体的に申しますと、私はこのとき初めて「表現の欲望」というものを持ったんだと思います。表現の欲望というのは、簡単に申せば「言葉が作り出す空間についての欲望」のことであります。どんなストーリーというのではなくて、言葉の運動と行間の二つによって立ち上がってくる小説空間に対する、ああでもない、こうでもないという欲望であります。これについては後でまた触れようと思いますけれども、とにかく私はこの「表現の欲望」というものを持ったときに、自分はプロだ、もしくはプロになると思ったのでありました。言い換えれば『マークスの山』まで、私は自分をまったくアマチュアだと思っていたということであります。

小説を読む人と書く人の違いについて、話をさらに進めていこうと思いますけれども、ここでいったん原点に返って、そもそも私たちはなぜ小説を読むのでしょうか。また、なぜ小説を書こうと思うのでしょうか。小説を読む理由の大半は「面白いから」ということなのは間違いありません。「面白い」という理由で小説を読むということは、かりに小説より面白いことがあれば、そちらを選ぶということでもあります。

一昔前までは小説が娯楽だった子どもたちも、マンガ週刊誌が出てきますと本を棄ててマンガに移ってゆきましたし、そこからさらにマンガを棄ててゲームへと移ってゆきました。しかし一方では、学校でひろがった朝読書の習慣のおかげで、現代の子どもたちは統計的に近代で一番読書量が多い子どもたちになっているそうです。その子どもたちが夢中で読んでいるのはライトノベルですけれども、もちろん、子どもたちは面白いから夢中で小説を読むんでしょう。

私の子ども時代を振り返りますと、やはり物語のある面白いものは大好きで、スタンダールとかラクロとかバルザック、これは確実に電車を乗り過ごすくらい面白かったものであります。さすがにドストエフスキーで電車を乗り過ごしたことはありませんでしたけれども、やはり人間のドタバタの修羅場に夢中になった記憶があります。

本日お集まりの皆さんも「小説を読む人」だと思いますけれども、基本的に面白いから小説をお読みになるのではないでしょうか。もちろん、何を面白いと思うかという基準が時代とともに変化しているのは事実でして、一昔前には多くの日本人が谷崎潤一郎を面白いと感じていたのですが、二十一世紀の今ではベストセラー小説が村上春樹なのですから、ほんとうに面白さの基準というものが変わったとしか言えません。

それはともかく、小説を読む人は面白いから読む。この道理だけは変わっていないはずです。今日では「泣ける話」というのも人気ですから、感動を求めて小説を読むという方もおられるかも知れませんけれども、「泣ける」というのも小説の面白さの一部でしょう。小説を読む人が求めるのは、まずは面白さであるわけです。

もちろん、青春時代の読書では、小説の中で人生勉強をしたとか、考えさせられたとか、新たな価値観を教えられたといった体験もあるはずです。しかし、そうした体験は小説を読む副産物であって、小説を手に取る動機ではありませんし、手に取る前から小説に求めているものでもないはずです。人間について考えることを求めるならば小説よりも先に哲学書を手に取るでしょうし、社会について考えたいと思うならば社会科学や社会哲学などの人文系の書物をまずは選ぶだろうと思います。小説というのはあくまで人間が人間のために発明した快楽の一つであって、面白さや楽しさを求めて読むものなのであります。

ところで、小説が進化するように、小説を読む人も進化してゆきます。進化した結果、面白さだけでは退屈になってきて、むしろわけがわからない変な世界に触れたいと思う読者も出てきます。かく言う私自身がそうなのですが、青春時代の終わり頃……すなわち二十歳前後からだんだんひねくれてきまして、あえてわけがわからない世界を好んで選ぶようになってきました。たとえば、ヴァージニア・ウルフよりもジェイムズ・ジョイス、スタインベックよりはフ

ので、必ずしも自分で書く必要はないし、いつでも小説を読む人にもなれる——そういう人のことなのであります。

そういうことなら、ずっと小説を読む人でおればいいのに、なぜ書く人になってゆくか。これは私自身の時間から振り返りましても、とても単純な理屈のような気がいたします。すなわち、既存の小説に満足できないと思い始めるとき、それが読む人が書く人になってゆくときであります。既存の小説に満足できないというのは、またずいぶん不遜なことですけれども、作家になってゆくような人は、はじめから充分に不遜な人だと思います。なくても死なない。ただ、感性と脳の快楽のためにある小説のようなものを書くということですから、不遜でないはずがない。

私の場合、振り返ってみますと八十年代の半ば頃までは、まだ既存の小説で充分事足りておりました。一読者として本屋さんで買える小説で充分満たされていたわけです。日本人では中上健次がまだ健在でしたし、海外ではガルシア・マルケスが翻訳されておりました。それまでの人生で私はずっと普通の小説を読む人だったし、中上健次と大庭みな子と古井由吉が読めればそれでよかったのです。自分が小説を書く人になろうなどという思いは、まったくなかったわけです。

ところが、八十年代の半ば頃になって中上健次の新刊がしばし途絶えたことがあって、本屋さんに行ってもなかなか読みたいと思う小説に出会えなくなりました。折しも純文学が売れなくなっていた時代でもあります。大庭みな子はもう最盛期を過ぎていましたし、古井由吉さんにしても二、三年に一作ぐらいしか新刊が出てこない。ところが、こちらは会社勤めをしていましても、やはり月に何冊か本を読みます。そういうわけで気がつくと、ほとんど小説を読まなくなっていたのであります。小説を読まなくても他に読みたい本はたくさんありますのでべつに不自由はしませんし、「そういえば近頃は小説を読まなくなったなあ」と思う程度のことではありました。

そういうわけで、私自身は意識はしていなかったんですが、無意識のうちに小説空間に飢えていたのかも知れません。もちろん、飢えていたからといって、即座に自分で書こうとなるわけではなくて、そこに至るまでにはいくつかのきっかけがあり、年数がかかったのですが、ともかく今振り返りますと、私が読む人から書く人になった大きな理由が、八十年代の半ば以降、読みたい小説がなくなってきたことだったことは間違いありません。

「読みたい小説がなくなったから自分で書く」というのは無茶苦茶な理屈ですけれども、小説を書くという行為にそもそも道理なんかはないわけで、とりあえず、ここはそのまま「ああ、そういうことか」と思って聞いていただけたらと思います。それこそ、書きたいから書く。書きたいことがあるから書くんではなくて、とにかく書きたいから書くのであります。小説を書くという行為が、まさに快楽のための快楽、欲望の中の欲望である所以であります。

ふつう、美食の快楽とか、異性への欲望とか、快楽や欲望というのは特定の対象に対して発動するのですが、快楽のための快楽、欲望のための欲望は対象を持ちません。言い換えれば「対象を持たない快楽」「対象を持たない欲望」というのは、快楽や欲望が行き着くところまで行き着いた究極のところに生まれてくる欲望のことであります。強いてたとえますと、ドン・ファンとかジゴロにとって女性のA、B、Cというのは問題ではなくて、女性を愛するという行為を愛しているのだと言われるのに似ているかも知れません。

もちろん正確に申しますと、小説を書く快楽という場合、少し前に申しましたように、私の目の前に生まれている小説空間を快楽と感じているわけですけれども、その小説空間がAでもBでもCでも、あんまり関係ない。小説空間が今そこにあればいいということなのです。そしてまた、そうだからこそ、書くという行為に終わりがないわけであります。

人はなぜ小説を書くんだろうかという話をもう少しだけ続けさせてください。今小説は書きたいから書くのだと申しました。小説空間がそこにあること、そのことが書く快楽なのだと申しました。とは言いましても、小説空間なら何でもいいのかと言われれば、やっぱりそういうわけにはいきません。いくら食べたいから食べるといっても、どうしても口に合わないものもありますし、どうせ食べるなら好きなものを食べる方が幸せになるに決まっています。ですから、小説を書くときも、自分の好みに合った小説空間を求めて書くというのは当然のことになります。

ところが、小説空間というのはストーリーとはまったく別物ですし、ジャンルですらありませんから、自分の好みに合った小説空間と申しましても、具体的にどんなものか特定するのは、実は極めて難しい話なのであります。かりにそうとう自覚的な人であっても、「何となくこんな感じ」というのが精一杯ではないでしょうか。そういう私自身、いまだに自分が欲しいと思う小説空間について、正確に言葉で言い表すことができません。せいぜい他の小説を引き合いに出して、たとえば『ユリシーズ』のような感じとか、野間宏の短編のような感じと言うことができるだけなのであります。

でも、それも無理のない話で、小説空間というのはもともと形がないですし、色も匂いもない。文体でもないですし、ひとまとまりの文章と行間で作られている何物かというのは確かですけれども、言葉の音韻の連なりと意味がなんとなく雲のように合体してはいるものの、意味ではないし、もちろん物語でもない。

そういうわけで、小説空間というのは、それこそ小説を読まない人にとっては、あるのかないのかもわからないようなものなのであります。そういうものについて「好みのタイプ」というわけですから、そう簡単ではないのは当然であります。それでも、皆さんも経験がおありだと思うんですけれども、本屋さんに行かれて、新しい小説を数ページ読んだだけで自分の肌に合うとか合わないとか、直感的に感じとることができると思います。小説空間というのはまさに直感的に感じとることができるようなものとして存在しているわけですから、「こんなふうだ」と人に説明できなくてもいいわけです。実際、私も説明できないけれども、こうして自分の好みの小説空間を求めて小説を書き続けております。

●何を書くのか

さて、好みの小説空間を作ろうとして書くのだということはわかったけれども、現実的な問題はやはり「それで何を書くのか」というところに行き着かざるを得ません。好みの小説空間を作るのに必要な小説は、Aというのも B というのも C というのもあり得ます。ミステリーにするのか、恋愛小説にするのか。エンターテイメント小説にするのか、はたまた純文学にするのか。実を申せば「小説を書く人」というのは、この時点で直感的に自分が書くべき小説の形式を選び取っているのが普通だと思います。直感的に選び取るということは、相対的ではない、絶対的な確信が無意識にせよ働いているということで、この絶対的な直観が働かない人は小説を書く何歩も手前のところにいるということになるかと思います。ともあれ、自分でも言葉で説明できないような好みの小説空間を求めて、直感的に小説の形式を選び取る。これが、小説を書く人の第一歩であります。

こうして選び取られた形式というのは、それこそ作家によっていろいろなんですけれども、私の場合はご存じのように初めの数年はスパイスリラーの形式を取っておりました。なぜスパイスリラーだったのかというと、当時の私はエンターテイメントとしてはジョン・ル・カレのスパイスリラーしか読んだことがなかったので、それしか知らなかったということがあります。

また、なぜエンターテイメントだったのかといえば、自分が小説を読む人であったときに読んでいたような純文学畑の小説を、自分が書く側になるという発想がまったくなかったからです。またそれ以前に、最初にお話ししましたように、一夜にして作家になった人間ですから、自分が小説を書くという発想自体、なかなか持てなかったわけです。自分が分かっていたのは、これは少なくともノンフィクションではないということだけであります。したがってフィクションではあるけれども、では自分は小説を書いているのかと自問すると、疑問符が三つも四つも付いてどうしようもない。そういう情けない状態であったわけです。そして、それでも私自身は長年小説を読む人をやってきましたので、言葉にはならないんだけれども、自分が包まれたいと思う小説空間というのは確実に存在していたのであります。

このようにして、実際の小説の形式はずいぶん適当なものでしたし、小説を書くというまともな自覚すらなかったんですけれども、それでも、無意識のうちに好みの小説空間を求めて私は手探りで小説を書き始めていったのでありました。まさに「書きたいから書く」という状態だったわけであります。書きたいことがあったから書いたのではありません。どういうわけか、書きたかったから書いた。これが始まりでありました。

もちろん、アマチュアの世界では、どうしても書きたいことがあって小説を書くという人もおられます。そういう方のほうが多いかも知れませんけれども、書きたいことというのが、いわゆるメッセージに還元されるものだとすれば、小説には基本的に馴染まないものだと思います。意見とか主張とかメッセージといったものは、あらかじめ意図して小説に練りこむものではありません。小説を読む人が、かりに小説から何がしかのメッセージを読み取るとしたら、それは書き手も気づかないうちに書き手の意図を遠く離れたところで行間に染みこんでいったものだったということであります。小説を書くという行為は、書く人が全身全霊をかけて絞り出して練り上げてゆくものですから、その人が心の中にもっている思いや感情が自然に言葉や行間になって出てゆくものなのであります。

今、私は「なぜ人は小説を書くんだろうか」という話をさせていただいておりますが、書きたいから書くという衝動的な欲望にかられて人は小説を書くのだというところに、ひとまずたどりつきました。

小説を読む人がだんだん進化するように、小説を書く人もだんだん進化してゆくものであります。「書きたいから書く」という基本は変わりませんが、快楽となる小説空間の中身がだんだん変わってゆくわけです。はじめはともかく小説の面白さを求めていた読者が、だんだんわけのわからない世界の刺激に目覚めてゆくように、作家のほうも快楽を感じる小説空間がどんどん進化して、複雑怪奇になってゆくということが起こります。食べ物の場合ですと、どんどんグルメになっていっても最終的には小さいときから食べ慣れた故郷の味に戻っていくというようなことがありますが、小説はなぜかそうはいかないようであります。

先ほど、小説を書くという行為に終わりはないと申しましたけれど、そのことも「進化が止

郵便はがき

恐縮ですが、
切手を貼って
お出し下さい

5 3 1 - 0 0 7 1

〔受取人〕

大阪市北区中津3－17－5

株式会社
編集工房ノア 行

★通信欄

通信用カード

お願い

このはがきを、当社への通信あるいは当社刊行書のご注文にご利用下さい。
お名前は愛読者名簿に登録し、新刊のお知らせなどをお送りします。

お求めいただいた書物名

本書についてのご感想、今後出版を希望される出版物・著者について

◎ 直接購読申込書

(書名)	(価格) ¥	(部数)	部
(書名)	(価格) ¥	(部数)	部
(書名)	(価格) ¥	(部数)	部

ご氏名　　（　　歳）　電話

ご住所　〒

書店配本の場合	取次	この欄は書店または当社で記入します。
県市区　　書店		

まらない」ということと無関係ではないかも知れません。また、常に進化を求めるということは、裏を返せば、慣れてしまうと途端に退屈になるということにもなります。慣れ親しんだものは安心して浸っていられる反面、書く人にとっては、何かしら退屈とか退廃を呼び起こしてしまう。これは小説を書く人、何かを創造する人にとって、根元的な衝動の一つなのですが、ではなぜそうなるのでしょうか。

これを考えるとき、十九世紀の印象派の絵画はなぜ生まれてきたのか、あるいは、二十世紀の抽象絵画はなぜ生まれてきたのかを考えてみると、わかりやすいかも知れません。なぜ進化するかといえば、慣れ親しんだものはもはや退屈だという気分の問題の他に、書く人、創造する人の世界の見え方自体が確かに進化しているということがあります。

たとえば、あるとき、光が粒子の集まりに見えたという画家がいたら、その人は世界を色の点描で描き始めるかも知れません。目に見える世界を光の濃淡に還元するような目を持った作家が現れたとき、印象派の絵画は誕生したわけですが、さらにセザンヌなどは目に見える物体・世界を円柱などの立体に分割するような世界の見え方を発見いたしました。世界の新しい見え方が発見されると、新しい表現が生み出されてゆくということであります。そして、そういう絵画を鑑賞する側の私たちの目も新しい世界の見え方を学習してゆくわけであります。

あのピカソも、ある時代までは、しごくわかりやすい写実の絵を描いていたのですが、あるとき幾何学的に平面を分割していきます。そしてご存じの抽象的な表現へ移行してゆきます。

これもピカソが新しい世界の見え方を定義して見せたということでありますし、現代の抽象絵画も、基本的にはこの世界が画家の目にどう見えるかという見え方の勝負であるわけです。十九世紀まで、人間を含めた世界を自然に、見えるがままの姿で見ていた画家たちの目が、二十世紀になって間違いなく機能的、感覚的、意識的に進化したということになるかと思います。

同じことが、小説でも音楽でも起こりました。十九世紀までの小説は基本的に大きな人間の物語を紡いでいたのですが、二十世紀になって人間社会の物語の以前に、個人の意識の流れを捉えようとした作家たちが現れてきます。プルーストやジョイスがそうですし、ヴァージニア・ウルフもそうです。つまり、人間の存在を、その人が何をした、どこへ行った、何を食べた、何を言ったという行為そのものではなくて、それらの行為と行為を繋いでいる意識の流れとして捉える——すなわち、時間と存在を合体させた実存の感覚が新たに発見されたわけです。

この新たに存在感覚を言いあらわす表現を、小説は自然に発見してゆきましたし、ある感覚を言い当てるための表現を発見してゆくことが、すなわち小説を書くことなのです。こうして社会の新しい見え方、世界の新しい感じ方、とらえ方が発見されてゆくとき、新しい表現というものが自然に登場してきます。こうした新しい表現に、誰よりも敏感であるのが芸術家や音楽家、小説家なのでありまして、新しい世界の感じ方、とらえ方への強い衝動傾向を持つ人が、結果的に文学や芸術の創造に関わってゆくのだと思います。

●小説の進化、破壊と解体

ともあれ、こうした事情で小説は進化をしてきました。小説の進化というのは、実際の小説作法で言いますと、新しい方法論への挑戦、新しい表現への挑戦というかたちになります。

もちろん、一方では表現への進化を捨てて、かわりにポストモダンの消費に自らを合わせる道を選んだエンターテイメント小説もあります。どちらが正しいということではないですし、正確に言えば、創造という観点から見れば二つはまったく別物だということであります。また二つを分けるのは、その人の持って生まれた資質や感性のあり方だけのことであります。私自身は小説を読む人としても、もともと進化する方に向いていただけのことですし、皆さんもご自分がどちらに向いておられるかによって、お読みになる小説のタイプが二つに分かれるのではないかと思います。

ちなみに今現在、私がどういう地点に立っているかと申しますと、デビューから『レディ・ジョーカー』という小説までは明らかにエンターテイメント小説の側にいたのですが、それから以降の三部作はエンターテイメントの領域からはみ出して、進化する方の純文学に半分ぐらい足が掛かっているというところだと思っております。小説を書く人の欲望としては、私自身は進化する方へ完全移行したいと思う一方で、自分にそれだけの才能や感覚がないということを自覚しているためであります。自分の才能を自覚するということは、そこに安住するとか、諦めるとかいうことではなくて、自分に可能な方法論を、より慎重に、より手間をかけて探してゆかなければならないというだけのことであります。進化を諦めたわけではないですし、才能がある人だったら直感的に進める道を、私は回り道に回り道をして、歩幅を小さくしたりして乗り越えてゆくだけのことだと思っております。回り道をしても、進化は可能であります。

もっとも、その進化というやつは、最初に申しましたように、変なもの、わかりにくいもの、意味不明のもの、奇怪なもの、調子っぱずれなものといった逸脱と紙一重でありますし、一般の多くの読者を獲得するということを端から諦めなければなりません。それでもなお、進化したいという欲望を止められない書き手がいて、そういう書き手が小説を進化させてゆくのであります。だからどうということはないんですけれども、ただ、そういうものとして小説はある、それだけのことであります。また、快適なもの、心地よいものには用心しなければならない、そういう本能をもって生きている人がいて、それが文学をする人だというだけのことでありま す。

私は今こうして主に純文学の話をしておりますけれども、だからといって、エンターテイメント小説を軽く見たり、甘く見ていただいてはおおいに困るということも申し上げておきたいと思います。たしかに八十年代後半から九十年代前半にかけて、新人賞の乱立によって素人が一夜にして作家デビューするという時代がありました。けれども、二十年経った今でも作家として活躍している人は数えるほどしかおりませんし、作家として残っているのは、結局作家として能力と技術を獲得した人だけなのであります。

私自身がエンターテイメントの世界から片足を抜いてしまったのは、先ほども申しましたように持って生まれた資質で、心地よいもの、わかりやすいものを退屈に感じるからであって、それだけのことでしかないわけですが、翻って、心地よくてわかりやすいエンターテイメントの世界でほんとうに刺激的な優れた物語を書くというのは、これはこれで決して容易いことではありません。エンターテイメントにはエンターテイメントの決して月並みではない才能と血の滲むような努力があるのであります。小説でも書いてみようかといった軽い気持ちでついていける世界では、もちろんありません。何度も繰り返しますが、持って生まれたその人の資質によって、エンターテイメントか純文学かが決まるということなのであります。

そして、ここまでお話ししてきたことを理解していただけたならば、エンターテイメント小説と純文学は明らかに別物だということがおわかりいただけるのではないかと思います。ひと頃、小説は小説だとしてジャンル分けというものに異論が出たこともありましたけれども、フランス料理と和食を同じものだという人がいないのと同じようなレベルで、小説にも間違いなくジャンルはあるというのが私の立場であります。

さて、小説を書く人と読む人の違いはどこにあるのだろうか、ということを考えるうちに、なぜ小説を読むのか、なぜ小説を書くのかというところへ視点は広がりました。簡単にまとめますと、両者の間には決定的な違いと共通項の両方があるということになるかと思います。小説を読む人も書く人も、求めるのはどちらも基本的には快楽でありますし、その快楽はともに進化をするという点も共通であります。その一方で、あくまで快楽であるがために、たとえば小説を読む人のほうは、かりに小説が進化しすぎてあまりに難解になったり、時々の気分と合わなくなったりしますと、いつでもその世界を捨てることができます。読んでいた小説を捨てて別の小説を手に取るか、あるいは映画を見たりスポーツをするか。

ところが、小説を書く人は小説を捨てることができません。書きかけの物語がうまくゆかなければ、途中でそれを捨てて別の物語を書くということはありますけれども、表現をするという行為を絶対に捨てられない。ここにひとつ、読む人との違いがあります。表現をやめられないということは、表現の欲望に終わりがない、これでいいという満足の基準がないということを意味しております。満足がないので終わりがないわけであります。

また、さらに書く人と読む人の大きな違いは、書く人は自分の意思で世界を破壊してゆくというところにあります。読む人は、与えられた構造を把握したり読み解いたりはしますけれども破壊はしない。一方で、書く人は、与えられた世界を破壊することから一歩を踏み出すわけであります。たとえば、こうして目に見える風景には無数の建物や道路やいろんなものが存在していますが、小説でそれを描くときには、それらを全部消してしまって、A町とB町という一言で抽象してしまったりします。これは立派な破壊であります。登場人物の人生を一筆書きにすることもあれば、ときには背景となる人生そのものを描かないこともある。これも破壊であります。またときには物語自体を破壊して、あえて話の筋を消してしまうということもありますし、結末を書かないこともあります。むしろ、小説の進化の過程では、物語の解体のほうが自然な流れだったと言えますけれども、二十一世紀には「意識の流れ」のほうもいずれ解体されてゆくのではないかと思っています。

ともあれ、こうした破壊と解体が書く人の真骨頂でありまして、読む人との一番大きな違いかも知れません。読む人は基本的に世界を構築しようとしますし、書く人は基本的に世界を脱構築しようとするわけであります。こうして眺めてみますと、小説を読む人と書く人のあいだを行き来するのは、構築と破壊、構築と脱構築のあいだを行き来するようなものだというふうにも言えますけれども、そういう暴言ができるのはまさに小説ならではであります。音楽や美術ではこうはゆきません。いくらショパンが好きでも、普通の人はショパンのピアノ曲はなかなか弾けません。いくら絵が好きでも普通の人は絵は描けません。ところが、小説を読むのが好きな人は、その気になれば自分でも小説を書けるわけです。

こうして、純文学が次々に新しい表現の地平を切り開くものではなくなってゆく流れ、この流れは私の世代にとってはむしろ先祖返りで保守的なものに感じられるのですが、一方では、感性の勝負、素材の勝負で小説は書かれるからこそ、今風の小説スタイルに合っているとも言えますし、作家が感性で小説を書けば、読者もその日の気分の感性で読む小説を選ぶことができるということにもなります。

いずれにしろ、よりオープンでより日常っぽい地平に、二十一世紀の小説は立っているということなのでしょう。そして、それも時代の流れといえば確かにそうなのですが、つんつんに尖っていて一読した読者が立ちすくむような、そんな尖鋭な実験的な小説というのは、ほんとうに少なくなりました。言い換えれば、書き手の方も自らをそういう実験的な挑戦の地平へ追い込んでゆくことをしなくなったということであります。

そうして、電子書籍やタブレット端末といったツールだけが進化していって、肝心の小説自体はどんどん保守的でフラットになってゆく。もちろん小説を読む方の感性もそれに合わせて保守的でフラットになってゆく。たとえば近年流行りの「泣ける小説」というのは、そういう流れの一環なのだろうと思います。お好きな方がおられたら申し訳ないですが、でも私は「泣ける小説」というのは、とても保守的な古い物語の典型に思えるのであります。

ここまで私は小説を読む人と書く人の違いと、境目がどこにあるのかという話をしてまいりました。小説は基本的に言語を習得さえしておれば書くことも読むこともできる世界でありま す。言語は人間の社会の共同生活において、私たちが互いの意志疎通をはかったり、約束事を決めたり、あるいは情報を伝えたりするために発達をしてきました。また言語は、人間が居住をしたり移動をしたりする空間……すなわち世界、これを形にしてきちんと線引きするということもしております。言い換えれば、言葉でとらえられるものととらえられないものを分けることで、世界の形ができあがるわけであります。

ともあれ、こうして人間が社会的存在であるために必要な機能として言語はあるんですが、小説はそういう言語をもって仮想空間を形にして、さらにそれを拡張してゆきます。SFはもちろん、恋愛小説も、冒険小説も、スリラーも、すべてが言語で拡張された仮想空間でありま す。今日私たちの脳の中では、この仮想空間と現実の境目がとても曖昧になってきたと言われておりますけれども、これも脳がそういうふうに進化したということですし、こうして進化した脳は今後仮想空間をさらに拡張してゆくことはあっても、決して昔のアナログな脳に戻ることはありません。

つまり、日本語という素材は変わらないのに、小説空間だけはどんどん変わってゆくわけですが、ただ、しかし、仮想空間が際限なく拡張してゆくことと、小説が際限なく進化してゆくこととは必ずしも同じではありません。むしろ、ある時点で、小説の方の進化は止まってしまうということが起こるのであります。たとえば、仮想空間の拡張がどんどん進んで、流行やスタイルの変化が速くなってゆきますと、職人芸というのが意味を持たなくなってゆきます。要は、職人芸の育つ暇がなくなるということであります。また、作家は小説作法をあれこれ試行錯誤する暇もなくなってゆきますし、新しい表現への挑戦も逆に少なくなってゆく可能性がある。

つまり、小説は進化するものだと言いましても、そこには自ずと文学の作法のようなものや、暗黙の境界線のようなものがあるわけですが、現代の仮想空間の拡張はそんなものを平気で突き破って進んでゆきますので、場合によってはもはや小説と呼べないようなものも登場してくるわけです。ひと頃流行った携帯小説がそうでしたし、最近ではタブレット端末で発表される小説の中でも、読者の投票でどんどん話の筋が変わってゆくような読者参加型の小説のようなもの、これももはや従来の小説とは呼べないと思います。これらは確かに目新しいスタイルではあるけれども、私が今日お話ししてきたような小説の進化とはまた別の次元の話だという他はありません。

ともあれ、誰もが自由に発信者になれる情報化社会となって、仮想空間が際限なく広がってゆきますと、同時に文明の世界に一般の人がいつでも参入できて、いつでも退場できるようになってゆきます。実際に小説が読まれる環境も、小説が書かれる環境も様変わりしております。もともと小説というのは、読むのも書くのもとてもプライベートな次元の行為だったわけですけれども、たとえば読書のスタイル一つをとってみましても、夜に布団の中で一人で読みふけるというスタイルから、電車やレストランの中で電子書籍をタブレット端末で読むというスタイルになりますと、それだけでもう、小説がプライベートな快楽の時間から、携帯電話を開くのと同じような日常の時間により近づいてゆく……ということでもあります。

つまり、小説を読みながら、それと同じ画面でメールを読んだりニュースを見たりする。小説がより日常生活的になり、よりオープンになり、より情報処理に近くなって、かつてのような、どちらかというと秘め事っぽい愉楽、快楽の匂いを失ってゆくわけであります。そうなりますと、当然小説の仮想空間もよりオープンで、より軽快で、いつでも中断できるような、まさしく消費しやすいような情報重視型に、あるいは物語重視型に変わってゆくのは自然なことでありましょう。

かつて小説家が、それぞれ生涯をかけて挑戦をしてきた表現の進化というものは逆に後退をして失われてゆくわけであります。こうした流れは現実に純文学の世界で起きていることでありまして、今では表現への挑戦よりも、感性の勝負、素材の勝負といった小説が主流になってきております。

一つひとつの文化の中には、逆行してゆくもの、退行してゆくもの、廃れてゆくものもあるのは止めようのない事実であります。ルネッサンスがギリシャ文化に憧れて彫刻や絵画の人間表現の復活を目指したのは、言い換えれば、中世のあいだにそれだけ彫刻や絵画の表現に退行があったということであります。日本でも奈良時代の建築の手法でありますとか、江戸時代に進化した手工芸の分野で、今では廃れてしまってもう復元できない技法はたくさんあるといいます。

数百年という長いスパンで眺めると、私たちの文化というのは決して一直線に進化するわけではなくて、どこかで進化を止めて消えてゆくもの、あるいはまったく姿を変えてゆくものなどが数多くあるということでしょう。おそらく小説も永遠ではなくて、近い将来その姿をまったく変えてゆくか、それとも昔あったような語りとしての原型、口承文学にもどってゆくのかも知れません。口承文学のような語りであれば、「泣ける物語」というのも大いにあり得る話であります。

●言葉の力

ともあれ、私自身は小説の未来について、それほど楽観はしておりませんし、いったん下火になったものがそのままの形で復活することはないと思っております。が、いささか諦めきれない思いで、本日はこの場をお借りしてもう一つ、お話しをしておきたいと思います。それは、三月の東日本大震災で改めて言われるようになった「言葉の力」というものと小説の関係についてであります。

あまりに巨大な自然災害、あまりに巨大な事象を目の当たりにしたときに、私たちは言葉もなく立ち尽くしてしまいます。けれども、どこかの時点で自分が目の当たりにしたものを言葉にして把握しなければならないときがやってきます。言葉にしてはじめて、私たちは物事を認識したり理解したりするからであります。阪神大震災のときもそうでしたが、巨大な体験を言葉にするという作業には時間がかかります。人によって差はあるにせよ、一年、五年、十年かかって、言葉を少しずつ集めてゆくという感じだろうと思います。ときどき言葉は湧いてゆくんですけれども、定着しないまま流れ去っていって、なかなか「こうだ」という言葉にならない。それで時間がかかるわけであります。

私自身、阪神大震災を私なりの言葉に定着をさせて、私なりに受けとめて腹に収めてゆくのに十年ぐらいかかったかも知れません。私の場合は、震災を言葉にしてゆく過程で、仏教の発見という大きな転機があったこと、それと、どこまでも小説の言葉として言葉を探してきましたので、そのぶんさらに時間がかかったのかも知れませんけれども、それにしても、言葉を見つけるというのはそうそう簡単なことではないし、そう軽いことでもないと思います。言葉にした途端、ほんとうにこれで正しいのか、これで充分なのかという自問自答が生まれてきますし、言葉の発する……その言葉の重さが改めて身に沁みる、そういう結果にもなってきます。

東日本大震災のような、国民全体を沈黙させるような未曾有の事象が起こりますと、その沈黙と混沌の中で発せられた言葉一つが、普段なら持ち得ないような力をもって受けとめられるというのは容易に想像ができます。言葉ではなくて歌でも同じです。被災地に響いた何ということはない歌一つが、人の心を激しく揺さぶる。被災地に投げかけられた何ということはない言葉一つが人々を激しく感動させる。こうした事実を評して、一般に「言葉の力」「歌の力」と私たちは呼ぶわけですが、こうして特殊な状況下で呼び起こされる感動と、小説の感動や音楽の感動とは同じではないですし、特殊な状況下で発揮される言葉の力や歌の力と、言葉本来の力や音楽本来の力も同じではありません。

震災に衝撃を受けた人間の思いが、その場で言葉になって溢れ出し、それが被災地に沁み渡る言葉になる……そういうことは確かにあるけれども、それらの言葉の多くはいわば、ナマの言葉であります。身体や心から自然に溢れ出す言葉。身近なところでは子どもの言葉がそれにありますが、これらは皆、ナマの言葉であります。そして東日本大震災のような大災害や、大惨事に直面したとき、日本中にこのナマの言葉が溢れて、今も溢れ続けているわけですが、ナマはどこまでもナマであります。火が通っていないので腐りやすいし、加工もされていないので複雑な状況に対応するような奥深さや余韻はありません。受けとる側の状況が変わると、感じ方も変わってしまう可能性が高いですし、普遍的な力は持っていません。

こうしたナマの言葉のもう一つの典型は、政治や社会時評の言葉です。私自身は小説を書くこととは別に、時々新聞に社会時評を書いておりますので、そういうときに使う言葉と小説の言葉の違いを肌で知り、痛感しております。

その違いを一言で言えば、政治や社会の現状を分析したり、批判したり、意見をしたりする言葉は、どれだけ巧みに並べても決して小説の言葉にならないということです。こういったナマの言葉というのは、小説の言葉には向いていない。小説の本体からはもっとも遠い種類の言葉なのであります。

それを明確に認識しておりますので、私の場合は、小説を書く私と社会時評を書く私の二人の私がいて、この二人の私はまったく別人なのですが、それでは小説に使われる言葉とはいったいどんな言葉か。言うなれば、精錬され、鍛造され、加工され、選び抜かれた言葉が小説の言葉になります。しかし、小説の言葉がそういう精巧な加工品であるために、今ここで起きている災害や政治や社会情勢にはまったく対応できない、現実のどこにも届かない、ということになるわけです。

しかし、小説家はそれを正確に認識しながら、あえて小説を書く。ちなみに、私は二十年前に『神の火』という原発を題材にしたスパイスリラーを書いたことがあるのですが、デビューしたばかりの当時は、原発についてあれこれ語る言葉が、おおむね政治的、社会的、科学的な、それぞれの意味でナマの言葉であるという明確な認識はありませんでした。だからわりに無邪気に原発を題材にした小説などを書くこともできたんですけれども、その後、『晴子情歌』『新リア王』『太陽を曳く馬』の三部作で純文学の方へ傾いてからも、あえて政治や宗教や刑事裁判といった小説に徹底的に向かない題材を意識的に採り入れてまいりました。これは、そうしてあえて小説の言葉にならない、ナマの言葉を追い込むことによって小説を解体したいという、例によって進化のための挑戦のつもりで、そういう無謀なことをしたのでありました。成功したとは決して思ってはいませんが、政治というナマの言葉を私なりの挑戦の手段に使ったのは事実であります。政治を描きたかったのではなく、小説という目的のためだけに、小説の言葉から最も遠い異質な異物としての政治の言葉に注目したということになります。一生活者として、同時代の政治経済や社会科学に大きな関心はありますけれども、それは小説家ではないもう一人の私の話なのです。

ともあれ、ほんとうに皮肉なことですけれども、東日本大震災のような大災害や大惨事に直面したとき、小説ほど無力なものはありません。歌はまだ人の肉声ということで、いくらかは人の心に届く可能性があるけれども、小説はそうはゆきません。小説というのは、そもそも反社会、反安定、反共感、反常識といった孤高を勝手に目指すものですから、ただでさえ人の心を和ませることには向いていないのであります。

阪神大震災の直後に、私がひとまず考えたのは、自分の書いてきた小説なんかトイレットペーパーより役に立たないということでした。その思いは基本的には今も変わりません。小説は被災者の皆さんの心を癒して勇気づけて温めるようなものではないし、また、そういうものであってもならない。まさに反社会的、反道徳的な、生活とは無縁の快楽であり、それ以上でも以下でもないのであって、小説を読む人も書く人も、どこまでもそういうものとして小説と向き合う必要があるのだと思っております。

けれども、これが人間という生き物ではないでしょうか。動物は生存に関係のないことはやりません。生存に関係が無くて、自他の役に立たなくて、ときに共同体の良識にも反するような、そんな快楽を知っているのは人間の文明だけですし、この文明だけは失いたくないと私は思います。現実には、時代はもっともっとストレートになっていきそうですし、同じ快楽なら、もっと娯楽の要素の強いゲームですとか、もっと刺激の強い映像や３Ｄに取って代わられてゆくのかも知れませんけれども、近代小説がほぼ二百年かけて到達した進化の成果を、そう簡単に失っていいはずがないと思います。

このように、大量消費とたたかい、ナマのストレートな言葉の氾濫とたたかい、巷の涙や感動とたたかって、孤独を愛し、進化を愛し、難解であることを愛し、読むこと書くことを愛し、耽溺をすること。私のしごく個人的な意見ではありますが、これが小説との正しい付き合い方であると申し上げて、私の本日の結論とさせていただきたいと思います。

＊質疑応答

C（男性）　柏原市から来ましたツツミと申します。先生は原発問題について新聞紙上に書いておられましたけれども、私は福島第一原発の事故が起こったとき、小説の世界の出来事としか思えませんでした。しかし、それが現実となりまして、これから何十年、何百年と、原発に向き合っていかなければならなくなり、世界観が変わりました。今回の事故について、小説家としてどう予測されておられますか。

髙村　これは小説家というより、今同時代に生きている人間としての話になります。今ようやくほぼ半年近く経って、当時は公表されていなかったいろんな数値が公表されるようになりまして、実はチェルノブイリの事故よりもはるかに大変な事態であったということがだんだん明らかになってきております。私は小説家としてというよりも、この同時代に生きている日本人の一人として、あの事故を一つの単なる事故として見過ごしてしまうこと、東日本大震災の中の一つの出来事として流してしまうということはできないし、してはならないというふうに思っております。

これからどうなるかと思っているかと申しますと、ひょっとしたらこれも皆さんと感じ方が違うのかも知れませんが、私はあの土地というのは、まさにチェルノブイリと同じになると思っております。半径何キロ以内かわかりませんが、人が住まない原野にかえってゆく他はない。そういう管理区域、人が立ち入れないような土地にかえってゆくのだろうと思います。そして、これからもうちょっと時間が経ってから、おそらく身体を壊す方が出てこられるかも知れません。とても不幸な悲しいことですけれども、そうなったときに、やっと「それでも、まだこの日本で原発を動かすのか」という議論が再び起きるんだろうと思っています。つまり、とんでもない悲劇、誰の目にも明らかな悲劇が起こらないと、政治も動かないし、自治体も動かないし、一般人の世論もメディアも動かない。そういう情けない状況にあるけれども、私はとても暗い予想しかできないでいます。

エネルギーが足りないから原発を動かす、そんなこと以前の話です。ほんとうに原発は、事故を起こしたら終わりなんです。安全であるか否かの話ではなくて、ひとたび事故を起こしたら、それはもう終わりなんです。これを克服するとか、乗り越えてゆくとか、そういう類のものではないというふうに理解しています。事故を起こしたら終わり。そういうものを、なぜ被爆国である私たちが、戦後ずっと持ってきたのかという自問自答は私自身がしておりますし、たぶん自分を納得させる言葉はないと思います。なんで今までもっと反対の声を上げてこなかったのかというのは……。すみません、「小説家として」と言われましたが「小説家としての言葉」はないですね。申し訳ないですけれども。

D（男性）　本科・佐久間クラスのオオイシと申します。書くことの欲求、欲望について伺いたいです。今回の震災もそうなんですけれど、生活上や、社会的な問題への不安とか恐怖というものがあります。たとえばテレビのニュースなどで中国の異常なナショナリズムを見ていますと、いかにもはけ口は戦争しかないんじゃないかと考えると、ものすごい恐怖心に襲われて、文学学校へ行く前に病院へ行った方がいいんじゃないかと思ったりします。（場内笑声）そういう社会的な不安や恐怖に、とくに小説家は敏感だと思うのですが、そういう精神状態の中でも、書くことへの欲求、欲望は起こるものなんでしょうか。

高村　うーん、ご自身の生存を脅かすような恐怖であれば、書くことなんかとりあえず置いてというか、書く気にはならないと思いますけれども。（場内笑声）

たしかに物書き、作家は敏感だと思います。敏感だけれども、同時にどこかで鈍感だとも思います。どういうことかと申しますと、今世の中で何が起きているかとか、実態はこうだとか、たとえば先ほども申しましたように、原発はこうなりそうだということを、おそろしく敏感に、どちらかというとペシミスティックに見ている。その一方で、なぜ鈍感かと申しますと、それでも書きたくて書くからです。たとえて言えば、自分の家が火事になっても気がつかないで書いている――そういう鈍感さが、書く人にはあると思います。あるいは、自分の身近で起きている異変とか、悲劇とか、さまざまなことに敏感であると同時に鈍感である。そうでないと、物書きにはなれないと思う。敏感であり、図太さがある。こういう物の言い方でわかっていただけるでしょうか。

ほんとうに繊細で敏感な方は、小説家にはなれないと思う。というか、小説を書くという行為は欲望ですから、人を踏み越えてでも、人を踏みつぶしてでも、書くときは書く。そういうものですから、先ほど作家は不遜だと申しました。不遜であり、鈍感であり、人の気持ちをわかるんだけれども、最後のところでは無視する。そういう、おそろしく嫌な生き物でもありますね。だから、今おっしゃったように、時代の成り行きに敏感でいらして、恐くて、いろんなことに立ちすくんでしまわれるということでしたけれども、小説をお書きになるのであれば、いったんそういうものは全部捨てる……恐怖は全部捨てて、書くことに専念するというか、つまり、鈍感になられること……だと思います。うまく言えないところがあります。

（二〇一一年九月四日講演）

「推理小説の世界」　有栖川有栖

有栖川有栖（ありすがわ・ありす）

一九五九年（昭和三十四年）大阪府生まれ。同志社大学在学中より推理小説研究会に所属して創作に励む。八九年『月光ゲーム』で作家デビュー。書店勤務を続けながら創作活動を行う。九四年作家専業となる。二〇〇〇年本格ミステリ作家クラブの設立に参加。〇三年『マレー鉄道の謎』で第五十六回日本推理作家協会賞を受賞。著書に『双頭の悪魔』『46番目の密室』『幽霊刑事』『絶叫城殺人事件』『迷宮逍遥』『作家小説』『モロッコ水晶の謎』『女王国の城』『壁抜け男の謎』『図説密室ミステリの研究』など多数。作風から「日本のエラリー・クイーン」と呼ばれ、ロジカルな謎解きには定評がある。本格ミステリ作家クラブ初代会長。

葉山郁生　ご紹介するまでもなく有栖川さんは、現在多彩な活躍をされているミステリー作家のお一人です。特にエラリー・クイーンがお好きで、意識して書いておられるのではないかと思います。現在文学学校にも、純文学やエンターテイメントというふうなジャンルでは括れない作品を書く学生が集まってきています。きっと、皆さんにとって参考になる話をしていただけると思います。有栖川さんも今日は楽しみにして来られていますので、どうぞ皆さん聴いてください。

有栖川です。よろしくお願いします。立ってしゃべるか、座ってしゃべるか、微妙な雰囲気なんですが、若干メモの用意もありますので座ってしゃべらせていただきます。途中から立ちっぱなしになるかも知れませんけれども。

もっぱら推理小説を書いておりますが、あちこちに短い文章を書くこともありますので、本は読んだことはないけれども、新聞や雑誌でいかがわしげなペンネームを見たことがあるとおっしゃる方もあるかも知れません。推理作家として活動しております。大阪文学学校とはこれまでご縁がなくて、ここの学生だったこともありません。我流で小説を書いてきて、物書きになりました。ここからほど遠くないところに住んでいて、この辺りをよく散歩していますので、大阪文学学校がこの辺にあるということは聞いていたのですが、昨日地図をもらってやっとはっきりとした場所がわかりました。

小説は独りで書くものです。独りで研鑽を積んで、独りで作品を完結させるものです。ですから、小説を学校で学ぶということがどういうことか、実感としてピンときていないところもあるのですが、同好の士が集まって切磋琢磨しながら小説を学んでいくことは意義のあることだと思っておりますし、どんなものだろうという興味はあります。どんなことをやっているんだろうと、ここに授業を受けに来るのも面白いなと思っていたですが、自分がしゃべることになりまして、いきなり講師なんですね(笑)。

ここにお集まりの方は、皆さん文学に関心があって、小説を書いておられる方が多いという状況ですので、比較的しゃべりやすい方です。推理小説がお好きな方は、演題を見て、どんな話かなと興味を持っていただいていると思いますが、推理小説というものは、興味がない人にはまったく興味のないものなんですね。はっきり嫌いだという人もいます。特に純文学を志向していらっしゃる方は、本屋に行くと古典的な名作が脇に追いやられているのに、けばけばしい表紙の推理小説に平台が占拠されている状況を苦々しく思っていらっしゃるかも知れませんが、そういう方にも、「あ、推理小説というのはこういうものなのか」と一つ新しいことを覚えたような気持ちになって帰っていただけたら嬉しいです。

小説というものが、どういうものであるのか。多かれ少なかれ、皆さんは関心をお持ちだと思います。そうでない人が今ここにおられるとは思わないので、私がそれを得々と語るのではなく、皆さんがそれを考えるきっかけになればと思います。また、実際に今書こうとしておられる方には、小説を書きたくなってきたという気持ちになっていただけたら嬉しいと思っております。

まず、推理小説の発生史、推理小説がどんなふうに成り立ってきたかというお話をした後で、他の小説とどこが違うのかをお話ししたいと思います。途中で脱線すると、どうなるかわかりませんが。そのあと、それに関してのご質問があれば受けますし、まったく関係のないことでも、この際聞いておきたいということがあれば、遠慮なく手を挙げてください。

●推理小説とは何か

まず話の枕として、「推理小説とは何か」ということについて投げかけられた二つの言葉を紹介します。

一つは、「週刊朝日」の二月二十四日に載ったものです。ふだんは読まない雑誌なのですが、たまたまこの号に私の書いたエッセイが載ったので、送られてきた掲載誌をパラパラめくっていると、作家の保坂和志さんご夫婦がインタビューを受けていらっしゃいました。保坂さんは『書きあぐねている人のための小説入門』『小説の自由』という著書も出していて、インタビュアーの紹介文によれば「小説とは一般に考えられているような物語の筋を追う散文ではなく、ものを考えるための一つの方法なのだという、刺激的な小説論」だということです。ご夫妻の日常を聞き出すという軽いインタビューですが、その中で奥様が女子大の大学教員で文学を教えていらっしゃることに触れ、共通の話題は好きな猫の話と小説の話だと話されています。保坂さんが「世間では小説の話が通じる相手って少ないですからね。僕たちの場合、ミステリーではなく本当の小説ですから」とおっしゃっています（笑）。つまり、ミステリーは「本当の小説」とは違う、という認識を持っておられることになりますね。これは文学論を聞き出すインタビューではありませんので、「じゃあ、本当の小説とは何ですか」という話にはならないんですけれども、多くの読者は「まあ、そういう見方もある」と普通に読みすすめるところでしょう。当然、私はひっかかったわけです。じゃあ、「本当の小説ではないミステリー」とはどういう小説なのか。普通じゃないということですよね。何が普通じゃないのか。

もう一つはこれです。皆さんには見覚えがある雑誌ですよね（笑）。文校が出しておられる『樹林』という雑誌の、去年の四月号です。見ておりますと、「在校生の声」という欄があるんです。お書きになった方の名前はもちろん言いませんし、この方を批判するつもりはありません。若い学生さんですが、「友だちと誘い合って文校の体験入学の授業を受け、入学することに決めました」と書かれています。「私は今までそんなに大した読書量もないので、これから頑張ります」という決意表明なのですが、そこに「読書量も多くはなく、読んでいるのは島田荘司や京極夏彦などのミステリーだ」と書かれている。島田荘司も京極夏彦もミステリーのスター作家というのでしょうか、第一線で活躍している方々です。そして、そのあとに括弧書きで（高校の時、まともなのは読まんのと言われたことがある）と書いてあるんですよね。島田荘司や京極夏彦といった作家はまともじゃないということになります。（場内笑声）

ミステリーはまともじゃない。本当の小説でもなければ、まともでもない。じゃあ、何なんだ。私は別に「くそっ」といって恨んでいるわけでも何でもなく、何がまともじゃないのか、何が本当じゃないのかというあたりを考えてみたいと思います。

私は「まともじゃない」と言われて喜んでいるんですよ。そうよ、まともじゃないよと。普通じゃないです、ミステリーって。ただ、本当の小説ではないかも知れないけれど、明らかに小説ですよね。あれは映画でもなければ、お好み焼きでもない。（笑）どこから見ても小説として読めるもので皆さん、小説として楽しんでいる。

ああいう話というのは面白いですよね。謎があって、それが解ける過程を楽しむ。そういうお話を最初に作ったのは誰か。これはわからない。たぶん、もう原始時代には洞穴の中で、晩ご飯が終わってから話好きのおじさんだかおばさんだかが怖い話をしたり、教訓をまぶしたようなお話を聞かせたりする時に、ちょっと不思議な話をするのが好きな人もいたと思う。不思議だなあというだけでは終わらなくて、そこにオチをつける。「それはこうだったからだよ」「なるほどなあ」――というのを楽しんだことはあったと思います。世界の誰が最初に思いついたのかはわからないけれど、お話の一ジャンルとしてあっただろうと想像します。

『イソップ物語』に、これはちょっと推理が入っているんじゃないかという話が出てきます。森に住んでいるライオンが「俺のところに挨拶に来い」という。動物たちは皆挨拶に行くんだけれど、狐だけは行かない。ライオンが「なぜ、お前は挨拶に来ないのか」と言うと、「いや、ライオンさんの家には入った足跡はあるけれど、出た足跡はないんですよね」。(場内笑声)なるほどなあというお話ですよね。この後に、ライオンが怒るなりショックを受けるなりという展開があってもいいのですが、話はそこでプツッと終わっています。これは、物事を観察し分析することそのものをテーマにした物語と言えます。

それから、ミステリーはよくギリシャ悲劇に似ていると言われます。どこが似ているかというと、あれは出てくる人間の役割が決まっているんですね。ミステリーというのは、書き始める時に作者の頭の中には「こいつが犯人」「これが殺される」ということが決まっているわけです。ギリシャ悲劇も、彼がヒーロー、彼が悪い奴という役割が決まっていて、物語が展開する中で誰も成長しない。役割を演じるだけ。「成長しないのはよくないだろう」というのは近代的な小説の見方で、だいたい、なぜ作中人物が成長しないといけないんですか、ドイツ教養主義じゃあるまいし。そういうのは後々出てくる考え方で、物語というのは成長を描くだけのものではない。そこで描かれるのは悲劇。オイディプス王の伝説というのがありますけれど、先代の王を殺したのは誰か。息子のオイディプスが探してみたら、犯人は自分だったという衝

映画芸術への招待　杉山平一

〈ノアコレクション・1〉映画の誕生と歩み、技法と芸術性を、具体的に作品にふれながら解きあかす。平明で豊かな、詩人の映画芸術論。　一六〇〇円

三好達治　風景と音楽　杉山平一

（大阪文学叢書2）詩誌「四季」での出会いから、自身の中に三好詩をかかえる詩人の、詩とは何か、愛惜の三好達治論。　一八二五円

わが敗走　杉山平一

（ノア叢書14）盛時は三千人いた父と共に経営する工場がゆきづまる。給料遅配、手形不渡り、電車賃に事欠く経営者の孤独なたたかいの姿。　一八四五円

窓開けて　杉山平一

日常の中の詩と美の根元を、さまざまに解き明かす。明快で平易、刺激的な考え方や見方がいっぱい詰まっている。詩人自身の生き方の筋道。　二〇〇〇円

詩と生きるかたち　杉山平一

いのちのリズムとして詩は生まれる。詩と形象。詩と音楽。大阪の詩人・作家。三好達治、丸山薫、花森安治、竹中郁、人と詩の魅力。　二二〇〇円

巡航船　杉山平一

名篇『ミラボー橋』他自選詩文集。青春の回顧や、家庭内の幸不幸、身辺の実人生が、行とどいた眼光で、確かめられてゐる（三好達治序文）。二五〇〇円

青をめざして　詩集　杉山平一

アンデルセンの少女のように、ユメ見ることのできるマッチを、わたしは、まだ何本か持っている／新鮮を追い求める全詩集以後の新詩集。　二三〇〇円

希望　詩集　杉山平一

あたゝかいのは　あなたのいのち　あなたのこゝろ冷たい石も　冷たい人も　あなたが　あたゝかくするのだ。精神の発見、清新な97歳詩集。　一八〇〇円

撃の結末です。そのあいだにオイディプスのいろいろな冒険があるわけですが、そこにも推理小説に近いものがある。

もちろん、西洋だけではなく東洋にもあります。中国に公案小説というものがあって、それは何かというと事件物です。犯罪にまつわる物語というのは、いつの時代も人の興味を引きます。覗き見趣味を含めてね。公案小説というのは、裁判を扱っているんです。十三世紀、南宋の時代に書かれた有名な『棠陰比事《とういんひじ》』は、今は岩波文庫で読むことが出来ます。名判決くらべを書いたもので、日本の『大岡政談』——大岡越前の名判決はここからのパクリです。公案小説は江戸時代に日本に入ってきましたが、当時は著作権なんてありませんでしたから、パクリまくって名奉行の話を書いた。ここには推理小説のような話がいっぱい入っています。

たとえば、事件が起きて誰が犯人かということになった時に、お奉行様にあたる役職の人が容疑者を集めて食事をさせる。そのあと、一人に「お前は残れ」と言う。「お前が犯人だ」と。それは殺人事件だったのですが、被害者の右の脇腹に刺し傷があったというんですね。つまり、犯人は左利きです。食事をさせたところ、一人だけが左利きだということがわかったという話です。これは文庫本で二頁くらいの話です。他にも、ある悪い奥さんが旦那さんを殺して家に火を付けたという話があります。今でもありそうな話ですけれど、果たして本当に殺人事件なのか、逃げ遅れて焼け死んだだけなのかわからないという時に、またも名奉行が出てきまして、豚を二頭用意して、一頭は殺してから焼き、もう一頭は生きたまま焼いた。その後から解剖して、喉のへんに煤が付いているかどうか調べると、生きたまま焼かれた豚の喉には、当然苦しみながら吸い込んだ煤がいっぱい付いていた。被害者を解剖した時とまったく同じだったというのですね。このように、推理小説のような話がいっぱいありまして、こういうものはいつの時代もあったということがわかります。

●推理小説の原型、現実と幻想の橋渡し

ただ、今われわれが読んでいる推理小説がそこから来ているかというと、それだけとも言えない。日本の推理小説は、江戸川乱歩が最初に作り出したのですが、乱歩は西洋の推理小説を読んで「こういう面白い小説があるのか」と、自分でも書き始めたわけです。そういう意味では、世界で最初のミステリーは、江戸川乱歩の名前のもとになった、アメリカの作家エドガー・アラン・ポーが書いた短篇小説「モルグ街の殺人」ということになっています。その小説はどこから来たのか。——あ、今どこかで猫が鳴きませんでしたか。気のせいかな（笑）。

ポーの小説には、今われわれが読んでいる推理小説の原型——まず謎があって、そこに名探偵が出てきて、謎を解明していくところが書かれていますが、それ以前に、怪奇とか怪異、不思議な現象を書いたゴシック小説というものがありました。一種の怪談ですから、イメージしやすいと思います。怪談はどこの国にもあったものですからね。

「ゴシック」というのは、ローマ人に滅ぼされたゴート人という民族の名前から来ているそ

うですが、ゴシック小説は恐ろしさに心惹かれるところから成立しています。中世の古城で夜な夜な幽霊が徘徊するとか。絵の人物が抜け出して、血に飢えて城内をさまようとか。呪いのようなものが中心主題になったりします。たしか、一七六四年にイギリスのホレス・ウォルポールという作家が金持ちの道楽で書いた『オトラント城綺譚』(平井呈一訳、牧神社)という本の表紙に、「ゴシック・ロマン」と書かれていたのだったかな——それが最初です。この小説は今でも読むことができますが(『ゴシック名訳集成』学研M文庫にも所収)、ある城の世継ぎ争いをめぐって起きる怪奇の物語です。これが当時の一般大衆に受け入れられて、流行小説になるんですが、イギリス文学史からは取るに足りない小説、研究対象にもならないものとして長いあいだ継子扱いされてきたのです。近年になって、こういった小説も研究の対象として認められるようになりましたが。

一七六四年といえば、イギリスで産業革命が始まって、しばらくたった頃。だから面白いことは面白いのですが、紡績機が機を織って、汽車が走り、ガス灯が点るという時代に、今さら中世の古城で亡霊かということで、だんだんリアリティを失っていくわけです。そもそもゴシック小説の何が面白いのかということは、英文学者の小池滋先生が書かれた『ゴシック小説を読む』(岩波書店)という本を読むとすごくよくわかります。この本の受け売りで話をしていると、あっと言う間に一時間くらいたってしまいます。そんな作り物の何が面白いと思われるかも知れませんが、当時イギリスでは、貴族の子弟がヨーロッパに旅行する「グランドツアー」というのが流行っていて、「俺は見たこともないものを見てきたよ」というのが一種のステータスになっていたのです。それが建築とか造園とか、いろんなものに影響を与えていきました。

当時の美意識には二種類あって、一つは「ビューティフル」です。素直に「ああ美しい、綺麗だな」と思えるような美しさ。これはわかりやすいですね。もう一つは「サブライム」というって、崇高な美しさです。「サブライム」には、おそろしいという思いも含まれているというのです。たとえばアルプスの美しい山並みを見て、まずは「ビューティフル」と思う。ところが、いざ中に分け入ってみると、見たこともない奇怪なごつごつした岩があったり、恐ろしい千尋の谷があったりしてぞっとするようだ。でも、そこにどうしようもなく惹かれてしまうようなものがある。おそろしさの中に感動があるというのが「サブライム」、つまり崇高な美だというのですね。日本でも「おそれる」という漢字には二種類ありますね。恐怖の「恐」と、畏まるという時の「畏」。後の方は、ひれふしたくなるという意味ですね。おそろしい時に、人間は感動するのです。ゴシックの美はこちらの感動から来ていると唱える研究家もいます。

しかしこういうものは、ガス灯が点って電報が通じる時代に入ると、どんどん成立しにくくなっていく。ポーは、そういう幻想的な物語を、陳腐にしないで書いてみせたのです。パリのアパルトマンの二階の部屋で母子が惨殺されます。ドアには内側から鍵がかかっていて、窓は釘で打ち付けてあって絶対に開かない。そういう状況で殺人事件が発生した。一階の住人は、犯人らしき者の何語ともわからない叫び声を聞いたというんですね。こういう奇怪な事件に対して、探偵役をつとめるのはオーギュスト・デュパンという高等遊民です。お金持ちで仕事もせず、昼間は寝て夜は街をうろついているという、いかがわしげな男。この男が、自分の分析力がどのくらいすごいか見せてやろうと言って謎を解いてみせる。

プライバシーというものが生まれて、個人が自分だけの空間を持つ時代。そこに怪物のようなものが現れて、その空間を突きやぶって人間の命を奪っていった。これがもしゴシック小説だったら、壁をするりと通り抜けて何者かが現れたというところで終わったでしょう。ポーの小説はそうではなくて、実はこういうふうに起きたのだとちゃんと謎解きをしてみせるのです。幻想の世界が目の前に現れたと思っていたけれど、それは現実に説明のつくことだった。そこを分析することによって、現実と幻想の橋渡しをする。幽霊はいなくても、不思議な夢のような出来事は起こりうるのだということを描いてみせたのです。そんなふうに、陳腐になりかけた幻想の世界を甦らせたのが、推理小説の始まりではないかと言われています。

もう一つ、推理小説の兄弟にSF小説というのがあります。SF小説も、推理小説が書かれてからしばらくして始まりました。まあ、SFの起源も「かぐや姫」や「浦島太郎」だといってしまえば普遍的なものになりますが、それはさておき、一八一八年に『フランケンシュタイン』という小説が書かれています。幽霊じゃなくて人造人間の話です。死体に電気ショックを与えて生き返らせる男の物語。インチキ科学ですけれども、とにかく科学的な要素をふまえて、科学を使えば人間を蘇生できるというような、怪奇小説とSFの中間のような小説が現れた。十八世紀から十九世紀にかけて、陳腐になってしまいそうな幻想小説を現代に再構築するような動きが出てきたのです。その片割れが推理小説ということになります。

そんなことは知らなくても、皆推理小説が面白いから読むわけですが、面白いからといってポーの書いた小説はなかなかまねのできるものではなかったので、似たようなものを書く人が続々現れたというわけではありませんでした。十九世紀の後半になって、イギリスのコナン・ドイルによってシャーロック・ホームズの物語が書かれます。本業の医者としてぱっとしないので小説を書いてみたところ、こちらが流行るようになった。短篇小説の形で書いたものが大ブームを巻き起こして、それがアメリカに飛び火して、二十世紀に入ると、今度は長篇小説のブームがアメリカやイギリスで起こります。その流れが現代に至っているんですけれど、その頃の推理小説は「謎を解く」という古風なスタイルが中心でした。今の日本ではこれを「本格ミステリー」とか「本格推理小説」というのですが、名探偵が謎を解くというスタイルが始まりでした。

やがて、何もそれだけではないだろうということで、警察の捜査を軸に書いた警察小説や、犯罪を犯す人間の内面にスポットを当てて、謎解きではなく犯罪者の心理を描いた犯罪小説など、いろんなスタイルが生まれてきて、枝分かれして現在に至っております。そのルーツを探っていくと、幻想や不思議を現代にいかに生き生きと甦らせ、成立させることができるのかというところから始まっているということです。

そういうことを意識せずとも、現在までに磨かれてきたミステリーの技法そのものが充分に面白いので、読み物として隆盛を極めているわけです。ゴシック小説の話などすると、「なーんだ、昔の怪談を生きながらえさせるために出てきたのが推理小説かよ」ということになりそうですが、最初に申し上げた「本当の小説ではない」「まともではない」というような考え方は、そういう発生史から来ているのかも知れません。

●四つのオチ

それを説明するために、最近は落語を例にとってお話ししています。急に落語の話に変わりますけれど、いずれ推理小説の話とつながっていきますので聞いてください。私は落語家の桂枝雀さんが大好きなんですが、その枝雀さんが落語のオチを四つに分類したことがあります。その四種類には名称がついていまして、枝雀さんが提言されましたから専門用語ということになります。正しく紹介しなければいけませんが、四つの順番は少し入れ替えて紹介します。

まず一つめは「へん」なオチ。「へん」というのは最後が変な話で終わるということです。ほんとうに予想もしていなかった変な話になるということで、一例としては「千両蜜柑」という話をあげておられました。ある若旦那が、夏の暑い時に蜜柑が食べたくなる。病気になって今にも死にそうだというので、番頭さんが蜜柑を探して町中を駆け回るのですが、昔のことですから夏場に蜜柑があるわけがない。ところが一個だけ見つかるんです。番頭が「それを売ってくれ。若旦那の命に関わる」と頼むと、最初その商売人は「ただであげる」と言うのですが、ただでもらうわけにはいかないので、いくらかと聞くと、「千両だ」というわけです。番頭は「足下を見やがって」と怒るのですが、実は山のように仕入れた蜜柑が全部腐って、残ったのがこの一つだというのですね。それまでのコストを考えると、千両はかかっていると。「お前、金を払うと言うたやないか」というわけです。それで仕方なく千両を払って買って帰るのですが、若旦那はそれを大喜びで食べて元気を回復する。嬉しくて嬉しくて番頭さんに「ありがとう。この一袋だけお父さんに食べさせてあげてくれ」と言うんですね。番頭はそれを運んでいく途中で、この一袋が何百両にあたるかと考えているうちに、持ち逃げしてしまうという話です。(場内笑声)「そんな奴、おれへんやろう」と言いたくなるような変な話ですよね。

二つめは「合わせ」というオチです。例は「壺算」という落語で、ある男が壺を買いに行く話です。途中を少し省略しますが、いったん「小さい壺をくれ」と買って帰ろうとして、途中で引き返して「ごめん、間違えた。大きいのが欲しかったンや」と言う。「それでは追加料金をいただきます」と言われると、「いや、さっき払った金がそこにある。それに、この壺を足したら大きい壺が買えるやろ」と言い返す。「ああ、そうですね」と返事はしたものの、何かおかしい。「何がおかしいねん。ちゃんとそこにあるやないか」。壺屋の親爺が「なんでこうなるんでっしゃろなあ」と首をひねるのに対して、「それがこっちの思う壺や」というオチになるわけです。これは単純に、壺の話に「思う壺」という常套句を出してきて、AとBとを合わせただけというオチですね。でも面白い。話がうまく合った感じにできている。

三つめの「ドンデン」は、どんでん返しのことです。枝雀さんがあげていた例は「愛宕山」。あるお金持ちが芸者と太鼓持ちを連れて、京都の愛宕山に遊びにくりだすという話です。お大尽遊びですね。瓦け投げというのがありますが、お金持ちですから、山の上から瓦ではなくて小判を投げた。「なんというもったいないことをするんだろう」と皆呆れる。太鼓持ちが「あれを拾ったら、私のものになりますか」と聞きますと、深い谷底に落ちていますから、金持ちは「拾うことができたらやるけれど、とても取りに行けないやろう」と言う。ところが、その男は工夫をして下へ降りていくんです。小判を全部かきあつめて「ほんとにもらっていいんですね」と言ったら、「やってもいいけど、お前、どうやって上がってくるねん」。間抜けな男は「あ、しまった」と思うのですが、竹のしなりを利用して、パチンコみたいに自分を飛ばしてぽよーんと上にあがってくるんですよ。「あ、戻ってきよった」と皆びっくり。「はい、ちゃんと戻りましたよ」というところで終わるのかと思ったら、お金を全部下に忘れてきたというオチです。何のために下に行ったんやという。難問を解決して見事に戻ってきたと思ったら、肝心の小判を忘れてきたという、どんでん返しですね。

四つめのオチは「謎解き」。例は「皿屋敷」という落語です。「皿屋敷」のお菊さんの幽霊が現れて大評判になり、見物人が集まるというお話なんですね。あれは、お皿が十枚あるうちの一枚を割ってしまったために、九枚しかなくなるという話です。皿が九枚しかないとわかった時にどうなるのか、その場面が怖くて皆見られないんです。お菊さんというのが、別嬪さんなんですよね。お皿を数えている声が、七枚、八枚というあたりで皆逃げて帰ってしまう。九枚の後でお菊さんがどうなるのか見るのが怖いんです。でも、とにかく九枚の声を聞く前に帰ればいいじゃないかということで、そのまわりで商売を始める奴も出てきた。饅頭を売ったり、お酒を売ったりする店が出るくらいの盛況になるんです。ところがある日、「さあ、逃げろ」という時に一人の男が転んだんですね。転んで起きあがれないうちに、「七枚、八枚、九枚」とお菊さんが数えていく。あー、ついにその先が来てしまうと思ったら、「十枚、十一枚、十二枚」と数える声が続いていくんです。どういうことだと思って、「こら、お菊」と幽霊に話しかけてみたら、「明日は休むので、今日は二日分数えています」というオチなんですけれど。九枚しか数えられないはずなのに、十枚を越えて数えていくのはなぜかという謎があって、その謎が解けて終わりという話です。

今紹介した四つのオチは、言葉で説明すると以上のようになりますが、枝雀さんはこれを図で説明しています（板書する）。私はこれを見て、小説を書く上で無視できない話だと思いました。

枝雀さんの言葉でいうと、「これはホンマやな」というリアリティのある領域が「ホンマ」です。「はなれ」というのは、そこから外れた嘘の領域で「ホンマ」の外側に広がっています。

そしてもう一つ、「ホンマ」の核心に「合わせ」領域というのがある。「ホンマ」と「はなれ」を現実と非現実と考えたら、この二つの区別は誰でも思いつくことですが、「合わせ」領域というのはすごい大発見だと思います。

これにさっきの四つのオチを当てはめると、一つめの「へん」は、「ホンマ」の話だと思ってずーっと聞いているうちに、最後に「はなれ」の領域に逸れていってしまう話でした。「合

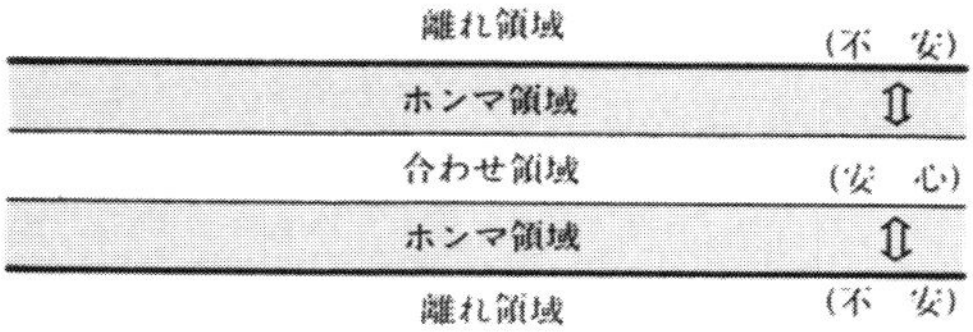

図1

図1・1　ドンデン

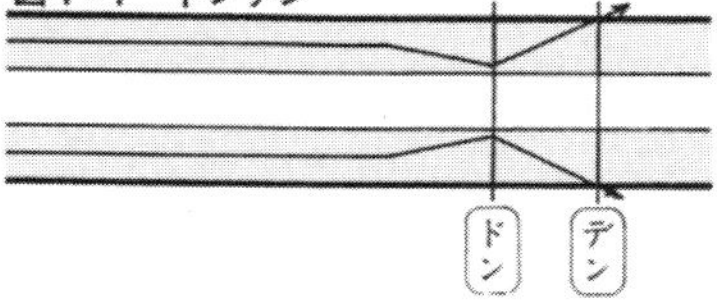

図1・2　謎解き

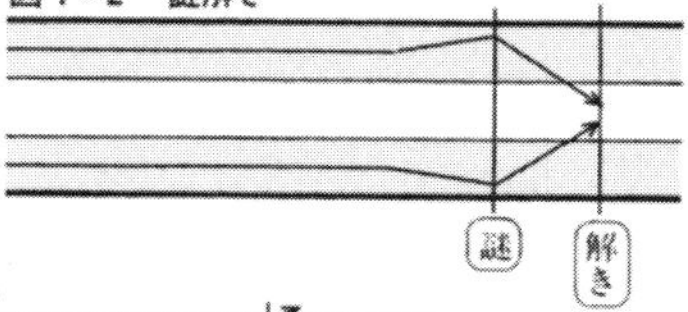

図1・3　へ　ん

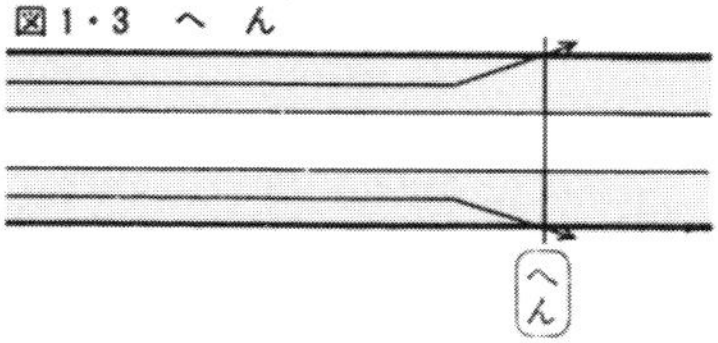

図1・4　合わせ

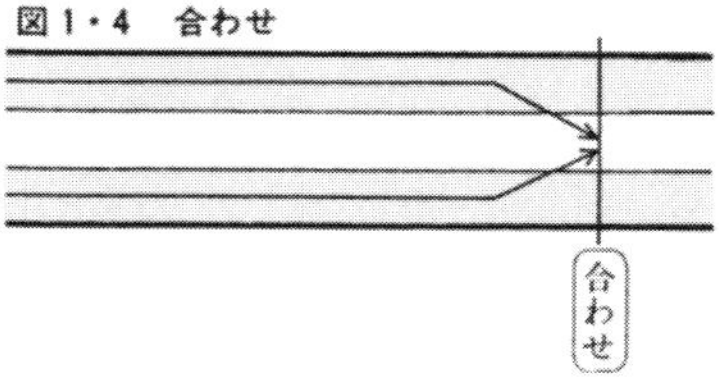

桂枝雀著『らくごDE枝雀』(ちくま文庫)より

わせ」というのは、壺をめぐって詐欺まがいのことをしようとした男が、最後に「それがこっちの思う壺や」というオチを言うことで、「それが言いたかったのか」とわかる。「ホンマ」の領域から「合わせ」の領域へと運動をするわけです。「ドンデン」は、谷に落ちた小判をどうやって拾おうかという時に、苦心惨憺の挙げ句に一件落着かなと思わせることで、一度は「合わせ」に近づけておいてから、最後に「はなれ」の領域にぽーんと放り出す。「謎解き」は「皿屋敷」の話でしたが、お菊さんが「十枚、十一枚」と数え続けていくのは理屈に合いませんよね。そんな変なことがなんで起こるのと思ったら「明日は休むからや」となる。一度はわけのわからない「はなれ」の領域に近づけておいてから、「合わせ」に持っていく。

普通の小説でリアリティがあるかないかというのは、たいていは「ホンマ」と「はなれ」の領域での話です。「合わせ」の領域まで行ってしまうと、作りすぎの嘘になる。「壺算」にしても、それが言いたいから全部作っていたのかというのが見えてしまうと、非常に作り物っぽくなる。でも、それが面白い。「ドンデン」は最後に話の辻褄が合うのかなと思うと、変な方向にぽーんと放り出される。これは落語の場合ですよ。逆に「謎解き」は変な話になるのかなと思わせておいて、強引に辻褄を合わせてしまう。

「謎解き」の謎というのはどんなものか。枝雀さんによると、「あの人、昨日晩ご飯に何を食べたんやろうか」というのは謎ではありません。その答えを知らないと、聞いた人間がマイナスの気分を持ってしまうようなのが謎なんです。お菊さんは九枚しか皿を持っていないはずなのに、どうして十枚、十一枚と数えるのか、わからないまま終わったらお客は怒るでしょう。「教えてよ」という気持ちをかき立てられるのが、「謎」という言葉に値するものである。答えを知らないと損したような気になる。そういうものが謎であると、枝雀さんは言っています。

●「合わせ」の領域へ

ここからが小説の話になるんですが、「ホンマ」の領域で書こうとするのが、保坂さんの言う「本当の小説」ではないでしょうか。ただ私は、小説家というのは、全部の領域を使っていいと思うんですよね。小説ほど何をやってもいいものは、この世にないと思っていますので。面白いか面白くないかは別にして、真面目に小説を書こうとしている人というのは、嘘になってはいけない、作り物になってもいけないというので、「ホンマ」の領域から出ないように書きたがる節があると、私は思っています。それはそれでいいんですよ。それが一番適切な手法だということでそうしているのならいいですけれど、ここから出ないことが、偉いことでも何でもない。出るべきときは出ればいいと思いますし、意図してこんな（図を指しながら）運動を起こしてもいいと思うんです。

小説でいうと、「ホンマ」のところだけで書くのがリアリズムの小説です。私小説なんか、この真ん中のところで書かないと本道を外れる。本当はそんなことないんですけれどね。流行小説でいうと、スティーブン・キングのモダンホラー小説というのがありますけれど、今私たちが暮らしている日常、学校や家庭を描き出していって、途中から宇宙人や怪物が出てきて大騒ぎになるような小説というのは、「ホンマ」から始まって「はなれ」の領域にガーッとそれていくわけです。日常が精緻に描けていればいるほど、リアリティから離れた時に怖くなります。私が思うに、「ハリーポッターシリーズ」というのは、最初から「はなれ」の領域で書かれたものではないかと思います。魔法学校とかね。『指輪物語』というようなものも、この「はなれ」の領域で書いていますね。ただ、登場人物の感情は現実のわれわれと変わらなかったりしますので、「はなれ」の中でも「ホンマ」に近い領域になるのかも知れませんが。前衛的な小説になると、どんどん外側に出ていくことになります。トマス・ピンチョンとかも、こんなところで書いていますよね。それから、幽霊が出てきたのか、誰かの陰謀なのか、最後までわかりませんでしたというようなサスペンス小説の場合は、「ホンマ」と「はなれ」の境界線上で書いているということになるでしょう。どっちにも絶対に入れないという、そういう書き方もあります。

推理小説というのは、「合わせ」の領域を使った小説なんです。ここは、話ができすぎになる領域です。小説を書く人は、得てしてここに入るのを嫌います。そこまで言うと、作りすぎ、出来すぎになる、嘘になる。「ああ、小説を読んでたんやな」というのがわかってしまうので、ここは避けようとする。でも、ここにも使い道はあった。それが謎解きです。ある意味、作り物めいているのは承知の上でやっているわけです。出来が悪いからじゃなくて。この「合わせ」の領域に、どれだけきれいに入っていけるか。「ホンマ」の領域からここに入ってくる角度がどれだけかっこいいか。推理小説の技法というのが、そこで問われるんです。

「まともな本を読まないの」という人、「本当の小説じゃない」という人は、「合わせ」の領域が小説として食えないと思っているんですよ。まずくて食えない領域。ここに入るのは作者が下手だからだと思っている。ここに入ったら、もう小説とは呼べないと思っているんだと、私は思います。でも、ここは使い道があるんですよ。推理小説がやっていることです。それは特別なことじゃなくて、今の日本の娯楽小説を見ても、すごく大勢の人がなるほどと認める強い面白さを持っている領域なんです。

ここは文学学校ですから、わかってもらいやすいかと思うのですが、小説を書く上で使えないものはないんです。推理小説ではここが眼目になっているわけですからね。

小説を書いている人の中には、どうもここ（ホンマの領域）が苦手という人がいると思うんですよ。いかにも「ああ、あるある」というようなお話や、しっかりと足を地につけて、日常を精緻に描くというのが苦手だという人は、「はなれ」とか「合わせ」を使えばいいと思いま す。あるいは、自分は「ホンマ」の領域でしか書けない。でも、書くものがどうも弱い。本当らしくスケッチしたり、人間の些細な心理の動きを文章の中に織り交ぜるのは得意なんだけれど、我ながら物足りないと思っている方がもしいらっしゃったら、「はなれ」か「合わせ」の方に振ってみると、今まで自分が書こうと思いつかなかった小説が生まれることがあるのではないかと思います。

要するに「本当の小説」「まともじゃない小説」という言い方、それはわかるんです。確かに「合わせ」領域を使うと、いかにも拵えた話になって、読者がしらけてしまうというリスクはあるんですが、でも、リスクがあるから近づかないというのはおかしい。近づきたい人は近づいたらいい。近づく方法を見つけた人は、それを堂々とやれば、非常にオリジナリティが高い小説が生まれる可能性もあると思います。推理作家の場合は、近づく方法はもう開発されているわけです。ポーから連綿と続いてきていますから。事件が起きて探偵が登場して謎解きをすれば、自然にこの領域に入っていける。手法が確立しているので、書きやすいことは書きやすい。それだけに、どれだけきれいに入っていくかが問われます。本当に不思議な話から急角度でぶつけるか、「もしかしたら、そうじゃないの?」という感じで緩やかにぶつけていくか。それは、作者が狙ったとおりにやりさえすれば、どんな形でもいいんです。ともかく、私が書きたいのはまともな小説だから、「合わせ」領域には近づかないでおこうというような決めつけは無用であろうと思います。

文学学校に来たらこういう話をしようと思っていた結論に達してしまいました。もしかしたら、まだ一時間もしゃべっていないかも知れませんが、用意してきたことを全部話してしまいました。

(二〇〇六年二月十八日講演)

「言葉をつくる」　中沢けい

中沢けい（なかざわ・けい）
一九五九年（昭和三十四年）、神奈川県生まれ。七八年、明治大学二部政治経済学部入学、同年「海を感じる時」で第二十一回群像新人文学賞受賞。八五年『水平線上にて』で第七回野間文芸新人賞受賞。他に『野ぶどうを摘む』『ひとりでいるよ一羽の鳥が』『静謐の日』『喫水』『豆畑の昼』『楽隊のうさぎ』『うさぎとトランペット』など。最新作『麹町二婆二娘孫一人』（新潮社）は年回りの違う亥《い》年《どし》生まれの女性五人が織りなす物語。現在、法政大学文学部日本文学科教授。

菱木　春期の特別講座ということで、中沢けいさんにお越しいただきました。「学生のときに『海を感じる時』の文庫の初版本を買って読みました」という方とか、一般の方で中沢さんのファンという方もたくさんいらっしゃっているようです。

同じ書き手として、創作の現場で活躍されている方のお話を聞くのは、とってもためになると思います。皆さん、とくに通信教育部の方なんかは、「どう書いたらいいのかわからない」って電話で三十分ぐらい話されて、「まず最初に自分に切実なことから書いてください」とアドバイスをするんですけれど、それが切実かどうかわからないということなので、まず朝自分が起きてからのことでも、とにかく何か書かないと前に進めないというふうに言っております。今日は有意義なお話を聞けると思いますので、楽しみにお聞きください。

文学協会理事の葉山さんから、中沢さんのご紹介をしていただきます。

葉山　中沢けいさんは『海を感じる時』という作品で出てこられましたが、その時のお年は十八歳だったということです。現在の綿矢りささんなど、多くの女性の若い書き手の大先輩的な存在です。それから何十年という長いあいだ、文学をやってこられました。代表作がここに並んでいます。ぜひ手にとって、一人の作家がこんなにいろんな作品を書いておられることを知って、そこに書く手がかりが見えてくると思います。『楽隊のうさぎ』は、新潮文庫の百冊に入っていて、手に取りやすいし読みやすい作品だと思いますが、近々映画化もされるとお聞きしました。また、専任校である法政大学では長年文学論を展開されていて、一度来ていただいたことのある島田雅彦さんとも同僚です。いろいろご縁がございまして、ようやく来ていただくことができました。

●「プレゼンスの時代」

葉山先生とは大阪芸術大学でご一緒に仕事をさせていただいています。それから、私は今法政大学の専任教員になっていて文学部の日本文学科におりますが、国際文化学部には島田雅彦さんがいて、経歴が似ているものですから、よくご一緒にお仕事をさせていただいております。学校に出ておりますと、学生や大学院生の皆さんに向かって話をすることが多ございまして、そういう場合は先生としてしゃべっているんですね。「この作家の作品は好きじゃないな」と思っても、学生がやりたいと申せば「じゃあ、やってみましょうか」って言ったりもするんですが、今日はこういういい機会を与えていただきましたので、作家としてお話しをさせていただきたいなと思っております。

どういう話をさせていただこうかと、事前に葉山先生と少し打ち合わせもしたのですが、実はちょっと変わったことをしようと思っております。「言葉をつくる」というテーマを選びましたが、私は皆さんの前で自分の作品の話をすることがあまり好きではなくて、それでも「自作について話せ」とご依頼があればお断りすることはないんですが、フリーハンドでご依頼をいただいた場合には、自作の話をしたことはほとんどありません。ただ、ここ数年ちょっと考えていることがありまして、今回は勇気を出して自作のことにも触れてみたいなと考えてまいりました。

今日の朝日新聞大阪版のトップをご覧になりましたか。うちは読売だ、毎日だという方も、もちろんいらっしゃるかと思いますが、今日の朝日新聞の一面トップに、高校生が一流の研究者と一緒にいろんな研究発表をやっているという記事が載っておりました。私も朝出てくるときにざっと斜め読みをしただけで、丁寧に詳細を読んでいるわけではないんですが、その中に「プレゼンスの時代」という言葉がございました。

古式ゆかしい講義と言ったら語弊があるかも知れませんが、今日の皆さんは話を聴きながら簡単なメモをとる程度で、私の方も一時間四十分ぴっちりしゃべろうという気持ちでおりますが、今は情報機器が発達して、いろいろなプレゼンスが可能になってきています。大学の授業でも、単に教員が話をして学生がそれを聴くというような講義だけでは、なかなか学生の皆さんに納得してもらえないので、パソコンのいろいろなアプリケーションを駆使して、写真やグラフを見せながらという方向へ展開されるようになって参りました。

こうしたプレゼンテーションの技術は、それを支える情報機器の登場が背景にあります。その情報機器の登場は、私たち小説を書く人間にとっても無関係な話ではございませんで、数日前にも、電子ブックに関する記事が各紙一面に載っておりました。この電子ブックというのはなかなか不思議なものでありまして、だいぶ前から取り沙汰されております。一番はじめは「紙の本はなくなる」というアナウンスでした。

そう言われると、紙の本を作ってきた私たち書き手、出版社、印刷屋さん、製本屋さん、もろもろ皆、危機感を感じるわけですよね。私の知り合いなど、「本なんか読んだことがない奴が、そんなことを言ってるんだ！」と怒りまくっておりましたが（笑）。ちょっと過剰なアナウンスであったなという印象を持っております。

その後、キンドルであるとか、いろいろな電子端末が登場してきまして、毎年六月時分になると、電子ブックという話題が新聞をにぎわすわけです。平たく申しますと、そろそろボーナスを手にした方もいらっしゃるでしょうし、「今年は出ないわ」とがっかりなさった方もいらっしゃるかもしれませんが、六月七月っていうと賞与の時期でございますから、購入したいと思う候補の一つとして電子ブックを入れてほしいという意図があるわけです。

私はこれには懐疑的な部分がありまして、ほんとうに便利なものっていうのは、既存のものを打倒するようなアナウンスをしなくても、知らない間に使っているものですよね。「洗濯機ができました！　洗濯板はなくなります！」なんて言った？　言わないでしょう。でも、いつの間にか、私たちの家の中から盥も洗濯板も消えておりますし、ねえ。あと何でしょうね、他にも消えて忘れられていった物がたくさんあると思いますが、これほど「なくなる、なくなる」というアナウンスをされてはきませんでした。つまり、敵も苦しいのでありますよ。なくなる、なくなると言いながら、ちっともなくならないじゃないかという状態で、まあ一般的な意味でのネット時代を迎えているわけであります。

一方で、「あ、これは大変なことになるな」って感じたことがございました。それは何かと申しますと、電車の中で私の隣に座っていた方がスマートフォンで映画を見ていたんです。こんな、ちっちゃな画面で。あんなもので映画を見てもつまんないとおっしゃる方は当然いらっしゃると思いますが、通勤の途中に「ちょっと見たいな」と思った場合には、電車の中に巨大スクリーンを設置するわけにはいかないので……飛行機だったらできるんですけれどね……そういうとき、スマートフォンをポケットから出してちょっと映画を見る。東京の場合は通勤時間が一時間半なんて方も珍しくないので、面白い映画を一本見てしまえるわけですよね。「これはすごいな」と思いました。同時に私も、利用したいなという気持ちになりました。

要するに、新しい情報機器は文字を表示するだけではなく、動く映像も耳で聴く音も同時に表示できるわけですから、それをわざわざ、文字にだけ機能をうんと縮小して使う必要はないんですよね。映像を見る道具として、皆さんが便利にお使いになるなと感じました。私自身も、あんまり強烈なファンではないのですが、サッカーのナショナルチームの活躍だけは気になるのです。たまたまその時間帯に新幹線で移動していたりしますと、「日本は勝ったかな」と携帯を出して、小さい画面を一所懸命呼び出して、眼鏡をかけて、こうやって見て、「なんで点数の表示をしないんだ」とか言ってたりするんですが（笑）。

去年から今年はもう少し切実でございまして、ご承知のように去年東日本では大きな震災がございました。大阪芸大の仕事でこちらに来ているときも、大阪のテレビの画面に緊急地震速報が表示されるわけですが、大阪は揺れないんですよね。関東の私の家が揺れているかどうか知りたい。このときにはやっぱり小さい携帯電話をネットにつないで、いろいろ関東の情報を収集するようにしました。特にローカルな情報には非常に強いですから、茨城は揺れたみたいだけれど、家のある埼玉県和光市が揺れたのかどうか知りたいときには、携帯電話でネットの情報をとって「和光市は震度2だったのね、安心安心」。

ちなみに、震度4になると、うちの本は崩れるんですよ。震度3までは大丈夫なんです。震災当日は最大で震度5弱だったのですが、私は昼寝をしていまして、縦揺れで目を覚ましたんです。起きて、なんだか大きい地震だなと思ったら、ゆらーりゆらりと横揺れしだして、その後まことに不思議な光景を見たんでありますが、本棚から本がどさんと落ちてくるんじゃなくて、一冊ずつ、ぽとん、ぽとん、ぽとんと落ちたんです。そして瞬く間に、居間に通じる扉の前に山になったのであります。

揺れがおさまったら居間へ出て、ＮＨＫをつけて、どこの地震かと確認しようと思ったのですが、あのときは次々と地震が起こりまして、三十分以上揺れがおさまりませんでした。仕方がないので本の山の上を「すみません、すみません」と拝みながら踏みつけて居間へ行ったのです。そうしたら「津波だ、津波だ」と騒ぎになっていたんですが……。

そこから始まった去年一年は、大阪に出ているとき、ほんとうにローカルな情報が欲しいので、新しい情報機器……私の場合はスマホというやつが苦手で、娘のスマホを借りたことがあるんですが、電話と大喧嘩になって、「電話に向かって怒鳴っても意味がありません」と娘に怒られましたが（笑）。それで結局ふつうの携帯を使っているんです。

ですから、あの情報機器が非常に優れた機能を持っていることも認めますし、先ほど申しましたように、動画映像を表示する方で大きな力を発揮していくことも認めます。だからといって、そういう機能のある物を、わざわざ本にとっかえさせて、小さい機能に絞って使う必要はないだろうというのが、目下のところの私の考えであります。

最初の話に戻りますと、あの道具は非常にいろいろなプレゼンテーションに使うことができるということで、こうした講演会なんかでも、ここにスクリーン一つ作ってもらって、投影機を持ってきて、それをパソコンにつないで……たとえば、私が書いた『楽隊のうさぎ』というのは中学校の吹奏楽部の活動を描いた作品ですが、その中にはさまざまな音楽が出てきます。小説に音楽は書いてあるけれど聞こえません。それを皆さんに「作品の中でこういう音楽を使いました」って実際に聴いていただくようなことも、やろうと思えばできるわけです。

今この場所でもやろうと思えば可能なはずなんですよ。電話回線、来てますでしょう。私がデータを全部USBメモリーに入れてきてパソコンにプシュッと挿せばいいだけなので、やれるはずなんです。一方では、そういうことをする必要もあるかなと考えております。

ところがもう一方では、作家の心理としては、紙の本の作者でいたい。紙の本の作者としてずっと小説を書き続けたいと、こう思う気持ちもございます。ですから、今日冒頭に申し上げましたように、あえて自分の作品にも触れてお話ししてみようかなと考えるにいたったわけです。

紙の本の作者として言えば、先ほどのようなプレゼンスをしてはいけないと言われたんですよ。つまり、私が小説を書き出したのは大学の一年生のときでした。新人賞をいただいて、それからずっと作家として作品を書くようになったんですが、何しろ子どもですからね。吉行淳之介さんに銀座のバーに連れて行ってもらったら、「この子は子どもだからお酒はほどほどに飲ますように」って言われて（笑）。その頃、吉行さんはビールをトマトジュースで割った「レッドアイ」というカクテルがお好みでしたが、「あんたは何を飲む」と聞かれて「ウイスキー」と言ったものですから、「強いの？」「いやぁ」「飲ませろ」ということになって、いただきましたが、これはここだけの話でございますよ（笑）。

最近ほんとに厳しいんですよ。学生を連れてどこかに行っても、「ID見せろ」っていって、つまり三年生以上じゃないと飲ませちゃいけない。「ID見せましょうか」っていったら「あ、先生はいりません」と言われてむっとするという（笑）。煙草を買うときだってそうでしょう。

コンビニで、「その『はい』ってところ、押してください」って。「なんで『いいえ』はないの？」「『いいえ』だったら売れない」とか言われて。一事が万事、不思議な厳しさをもった世の中になってきて、プレゼンスの問題もそうなんです。

私には、果たして作者が自分の作品にそこまで介入して丁寧なプレゼンスをすることがいいことかどうか悩みがあるんですが、世の中の流れとしては、いろいろ便利な物を使って皆さんにお楽しみいただだいくというプレッシャーがかかってきていますから、やろうと思えばできるということです。ところが、大学の一年生のときに私が教えられたのはどういうことかと申しますと、「小説家が作品の作者であるのは、原稿を書き上げるまでだ」ということでした。作品を書いて何かに発表したら、そこから先は芸術や文化の世界の共有財産になるのであるから、その共有財産に対して、作者がある種の有利な立場を利用して介入してはいけないと言われたんです。

先ほど申し上げましたように、十八歳で大学の一年生ですから、先生の言うことは「はいはい」と何でも聞く。これが十年ぐらいすると聞かなくなってくるんですが、最初は「そういうものであるか」と思っていて、でも一方的に先生のおっしゃることを聞くっていうだけではなくて、たしかにそういう側面はあるなと思っていました。

たとえば、私が夜寝ていましてね、枕元に紫式部がおいでになって、「あなたの源氏物語の読み方ね、あれ変」とかおっしゃったら、「えーっ」ていう感じで、もうびっくりしてしまいます。いろいろ教えていただきたいことも逆にあるんですけれどね。「夜な夜なお越しいただけますか」って聞きたくても、それは実際できないわけですね。どう読まれても、時代が変わって新しい読み方が生まれても、作者は口を挟めない有限な存在であります。作品は、皆さんが大事にしてくださる限り、代々伝わって多様な喜びをいろんな方にもたらしていくものだという側面がありますから、それだけのものを書けたら本望で文句もないのですが、そういうものであると思っておくぐらいはよろしいかと、そんなふうに思いました。

ところが、今申しましたように「プレゼンス」というものが非常に多様な時代になってきて、果たして今までどおりに「ノープレゼンス」でいいのかどうかというのは、紙の本の作者でいたいという気持ちとは別に、私の現在の悩みとしてあります。もっとひどいことを言われたんですよね、「作者が乗り出して解説しなきゃならないようなものを書くな」って。それはそうだと思いまして（笑）。まことにもっともだと思いました。だからといって、現在においてどんなふうにしたらいいんだろうというのは、一つの悩みのタネであります。

この悩みは、私自身、まだ解決策を見出してはおりませんが、おそるおそるですが、ちょっとずつ現代風の流儀にもつきあって、楽しんでいただけるところは楽しんでもらってもいいのではないかという考えを持っております。

と申しますのは、もう一つの流れがあるので、それをご紹介したいと思います。先ほど申しましたように、情報機器が発達してきまして、非常にグローバルなかたちで展開しております。

たとえばＳＮＳ……「ソーシャルネットワークサービス」という正式名称を用いるよりは、ツイッターやフェイスブックと言った方が皆さんのお耳にも馴染みがあるかと思いますが、こういったもので自分の感じたことや考えたことが伝達できる。

うまいことを言ったなと思うのですが、「ツイート」って「囀《さえず》る」って意味なんだそうですね。日本では「つぶやく」というふうに訳したんですが、とにかく、つぶやいたり囀ったりできるわけであります。しかも、全世界に向けてできるわけであります。

私は法政大学の教員をしているので、朝起きてツイッターの画面を開けて検索ワードのところに「法政」というのがあがっていると、「また何してるんだ」と思って検索するんですが、学生はあれで楽しく遊んでいて、それが全世界に伝わっているっていう感覚がないですね。だからうっかり「なでしこジャパンの選手と飲み会、なう」とか呟いて、プライバシーの侵害じゃないかとか言われたりするようなお馬鹿なことをする。学内では「バカ発見器」とか言われているんですけれど(笑)。でもあれは、学内で親しい人に会って「昨日、有名な人と会ってお酒を飲んだんだよ」とつぶやけばそれだけで済むことが、全地球的に伝わってしまうので大騒ぎになる。それは実は、私が自分で小説を書き出したときの感覚と似ていて面白いと思うんです。

私たちは文章を書くときに、誰か情報を伝える対象があって書いている場合が多いんですが、文芸作品の場合、対象は不特定多数です。デビューした頃によくインタビューで「どんな読者を対象として考えていますか」という質問を受けました。

私は一九七八年という年に作家として仕事を始めたんですが、そのときの出版状況の問題もあって、一九八〇年代に入ってきますと、読者ターゲットを絞った雑誌……これは三十代女性向けとか、これは四十五歳以上の男性向けとか、新潮社なんかは特にはっきりしておりましたよね。「新潮45＋α」って、なんだそのタイトル、と思ったら、四十五歳以上の男性が読む雑誌にしたいからって、そういう読者対象を絞っていくような雑誌の作り方が盛んになってきた頃でした。

だから「あなたが作品を書くときに、どんな読者対象を考えていますか」という質問を受けたのですが、これに関しては、なんでそんなことを考えていたのか、発想の元は記憶していないんですけれど、誰かに教わったわけではなく、「全世界」って答えちゃった（笑）。さすがにちょっとでかすぎたと思って、そのあと「日本語を読める全世界の人」と答えたんですが、しばらくしてから「火星人がいて日本語を読めたら、読んでくれたら嬉しいな」とかバカなことを考えていて、そのまんまその迷路にはまりこんでSF小説を書いていたら、今頃私は大金持ちかしらと夢の中で思うこともあります。

要するに、何か書くということが、今この時代に一緒に存在しているすべての人々に対する書き方と、今そこにいる親しい学生に「悪いけど、水一杯持ってきてくれる？」っていうふうに言葉をつかうときのやり方とのずれみたいなものを、やっぱりすごく感じていまして、文芸作品を書くのであれば「水一杯持ってきてくれる？」を鉤括弧に入れて、全世界に向けて書かなきゃいけないんだという感覚をつけていくための訓練を、わりと早い年齢でさせてもらえたなというふうには思っています。

それで……活版印刷が作ってきた考え方、感じ方を、デビューが早かったおかげで、直接先輩の作家や、その当時面倒を見てくださったいろいろな編集者から聞くことができたのだなと、今になって思うことがあります。

もう一つ、読者対象の問題とも関わってくることで、これをプレッシャーと申し上げたら、異論のある方はいらっしゃるでしょうし、いろいろ意見もあるかと思うんですが、私は当時「子どもっぽいものを書け」と要求されることへのプレッシャーをものすごく感じていたんです。「若い、新しい感受性のものを書いてくれ」って口では言うんだけれど、突き詰めて話をすると、「幼稚な可愛らしい子どもっぽい小説を書いてくれ」というプレッシャーとして伝わってきたんです。

先ほど、ご紹介の中に綿矢りささんとか金原ひとみさん、島本理生さんのお名前が出てきて、私はそういう若い女性が小説を書く嚆矢《こうし》だと言われるんですけれど、もちろん、その紹介に不満があるわけではありません。

私の新人賞の選考委員の中に佐多稲子さんがいらっしゃって、最初にお目にかかったとき、「まあ、中条百合子さんよりお年をとっているのね」って言われて、「へ？」と思ったんです。

中条百合子とは後の宮本百合子のことですが、十六歳の日本女子大の学生のときに「貧しき人々の群」を書いて文壇に登場してきたわけです。佐多さんは宮本百合子とは盟友でしたし、佐多さんも十五歳で「キャラメル工場から」というエッセイを書いて登場してきたんですね。二人とも日本のプロレタリア文学を代表する作家といっていいと思いますが、佐多さんにしてみると、大学一年生の私が賞を取ったばっかりのころに、実にまざまざと十五歳の佐多さんご自身、それから十六歳であった中条百合子を重ねて、この二人が日本の文化、あるいは日本の芸術に新しい風を吹き込もうとして、新しい思想にのっとって作品を形成してきた若い頃のことを思い出されたようなご様子だったことを、私は非常によく憶えております。ただし、言われた私の方はびっくりで、「いやいや、そんな大したもんじゃございません」と、この場合はちょっと後ずさり（笑）。一方、「子どもっぽい可愛らしい少女小説っぽいものを書いて」という要求に対しては、ちょっと押し返す感じです。

要するに、私より前に若い女性が作品を書いていないということはないんです。というよりも、十五歳や十六歳はもう若い人ではなかったんです。つまり、皆さんよくご存じの小学唱歌に「赤とんぼ」の歌がありますよね。あの中に「十五でねえやは嫁に行き」という歌詞があって、十五歳は嫁に行く年であったわけですよ。それが、十八歳が学校に行って小説を書いているというのは何事かというのが、佐多さんの年代の方の感想だったということです。

ついでに申し上げておきますと、実は島本理生さんのお母さんと私は同い年です。島本さんが群像新人賞をお取りになったとき、授賞式にお母さんがおいでになっていましたが、話していると、見ていたテレビ、流行っていた歌、その他もろもろ、実に話がよく合いまして意気投合しました。事のついでに申し上げれば、綿矢りささんや金原ひとみさんはうちの娘と同い年なんですが、同時に……神戸でむごたらしい事件を起こした酒鬼薔薇聖斗、彼とも同い年なんです。うちの息子が「男は生首、女は芥川賞、あまりの差別だ」と怒りまくっておりまして、どうしてそんなことになっちゃったんだろうねって、親子で半分雑談めいた話をしていました。

佐多さんたちが小説を書きだした頃から数えてきますと、七、八十年、どうかすると九十年ぐらいの歳月が流れているということになろうかと思います。佐多稲子さんや中条百合子さんがプロレタリア文学の作家として登場してきた昭和の初期というのは、近代の日本文学の中では白眉とされるような作品が次々と書かれた時代でありまして、当時の文芸雑誌の目次を見ますと、今でも文庫本になって読み継がれているような作品が毎月のように発表されている、そういう時代だったわけであります。

それが今や、インターネットと電子情報技術の発達で「紙の本はなくなる」とおどされるまでに至っている、たいへんドラマティックな七、八十年のうち、三分の二ぐらいを、私は生きてきたことになります。実は「子どもっぽい小説を書け」というプレッシャーの中に、ちょっと微妙なものが潜んでいることに、ある時期に気がつきました。それが何かっていうと、端的に言うと「語彙の減少」です。言葉が減っているんですよ。使われる言葉が減っている。それで、二十代から三十代にかけて、私は「語彙の減少を防ぐような作品を書きたい」という気持ちで、いろんなものを書きました。ここのところは細かくお話しすると時間をとられるので省きます。

というのは、実は、また語彙が増えてきているって感じているんです。その感じ方が、いつごろ、どこから生まれてきたのかは定かでないんですが、自分の作品に即して申しますと、『楽隊のうさぎ』という小説を紹介いただきましたが、あれは一九九九年十月から二〇〇〇年三月にかけて、東京ですと「東京新聞」、関西ですと「神戸新聞」かな。日本のブロック紙六紙に連載した、私の最初の新聞連載小説なんです。この小説を書いたあたり、語彙の減少という問題からようやく抜け出したなというふうに感じました。

●『楽隊のうさぎ』のことから

この小説を書くことになった動機について少しお話しします。昨日一昨日あたりから、滋賀県の中学校でひどいいじめがあって生徒が自殺したという事件が話題になっているようですが、最初はいじめについて書くプランがあって話をしていたんです。ただ、新聞の夕刊ですから、毎日毎日陰惨ないじめの場面が続くような暗い小説が家に投げ込まれるのはいかがなものかというので、救いになる部分について何か考えなければいけないということになりました。

うちの息子が中学校でブラスバンドをやっておりまして、それが一学年が三クラスないし二クラスという小さい中学校だったものですから、部員は三十五人の小編成で、ブロック大会までしか出られないというような学校でした。これが五十人編成ぐらいになりますと、全国大会まであるわけですね。ところが、そういう小さいブラスバンドが、ものすごい高度な演奏をしているということを子どもの縁で知っていましたから、あれを書こうかという話になって、だんだんそっちがふくらんでいって、ブラスバンドのことを書いた小説という形になりました。

こういう講演会をすると、皆さんから「書くことがない」とか「どうやって書くことを見つけるんだ」とかいう質問がよく出るということでしたので、自分の経験について申し上げますと、この小説は新聞連載だから、息子の中学校の部活をモデルにしてブラスバンドのことを書くという決心に踏み切ったんだと思います。これが「群像」とか「新潮」とか、いわゆる純文学の雑誌なら、そういう題材で小説を書こうとは思わなかったに違いありません。

ただ、皆さんに気をつけていただきたいのは、これはあくまで一九九九年、今からすでに十三年前の話であります。実は一九九九年あたりから時代はダイナミックな動き方をするようになっていきまして、時々刻々と変化しているので、年次については特に注意して話を聞いていただきたいと思っております。なぜ、純文学の雑誌でそういうものを書こうと思わなかったかというと、実は身も蓋もないことが一つあるんです。

たとえば大阪ですと、淀川工科高校のブラスバンド部というのは非常にすばらしい演奏をする学校として有名です。どうも現在の橋下市長は、私の目から見ますと蜂の巣を突っつく名人みたいで、何か言うとわんわん皆が議論になるような、よくあれだけ急所が突っつけるなと感心するんです。皆さんに賛否両論があるのは承知しておりますが、大阪市楽団……これも全国では有数の素晴らしい演奏のできる吹奏楽団なんですね。

その大阪市楽団に「大阪俗謡のための変奏曲」という演目があるんですが、ほんとうにこの演奏は素晴らしい。ちょっと脱線しますが、感想を言わずにおれないぐらい素晴らしい演奏です。フルートのソロが入る曲なんですが、これが天神祭のお囃子をなぞったソロで、その演奏を時々家で仕事をしながらCDをかけて聴いてるんですが、なんだろう……背中に翼がはえて、大阪の天神祭の午後から日暮れにかけて街の上を飛び歩いて、さまざまなお祭りの諸相を見ているような気持ちになるような演奏です。

諸相というのはどういうことかというと、私は去年はじめて天神祭を覗きに行って、いろいろおもしろいところを見せていただいたんですが、皆さんで組んで踊りをおどるのは何と言うんでしょう、いろいろ用語があるようですが、覚えきれていません。あと、川を舟でお囃子が上っていったりするんですが、そういう一番観光客が集まる見せ場みたいなところもあれば、練り歩いた人たちが天神様の前まで来て、裏に抜けて涼んでいたり、小さい子どもにお煎餅を食べさせてあげていたり、近くの家が戸を開け放って中でビールを飲んでいたりとか、いろんな場面があるわけですが、大阪市楽団の演奏っていうのは、そういう様々な場面を音で連想させる構成を持っておりますから、聴く私としては二本の足で地面を歩いているのではなくて、さながら音楽によって背中に翼をもらって、天神祭の日の大阪の路地裏やら、家の中やら、舟の上やら、好きなところを飛び回って見ているような気分にさせられる演奏なんです。

ついでに言えば、同じ大阪市楽団がこれも有名な「朝鮮民謡のための変奏曲」というアリランのメロディを使った曲を演奏しているんですが、実はこれは（小さい声で）あんまり素敵じゃないです。申し訳ないんですが、この曲はどこの楽団が素敵かといいますと、群馬の楽団がやるときに、山を越えていく感じがみごとに伝わる音を出すんですね。おもしろいもので、同じ器楽でも演奏家と観客が共同で作っている部分があって、会場の皆さんがイメージをもって聴いてくださるとこっていうのは、演奏家にも伝わっていると思うんですね。そういうときは演奏家も「じゃ、もう一丁やってやるか」という気分になっているはずで、そういう部分があるから、地域ごとの楽団の音が生まれてくるわけです。

これを小説で考えると、どういうことになるんだろう。私は、作品を書いてしまったら作品は読者のものだから、作者は介入してはいけないと教わったわけですが、音楽みたいなものを考えると、書いた作者と読んでくださった皆さんでこうやって集まって、その作品について楽しむことがあってもいいのかな……ということをチラッと考えています。

ちょっと脱線しましたが、話を元に戻しますと、『楽隊のうさぎ』を文芸誌に書く決心はつかなかっただろう、それは身も蓋もないことがあるからだと申しましたのは、一つには、要するに吹奏楽部のコンクールの場合は、いい指導者がいれば勝つんですよ。二つには、よい楽器を持っている学校は勝つのでありますよ。

息子が中学校の吹奏楽部に入ったときに、ホルンというパートを受け持ったのですが、安い楽器を買うくらいなら、学校の備品を使ってくれと言われました。もし、楽器を買うのなら、先生が指定するそれ相応の楽器を買ってほしいと言われて、最初は備品を使わせるつもりでいたところが、息子が学校から備品のホルンを持ち帰ってきまして、うちの風呂場で掃除を始めたんですね。そうしたら、出るわ出るわ、ホルンのベルから緑色の緑青がとけこんだ水がだんだかだんだか出てきて、「こんなものを吹いていて病気にならんかいな」と息子に言ったら、「いや、吸い込むわけじゃないから」って。そうは言っても、親としては誤って吸い込むこともあるんじゃないかと心配になります。

誤解を避けるために申しておきますと、口にあたる部分はマウスピースという部品をくっつけて演奏しますから、たとえ皆さんのお子さんが学校の古い備品をお使いになっていても、間違っても緑青を吸い込むことはございません。私の妄想なんです。マウスピースをつけてしまえば、弁がついていますから、逆流はしない形になっています。でも、不安なわけですよ。

その頃の私はそんなに詳しくもありませんでしたし、結局すったもんだの末、ローンで新品の楽器を購入することになりました。どうも大阪という土地柄は、私の誤解かも知れませんが、ものの値段をはっきり言う雰囲気があると、ここ五年ほどの間に感じていますので申し上げますと、三十六万円でした。三十六回払いで買ったのでございます。卒業してもまだ払い終わらないという（笑）。そういう背景なんかをつつかれて、倫理的な批判をされると面倒くさいなという感じがしました。

それから、「中学生がそんなに高度な演奏をするわけがないのに、作者が美化をしている」と言われるだろなと。実はその当時の文芸雑誌の批評が硬直化していたんですよ。書く前から、この材料でこういうふうに書けば、こんな批評が出てくるはずだということが、明瞭にイメージできたのであります。それがわかっているのに、そこへ書きに行くという度胸は私にはありません。私、こう見えて実はびびりでありまして、「やめとこ」って思うほうなので（笑）、それはしなかったんですね。ただ、新聞連載は文学に興味を持っている方以外にも、いろいろな方に楽しんでいただける場所ということで、吹奏楽を書くことに踏み切りました。

書いたら非常に面白かったんです。先ほど、この十年ぐらいは、文学も激動の時代を迎えているんだと申し上げました。皆さんのお耳に達しているのは、おそらくはＩＴ技術やネット関連のメディアの登場による、紙の本の危機と関連した文学の危機という話題だろうと思いますが、実はもっと深いところでいろんなことが起こっています。その具体的な例として、『楽隊のうさぎ』の発表後の評価についてお話ししていこうと思います。

実は連載中にも、たくさんの読者から励ましのお手紙を頂戴しました。そういう意味では、新聞連載は私たちにとってよい勉強の場でありますし、文学に関心の高い方以外からのご意見を頂戴するよい場所でもあります。「自分も吹奏楽をやっています。楽しく読んでいます」という主旨の手紙をたくさんいただき、本にした直後もいい評価をたくさんいただけたので、現在もロングセラーとして読んでいただけているわけですが、悪い評価ももちろんありました。

私が大学一年生で小説を書いたとき、小説というのは発表したら自分のものじゃなくて読者のものだって、編集者や先輩作家から懇々と言って聞かされたのもその問題であって、賛否両論、どんなものでもあるわけですね。褒められたほうはいいんだけれど、けなされたほうは、十八歳ぐらいの女の子は気にしだしたらきりがなくて、下手すればノイローゼになっちゃうところだって当然あったと思うんです。今の若い作家はほんとうに気の毒だと思っています。それは今はSNS——ツイッターみたいなものがあって、作者が小説を書けば悪口がずらずら並ぶ。それに神経を扱るようにして作品を書いていかなきゃいけない今の若い人たちは、ほんとうにタフな人でなければできない時代になったと思っています。

私の『楽隊のうさぎ』の頃は、インターネットは登場していましたが、SNSはまだ出てきていなくて、ブログ程度のものでした。しかも、私も若手美人作家ではなくなっていたので、もう安心して人の評判を見ることができるというんで、ずっとモニターしていたところ、当時「誰が読むんだ、こんなオタク小説」って書かれたんです。これは面白かったです。吹奏楽部って、ものすごい練習するんですね。文化系の体育会って言われているんですが、その人たちは自分のことをオタクと思っているんです。「こんな、吹奏楽をやっている人にしかわからないようなオタク小説を誰が読むんだ。ぼくは面白かったけどね」って、この手の反応が非常に多かったんです。

皆さんは、漫画お好きですか。私はかつての南海ホークスが強かったころ、「ビッグコミック」に連載されていた「あぶさん」という漫画が好きで、主人公は通天閣の下でアブサンを飲んでるんですけれどね。私は二日酔いでバットを振り回してホームランを打ったというような経験を一切持っていませんが、それで漫画を読んでいても「おお、あぶさんなら、できるんだろうな」と思うわけであります。私の野球に対する知識は、せいぜい高校野球の予選から自分の出身校が勝ち上がるか、しかもウチの学校は弱くてだいたい地区予選の二戦目ぐらいで負けるので、さまざまなゲームのルールを覚えるところまではいかないのですが、一回だけ、二十一世紀枠で甲子園へ行って、しかも一戦目で勝っちゃったことがあって、びっくりした学校が「バス代を寄付してください」という手紙を私のところへ送ってきたことがありました。要するに、その程度の野球の知識しかなくても、「ドカベン」とか「あぶさん」とか、いろんな野球漫画を楽しんで読んでいました。

面白かったのは、そのうち野球の部活を書いたあさのあつこさんの小説がじわりじわり読まれ始めたことです。私の小説は「誰が読むんだ、こんなオタク小説」って言われたけれども、そのうちにだんだん中学校の部活を題材にした小説が増え始めました。いわゆる純文学雑誌の文学理論の最先端から出てきたんじゃなくて、読者の皆さんが支えてくださる……中学校で部活をしたという経験をお持ちの方が読んで共感してくださったという形で出てきました。

あんまりつまらんことを言うと怒られるんですが、学校の教員としてもいろいろな経験をしていまして、その中から一つお話ししておきますと、私が担当したゼミの学生に「白線の上をお歩きください」という卒業制作を書いた女子学生がいました。これはまことに面白い小説で、小学生が小学校の正門を出て、道路に引いてある白線の上に乗って、白線の上から一度も下りずに家に帰ろうとする小説なんです。今はどこもかしこも道路が舗装された時代になりましたから、やろうと思えば皆さんもおできになるかも知れませんね。今日ここからお帰りになるときに、白線の上だけをずーっと……でも、お年を召した方はおやめになったほうがいいかも知れません。小学生がランドセルを背負ってとぼとぼ歩いていくから可愛いんであってね。それで、いろんなものが白線の上を横切るんです。最初は猫が横切ったりするんです。それから何かをくわえた犬が横切ったりするんです。乳母車に赤ちゃんをのせたお母さんが、買い物に行くのに横切ったりするんです。そのうちに、裸足で髪振り乱した女の人が横切るんです。まあ、なんだろうと思って、ただひたすら白線の上を歩いていると、後ろから包丁を持った男の人が横切るんです。それでも彼女はひたすら白線の上を歩いてお家へ帰るという、それだけの小説です。でも、ちょっと想像すると面白いでしょう?

この小説が「文學界」の同人雑誌評に取り上げられました。そこまでは、私も担当した教員として嬉しく感じましたが、これがボロクソにけなされたんです。「何か抽象的なことを描こうとして、作者はわざわざ抽象性を高める努力をしているけれども、その抽象性に重要な意味はまったく持たされていない」って。私は読んで激怒したんです。いったい誰が書いたんだと思って、批評を書いた人の名前を確認しました。それが誰かは申し上げません。ただ、確認した途端に、「ああ、この人が学校に行っていた頃は、日本中の道路はまだ舗装されてなかったよ」って思ったんです。

小学生が白線の上を歩く――それは非常に緻密な美しい文章で書かれていたんですが、実際の経験を描きながら、それにちょっと抽象度を加えて、まっすぐに道を歩いていくことの人生のおかしみみたいなものが現れる、そのぎりぎりのところまで書いているから私は評価したんだけれど、別のサイドから見ればそういう評価になるわけですね。ものすごく怒ったけれど、ちょっとその人のお年を考えたらね（笑）。

学生を呼んで、「日本中の道路が舗装されはじめたのは、私が小学校二年生のときだったんだ。だから、私は小学校一年の時点では白線の上を歩いて家に帰ることはできなかったんだ」って説明したら、本人は納得してくれました。その後、彼女がネットで検索したところ、その作品は「法政文芸」という雑誌に転載されましたので、それをお金を出して買ってくださって、非常にその作品を気に入って懇切丁寧な感想を書いてくださった匿名の方が、お三方おられました。本人からそういう報告も受けて、なるほどいい評価だ、私もこの評価には納得できるというふうに話しました。

私は紙の本の作者でずっといたいと思っているので、ついネットの悪口を言うようになってしまうのですが、逆のいいこともたくさんあるわけです。

●「部活小説」

さて話を本線に戻しますと、『楽隊のうさぎ』を書いたときは、まず「オタク小説」っていう言い方で始まりました。その次に何て言われたかというと、「部活小説」って言われるようになりました。

つまり、純文学の文芸雑誌が、佐多さんや中条百合子さんのプロレタリア文学運動がでてきたころから、プロレタリア文学の態度をとる人、芸術中心主義の態度をとる人、その後いろいろな文学上の変遷がありました。「政治と文学」というのは戦後の文学の大きなテーマで、そこで党派制も含んだいろいろな争いが繰り返される中で、一九八〇年代ぐらいになってくると、評価の仕方が硬直していく中で、それを破ろうとして新しい世代の新しい感受性を求めるという流れが来て、私なんかも「若い女の子らしい小説を書いてよ」というプレッシャーを受けるわけですが、「書いてよ」っていう人の望みと、こちらが前を向いて「こういう小説を書いていきたい」という気持ちがうまく噛み合っていないまんま、評価の硬直化が訪れるんですね。

いろいろ面白いことはありまして、批評家と違って小説家は具体的な面白い話を思い出すと、くだらんことでも素晴らしく楽しく思えちゃうところがあるんですよね。法政の私の前任でいらっしゃった笠原淳先生が「ちょっと、中沢さん来て」って言われるので「何ですか」って行ったら、「君、体育座りってわかる?」「は?」「いや、『体育座り』って面白い小説があったんだが、体育座りがどんな座り方かわからないから、やってみろ」って言われて、「いや、先生、大学の廊下で私が体育座りをしたら変です。体育館の床に正座をすると痛いから、立てた膝を抱え込むような状態で座るのを『体育座り』と言います。体育館で座るから体育座りですね。場合によっては、土の校庭なんかでも、そういうかたちで子どもを座らせることはあります」「そう。僕が学校へ行っていたころ、体育館、なかったんだよ」と言われました。そりゃ、そうだと思いました。そういうちょっとした用語が実感をもって書ける世代と、そうでない世代がいて、笠原先生は法政においでになるころに、すでに六十歳を越えておられましたから、畏れ多くて「笠原先生、体育座りなさってください」なんて言えませんものね。だから、笠原先生はたぶん一生体育座りはしないんじゃないかなと思います。なんかの拍子に、よっぽどの災害で体育館に逃げ込んで、途方に暮れて膝を抱えたら、結果として体育座りだったという展開はあるかもしれませんが。

そういうことがいっぱいあったんです。

「部活小説」と言われるころになってみると、もう四十代になっていましたし、あさのあつこさんも私と同じくらいの年代だと思うんですが、同じ頃に重松清さんも登場してきました。要するに、中学校高校で部活をやった人たちが中堅の作家になってくるんですよ。で、言わせなくなるわけですよ。「今の高校生は政治にも世界にも興味が無くて、部活ばっかりやっている。こういう空虚な人間を描いたものが現代文学である」なんて、私に言わせれば、まったくもって、ここまで飛び出しそうになった単語を今一所懸命がまんしたんだけれど、やっぱり言わせてもらいます。「ふざけんな」。

つまり私は、中学生が非常に高度な内容の現代音楽を演奏するのを聴いていて思うんです。その中身について、わかっているから素敵な演奏ができるわけでしょう。ある世界観とか、個人としてのありようとか、そういうものをイマジネーション豊かに蓄えていて、それを皆で演奏することによって引き出せるから演奏が素晴らしくなるわけですね。そこが、少なくとも私が一九九九年に書こうと思った段階ではまったく言語化されていなかった。しかも、やっている本人は、自分たちがただのオタクだと思っている。そういう意味で、私はオタク小説の誹《そし》りは、今は作家としての勲章だと思っています。

部活小説と言われる頃には、ようよう私と同じ世代の書き手たちが四十代を迎えて、そういう的の外れた批評を軽々と弾きかえせるようになったので、現代におけるある種の人情や世の中の様子を書いて……ここが重要なポイントですが、読者の皆さんから共感とご支持をいただくことができるようになったんだと思います。

部活小説の後、「スウィングガールズ」という映画が出てきました。この映画は、実は「反吹奏楽映画」って呼ばれています。吹奏楽の映画として人気が出てはいますが、実際に観ると「吹奏楽なんか、なんだか小難しいクラシックの曲を演奏するより、ジャズやったほうが楽しいぜ。ジャズやっちゃおうぜ」っていう、まことに古めかしいストーリーになっていて、ちゃんと映画を観た人には「反吹奏楽映画」と言われているんです。これは山形県を舞台に吹奏楽部を描いてますが、実は、その前に変な映画がもう一つあるんですよ。

「ウォーターボーイズ」という映画があって、これは男子のシンクロナイズドスイミングを描いた映画なんですが、そのモデルが私の今住んでいる埼玉県の川越高校です。昔ナンバースクールだった古い学校で、今でも男子校です。その川越高校に、全国で唯一男子のシンクロナイズドスイミングがあった。何かというと、文化祭の余興です。けっこう水泳部が強い学校で、文化祭の余興にシンクロナイズドスイミングをやって、大した呼び物になりました。近隣の住民が皆見物に集まってきて、プールサイドの席をチケット制抽選にして、チケットとるのが大変ということになっています。お金を取るわけじゃないんですが、プールサイドにあんまり人が入っちゃうと危険なので。男の子のすね毛の足がにゅっと出るのを、皆でやんやと手を叩きながら観ている。これをモデルにして映画を作ったら面白かったので、今度はボーイズに対してガールズで「スウィングガールズ」という映画ができてきた。

その後、吹奏楽じゃないんですが、「のだめカンタービレ」という漫画がすごく流行って映画になりました。不思議なことに、ずっと縁があって、実は「ウォーターボーイズ」の映画を撮るとき、男子のシンクロナイズドスイミングの指導をしたのは川越高校ＯＢなんですが、これがうちの息子の同級生。息子は中学の吹奏楽部を経験した後、音楽科のある高校に進んで、そのまま音大に進んでしまいましたので、「スウィングガールズ」で吹奏楽部の技術指導をしたのが、これまた息子の同級生。

きわめつけは「のだめカンタービレ」で、これは都内にある五つの音大からエピソードを集めてコンポジションしていて、そのいくつかは、息子が「これ、うちの学校だ」という東京音大のエピソードで「このエピソードの元になった騒ぎのとき、俺はいた」という場面があるんです。それはどんな場面かというと、もしお読みになる機会があれば、最初の方の巻なので、ここかなと見当を付けていただきたいんですが、指揮者がホルンに向かって「その音はだめだ。もっと違うこういう音をくれ」と要求するんですが、それはホルンという楽器の性質上無茶な音なので、だんだんホルン奏者は孤独になってきて、最後は「孤高のホルン」といって、ここが小説には決してできない漫画の羨ましいところですが、オーケストラの真ん中に崖がドドーンと立ち上がって、崖の上にホルン奏者がぽつんと寂しそうにいるという場面があるんです。もちろん、東京音大の授業中にそういうことが起こったわけではないのですが、やりとり自体は音大で実際にあったんだということを息子が言っておりました。

とにかく、そんなふうに、だんだんと吹奏楽が注目されてきました。あたり前なんですよ。だって、『楽隊のうさぎ』を書いた一九九九年の時点で、吹奏楽コンクールにエントリーしている中学校は全国で一万校あったんですから。その人たちが一年生から三年生までいて、その親御さんがいて、ご兄弟がいて友だちがいる状態なんですから。その人たちが卒業してＯＢになってからも、市民楽団を作って音楽演奏を続けているケースがたくさんあって、実は戦後の大きな文化の流れの中で、皆さんのお力で少しずつ育んできた重要な日本文化の一シーンだったわけですね。

その人たちをオタクと思わせてしまったのは、明らかに文化や芸術に携わっている人間のミスリードだったわけであります。そういう現実を見ないで、空虚な論争をして「現代の若い人々は内面が空虚だ」なんていうことを言って恥じなかったのはおかしいと、私は思っています。あなたがたの知らない世界が、若い人の胸の中にあったのは認めます。だって道路の白線の上を歩ける時代になっているんだもの。体育館があって、体育館座りができる時代になっているんだから、その人たちの内面にあったものを我々に発見できなかったという言い方はしなかったんです。その点がミスリードだったと、私は思っています。

それが崩れてくるのが、私が『楽隊のうさぎ』を書いた一九九九年から二〇〇〇年ぐらいでした。何も大それたことを考えたわけではなくて、いじめのような陰湿なものが取り沙汰されているけれど、どんな時代にも影と光があって、影を描こうと考えるなら光についても考えるべきだと思ったんです。抽象的な言葉で説明しても小説にはなりませんから、光に相当するものは何かと考えたとき、「うちの息子がやっている吹奏楽、すごい水準だよ。あれは間違いなく光だ。しかも、昨日今日現れた光じゃないんだ」と気がついたんです。

吹奏楽を古くからやっているグループの皆さんとか、わりといい状態の演奏を維持している学校の先生なんかに聞くと、「戦後すぐにスネアドラム一つもらってきて始めたんです」とか、そういう話をよく聞きます。初期の頃はダブルリードの楽器なんか一つもなくて、一種の代用楽器ですね……ピアニカのようなものを含めてやっていたけれども、だんだん演奏が高度化するにつれて、やっぱりいいものが欲しいということで、オーボエのようなダブルリードの楽器が入ってきたんだと。たまたま、あの小説を書いた縁から、そういう話を承るようになったんです。時間をかけて自分たちの時代にふさわしいものを育ててきた一端に、息子の縁で触れることができて、ああいう小説を書くことになったわけです。

やっている人たちが自分をオタクだと思っていたから、周りの人はそういうものがあるのを知らなかったわけですよね。それがたまたま、私どもの世代が四十代になって、中堅の作家のポジションを維持するようになって、そういうものを題材に作品を書き、映画も撮られ、観られるようになった。吹奏楽がそうとうに盛んであるということも、皆さんに認知されるようになってきました。他にもいろいろな小説が出ています。吹奏楽コンクールの様子も、テレビで中継されるようになりました。

快挙は、甲子園の開会式で、どこの学校が演奏しているかをきちんとアナウンスして、指揮者が誰かを言うようになったことです。甲子園を盛り上げる一つの要素として、ちゃんと待遇されるようになってきました。甲子園の応援はブラスバンドにはつらいのです。

パーカッション系も問題はないんですが、同じパーカッションでもマリンバのような木部を使っている楽器。あるいはクラリネットのような木管楽器は炎天下で演奏すると、楽器自体が狂っちゃうんですよ。酷い場合にはヒビが入って、使えなくなってしまう。吹奏楽をやっている人たちは、それでも自分の学校が甲子園に行くとなると、名誉だから皆で応援しよう、応援には鳴り物もいるということで……こういうときは、「鳴り物」と言ってもいい。「物事は文脈で考えろ」という話ですが。

面白いんだけれど、吹奏楽専門の雑誌「バンドジャーナル」などを読んでいると、「甲子園応援の季節になりました。クラリネットの日除け、八百五十円」とか書いてあって、どういうものかというと、クラリネットに輪を取り付けて、上に三角屋根状のものをつけて、こうやって演奏する(笑)。そうすると、直射日光は避けられます。大雨が降ったらパーですけれど、小雨程度なら楽器をダメにしないで済むというんで、そういう物まで工夫して応援しているようです。

もっと面白いのは、吹奏楽コンクールで上にあがっちゃったときに、野球部も一緒に上にあがっちゃうと、人手が足りなくなるわけでしょう。ていうか、コンクールに出場するか、野球の応援に行くかの二択になってしまう。ところが、野球の応援にはそんなに素晴らしくいい音はいらないので、そういうときは、OBとか近隣の学校に招集がかかります。うちの息子や娘たちは、よくその招集をかけられていました。

しかも、今の野球部は贅沢なの、プロ野球選手並に。甲子園の常連校のような強い学校にはプライドの高い選手がいるらしくて、バッターボックスに入ったときの自分のテーマ曲というのが決まっている。（場内笑声）そんなに面倒くさいものを決めているわけじゃないんですが、山本リンダの「狙い打ち」だとか、コンバットマーチだとか、応援頼まれて出ていく前の晩になると、うちのファックスは息子たちに占領されて、ガンガン譜面が送られてくるんですよ。何番の誰の曲、何番の誰の曲っていって。音なんか合わせる余裕はないので、現場に行って「せーの」で吹くらしいんですが、せめて前の晩に譜読みしておかないとできないので譜読み用の楽譜がどんどん送られてきて、兄ちゃんと妹で必死になって譜読みして、「なんだ、この曲」みたいなことを言っている。だいたいは定番なんだけど、まれにビーズの新曲とか、ポルノグラフィのマーチバージョンとか、「何だ、これ」ってのがあって、「大観衆なんだから音を外したってわからん、気にするな」と言われても「いや、僕は演奏家として嫌なんです」と電話で息子が言い出したりとか、けっこう面白かったんです。

こういうことを今でもやっていると思うんですけれど、まあそんな具合で、彼らにとっては甲子園の演奏というのは、ほんとうはちょっと怖い話なんだよ（笑）と、これは寄り道ですが、これから夏のテレビ中継が始まると思うので、観るときにちょっと気にしてあげてください。泣きたくなるようなことが……雨が降り出して木管にヒビがはいったりね。マリンバなんかは個人では買えませんから、学校の方も考えていて、雨が降り出す前にビニールをバーッとかけて、木管は全部後ろへさげて、金管だけでガンガンやらせるとか、そういう配慮はしているようです。これはあんまり知られていない話なので、ついでにしゃべりました。

●「ブームに乗った小説」

調子に乗ってしゃべりすぎて時間がなくなってきたのにびっくりしたんですが、そういうふうに吹奏楽が注目されて、吹奏楽の漫画、アニメーション、映画、小説といろいろ書かれるようになりましたら、今度は何を言われたかというと、皆さんはきっとアマゾンの書評などをご覧になったことがあると思いますが、あそこに「吹奏楽ブームに乗った、くだらない小説」って書かれました。「初版発行年月日ぐらい見てから書けよ」って思うんだけれど、「オタク小説」から始まりまして、「部活小説」「ブームに乗った小説」と変遷してきて、私はたまたま若い頃に「何を言われても作者は介入すべきじゃないんだ」という訓練を受けていましたから、ただ面白いなと思って見ているわけであります。十年以上、長期にわたって皆さんに読んでいただけたので、読む側の変化をネガティブな批評の中から見ることができました。

実を言うと、褒めてくださる方の褒めてくださり方はあまり変わらないんですよ。ところが、ネガティブな悪口を言う人の変化は、世につれ時代につれ変わっていく。ネガティブな悪口っていうのは、どのくらい時代に寄りかかっているかというのも、この小説の評を読むことによって見えてきたので、その点では私は面白かったなと思っています。

今日のテーマの「言葉をつくる」ということですが、最初に「オタク小説」って言われましたけれども、そのころは部活を描いた小説などほとんどなくて、部活をどう小説として描くかというのは、作者としては新しい世界を切り拓く冒険でありました。先ほど申し上げましたように、私たちの生活は時々刻々変化しております。その中から新しい主題を見出すというのは、それほど大変な仕事ではないような気がします。ただ、その見出し方にいろいろな工夫があるんだろうと思います。

それから辛かったのは、いわゆる文学作品であるためには、風俗を書いてはいけないと言われたことです。一時的な流行を単なる風俗として描くのはエンターテイメントの娯楽小説のやり方だというふうに教わって、ここを封じられると、実は新しい作品を書くことはほとんど不可能だと言ってもいいのです。

その頃はまだ大学生でしたから、川端康成の作品を読むときには、「これは立派なノーベル賞作家の川端康成が書いた作品なんだ」という目で読みます。ところが、ある時期から「待てよ」と思って、その作品は川端康成がいくつのときに書いて、書かれたのは大正何年、昭和何年で、その当時に何が流行っていたのかをつき合わせて読むようになったんです。そうすると、私が大学一年生で、いわゆる風俗を書く小説は娯楽小説だというふうに言われていた頃ほど硬直化していないんです。

関東大震災の後、浅草に大歓楽街が現れてくるんですね。そこではいろいろなレビューをやったりした。大阪ですと、そういうレビューを描く手腕のある作家は織田作之助ということになるのかも知れませんが、震災後にバタ臭いエログロナンセンス時代と言われた風俗が浅草に現れてくると、時を置かずして、川端康成は『浅草紅団』を書いているんです。三島由紀夫は、戦後の光クラブ事件がおこった後、それをモデルにした小説『青の時代』を書いていますし、金閣寺が焼き払われれば、すぐに『金閣寺』っていう小説を書いています。

私が大学一年のとき、先輩の作家や編集者から言われたことはいったい何だったのか。今になって糾弾大会を開きたいという気分に、たまになっております。なってるんですが、どうも流れを見ていると、ちょうど「文学と政治」という大きなテーマが終焉を迎えたころに、文学も政治も一緒くたにして「文学も政治も終わりだ」というような乱暴なことを言う混乱に巻き込まれたような気がします。

ただし、一つだけ弁明させていただくと、その混乱の中で「語彙の減少」という大問題を抱えていたんだと。言葉がどんどん減っていく。それがやっと何とかなったのが、『楽隊のうさぎ』を書いた九九年ぐらいからで、その頃から様子が変わってきた。それから現在、語彙はまた増えだしています。

このことについては、またいつか時間をいただいて具体的な例を皆さんにレクチャーする機会があれば、皆さんのお知恵を借りることができるのではと思いますが、今私は「公明新聞」という、これは公明党の機関紙ではなくて一般紙で、公明党の党員でなくてもどなたでも講読できる新聞ですが、そこに「魔女五人」という小説を書いています。実は、今日はその話をしようと思っていたんですが、『楽隊のうさぎ』に血道をあげているうちに、とうとう残り十五分になってしまいました（笑）。

●「魔女五人」亥年五人女時代をつなぐ

今年の一月一日から連載を始めて、予定では十二月には終わるはずになっています。なぜ魔女五人かというと、東京に麴町という皇居から近い一角があるんですが、そこのお屋敷に住んでいる亥年生まれの女の人五人の話を書いているんです。

きくさんという、戦前十五、六の頃に、子守のねえやさんとしてお屋敷に来たおばあさんが亥年生まれ。この人を子守にして育ったお嬢さんが亥年の昭和十年生まれ。この人の娘が、これまた亥年生まれ。孫も亥年生まれ。きくさんはいろいろあって、結婚してどこかの奥さんになって、旦那が亡くなってから自分の娘を連れてお屋敷に舞い戻ってお手伝いさんになったという流れになっているのですが、きくさんの娘も亥年生まれ。こういう猪五匹が、麴町の古いお屋敷にすったもんだしながら住んでいるという小説です。

連載中に制作意図を話してしまうのは、場外乱闘か、読者を故意に誘導か、作家としては疑問があるところなんですが、なんでそういう設定を考えたかというと、先ほどちょっと申しましたように、文芸雑誌の論調が非常に硬直化していて、作品もめぼしいものがないということを散々言われましたし、さらには一九八九年のベルリンの壁が崩壊して以降、「歴史の終焉」

ということが頻りに言われるようになりました。さらにその延長で「文学は終わった」って言われて、私は「バカ言ってンじゃねえよ。いいか、紫式部が井原西鶴の作品を読んだら、『ああ、文学は終わった』と思うに違いないし、井原西鶴が上司小剣の小説を読んだら『ああ、浪速の文学も終わりだ』と思ったに違いないのに、今までずっとやってきたんだから、驚くことはねえんだ！」って言ってたんだけど、最近はもうちょっと慎重に「近代文学は終わった」という言い回しになっています。

私個人の見解を述べれば、近代文学が終わったのはもっと前です。谷崎潤一郎、川端康成、志賀直哉、この三人が亡くなったときに近代文学は終わったんだと思います。あえて言えば、小林秀雄という大きな存在があって、この方が亡くなられたときに、近代文学は一つの終焉を迎えていたんだと思う。終わったのに気がつかなくて、寝ていたバカな評論家に今さら「終わった」って言われたくないんだって、最近、島田雅彦さんと廊下で雑談していると、だんだん口が悪くなるのね（笑）。とにかく、二人でそんなことを言ってたんですが、ある種の断絶を感じるんですね。時間の流れが明瞭に描けなくなっている。

批評家の中には、もっといろんな論証のバックを使って断絶を埋めていくような仕事をしている若い優秀な研究者が出てきています。たくさんいるんですが、一人だけ紹介しておきますと、福田恆存《つねあり》論を書いた浜崎洋介さんという方がいらっしゃいます。浜崎さんは三十代ですけれど、福田恆存の仕事を綿密に追いかけて、この二月に本を出されたんです。非常にすぐれた丁寧なお仕事でありました。こんないい仕事をする人が、三十代で出てきていることはまことに心強いなと思います。

ただし、終わったとか、終わらないとか、滅びたとか、そういう乱暴で短絡的なことを言ったがために、戦後の文学や芸術の流れがうまくつかまえられなくなって、ブツブツに切れてしまっているんですね。それは文学や芸術の流れだけじゃなくて、私どもの日常でも起こっていることです。これを具体例を挙げて小説家的にしゃべると、また三時間ぐらい平気で行っちゃうんで困ったものなんですが。

皆さん、このごろ物忘れが激しくて困ってらっしゃいません？　去年のことを憶えていないとか、ありません？　去年の震災の後の四月、大和川の向こうの河内から東京に仕事に来ている呉服屋さんがいて、その呉服屋さんと雑談する機会があったんですが、当時の東京と申しますと、計画停電でほんと真っ暗でした。銀座通なんて、人が歩いているのに電気がなくて暗いから、影法師の中を泳いでいるような感じでした。そういうとき、呉服屋さんに「これじゃ呉服屋さんも商売あがったりで、大変でしょ」って言ったら、「いいえ。あと二カ月もすれば、震災のことなんか皆ケロッと忘れて、がんがん呉服物を買い出しますから」。「ほんと？」って言ったら、「だって神戸の震災の時は売れたもん」っていうのね。これこそ、パブリックコメントできないけれど……ユーチューブなんかで中継されたら、何されるかわからないですが。皆さん、せっかく大事になさってきたものを火事や家の倒壊で泣く泣く手放されて、でも、泣いてばかりはいないのね。呉服屋さんに走り込んで、新しいのをがんがん買ったっていうんです。買える人はね。

だけど、私は「今度はそうはいかないよ」と思いました。被害面積が大きいし、厄介なのは継続している原発事故があるから、「忘れようったって忘れないんじゃないの」と言ったら、「いいえ、忘れてもらわないと困ります」。そりゃ呉服屋はそうだろうと思ったんですが、でも今年になってみると、やっぱり呉服屋さんのほうが七割九分正しかったかもしれないという局面がいっぱいあります。忘れる。しかも、何事もなかったかのように。十年一日変わらないかのような錯覚がわいてきます。私が固有名詞を忘れるのは、私のトシのせい、アタマのせいだと思うんだけれど、世の中の全体の流れ、変化を忘れるというのは、実は世の中共通の物語のコンセンサスが崩れているからなんです。

だから、いつまでも「戦後」という用語を使うのでしょう。戦後十年、これはわかりますよね。五十五年体制が成立。戦後二十年、高度成長のただ中に入って日本の暮らしもずいぶんよくなりました。戦後三十年、戦争で亡くなられた方も昔なら三十五回忌となる頃です。このへんまでは「戦後」という言葉は生きていますけれど、戦後四十年、戦後五十年、戦後六十年というと、戦後生まれも戦後からカウントすることになるんですよ。私なんか、このごろ、戦後百年まで生きてみたいなと思うようになりました。「可能だぞ、最近の平均寿命だと」って思いますけれど、私は戦争が終わって十四年目の生まれです。

ところが、オウム事件が起こってから、今年で十七年目なんです。そうすると、戦争と同じ物差しをあてたら、私が三歳の頃に戦争のことを思い出しているのと同じに、今の三歳の子どもがオウム事件を思い出すみたいなことになります。

今の学部の一年生はオウム事件があった頃、一歳だったんです。だから、彼には記憶がない。「そんなことがあったんですか」と驚いている。ところが私たちは、学部の一年生で「空襲で大阪は全部焼け野原だったんだよ」と聞かされて「そんなことがあったんですか」って言った途端に、学内ではどの先生からも相手にされなくなる。知っていてあたりまえですからね。今や、学生が、さすがに東京と大阪の空襲については知っているんですけれど、「釜石が艦砲射撃されたんだよ」っていうと、「えっ、そんなことがあったんですか」って驚いていますが、ほんとうは私もこれは後で本を読んで知って驚いたのね。だから、(小さい声で)「そうだよ」って言ってるんですが。

そういう国民共通の経験が、戦後というカウントで引き延ばされてきて、でも、もっとどこかに別に起点を見出さないと、いま小説をがんがん書き出して新しい時代の言葉を作ろうとしている二十代の皆さんとは話せなくなっているはずなのに、そこの共通認識がうまく作れていないのも事実なんです。ただし、さっき言ったように、自分の経験を一つの文学作品として書いて、それを多くの読者の方が読んでくださって、そこから読者の方々それぞれのご経験を想起していただく……こういうことがあれば、ブツブツに分断されてしまった時間を、またお互いの共通の流れとして取り戻すことが可能かも知れないと考えて、亥年五人女がぺちゃくちゃおしゃべりをしているという小説にしたんです。

十二年ごとに五人の女の経験が違っていくんで、そこで思い出されることをしゃべっていけば、そこに自然に共通の流れみたいなものが、小さいながらも示せるだろう。そういうことで今書いております。実を言うと、ここから先が本題で、前段をしゃべっているうちに時間が尽きてしまったんで、私は今びっくりしているんですね。

●「ホウキ」と「掃除機」

私は大学に入ったとき、実は書きたい小説があったんです。明瞭な作品のプランとして浮かんでいたわけではなくて、いろいろな文化が出会って、混じり合って、コンフュージョンしていくプロセスを非常に面白いと思っていたんです。吹奏楽は耳の楽しみですが、目の楽しみからいくと、私の好きなのは大正期以降の、ヨーロッパの油絵の影響を受けた日本画なんです。江戸時代にあった日本画……厳密にいうと、江戸時代には日本画はないんです。よその国との交流がなかったので、日本画なんていう必要はなくてただの絵なんですけれど。明治時代になって洋画ができたから、それに対抗するかたちで日本画っていうようになった。洋画の影響を受けて、モダン化した日本画のいいものがたくさん描かれたのが大正期から昭和期です。まさに近代文学の白眉の時代に、美しい日本画がたくさん描かれているんです。目の喜びとしては、洋の東西が混じり合っていく時期に生まれてくる絵がすごく好きで、文化が衝突して新しいものが生まれてくる瞬間みたいなものを、小説として書きたいという志、夢みたいなものを大学一年生のときに持っていたんですね。

ところが、語彙の減少というやっかいな問題に巻き込まれてしまって、二、三十年、そういう問題を書けそうな感じがしなかったんですが、一九九九年に『楽隊のうさぎ』に踏み切るあたりから、いわゆる「これが純文学だ」という縛りから、私が解放されたんだってお思いになる方もいらっしゃると思うし、そういうご意見もあると思いますが、やっぱり文学全体もそういうところから解放されてきたと思うんですね。

今になって、大学一年生のときに考えていたことをまざまざと思い出して、白髪なんか出ないうちに思い出せばよかったと思うんだけれど、でも今だから書けるようになってきたんじゃないかと。語彙の減少が語彙の増加に転じたという問題も含めて、そう考えているところであります。

さっき言った吹奏楽も、発想はいじめを書くときの影に対する光の題材として採り入れたんですが、実は吹奏楽って、その歴史を見ると、完全に日本人の耳が西洋の音に慣れていく歴史そのものの部分があるんですよ。これもまた機会があれば皆さんにお話しして、皆さんご自身の創作のヒントを見つけるそのまたヒントにしていただけるんじゃないかなと思います。

日本で最初に吹奏楽をやったのは、薩摩の下級藩士たちでした。横浜でイギリス人の先生について教わった「薩摩バンド」というバンドなんです。この薩摩バンドが「君が代」を作ったんですよ。ドン、ドンって。だから、「君が代」というのは吹奏楽用の楽曲なんです。ご興味がある方は、これからオリンピックが始まりますから、うまいこと日本の選手に金メダルを取ってもらって、イギリスの楽団の演奏する「君が代」を聞いていただきたいんです。そういう意味では、実はイギリスはあんまりよくないんだよね。なにせ、薩摩バンドのお師匠さんがイギリス人で、われわれはイギリスから吹奏楽を教わっているから、イギリスのバンドが「君が代」を演奏してもそんなに違和感がないんです。

精神的に我々のセンスとずれてるんじゃないか、合わないんじゃないかと思われるのはイタリアです。柔らかな「君が代」になりまして、何か明るく舞い上がっていった挙げ句に、太鼓がドワーンって鳴る。ドン、ドンっていかないと「君が代」の感じが出ないんだけど、イタリアはなんだか「オー・ソレミオ」って感じの「君が代」になっちゃうんですね。オーストラリアは音が明るくて軽いんです。何も「君が代」だけじゃなくて、あれもお国柄が出るんです。フランスの国歌「ラ・マルセイエーズ」も、国によって演奏の音がすごい変わるんです。国歌はわれわれけっこう耳慣れているので、ちょっと違う演奏をされたときに、「これは違うな」って耳がよく反応するから、指標としてはおもしろいんです。

「君が代」っていうのは結局、日本人が西洋の音楽に出会って、西洋風の音楽を作ろうとした一番初期の段階でできている曲の一つなんです。それから、だんだんに日本人の耳が、三味線のぺんぺん鳴る音を聞いて情緒豊かだって感じる耳から、あるいは琴を爪弾く音を聞いて懐かしくて切ないと思う耳から、今やシンセサイザーの高音域を飛んで歩くような曲を聴いても身体が自然に動くっていう耳へ変わっていくわけですね。もちろん、最初からまったくなかったわけではなくて、天神さんの祭囃子なんかを聴いていると、もともとエイトビートなんかも日本人は持っていた。津軽三味線なんかも、速いビートは持っています。ただ、地方が持っているそういうものを、美しい音楽として再発見していくのは近代になってからです。

だから、吹奏楽はそういう歴史の中を、ずっと薩摩バンドから現在の……人口どのくらいなんでしょうか、小、中、高、大学、社会人と、いろんな人が実際に自分で演奏して耳を作っていく時代まで歴史を持っているわけですね。その中には当然耳の喜びの、西洋と東洋の二つの感覚のコンフュージョン、混在、混じり合いがあったわけであります。私はこれを意識したわけじゃなかったんですが、やっぱり大学に入ったときに、二つの文化が出会って、衝突して火花を散らして戦うんじゃなくて、お互いに混じり合いながら……そりゃ時々変なことも起こりますわな。パンの間に納豆をはさんで食ったら美味かったとか。そういうものを描きたいと思っていました。

最後に大風呂敷を広げて話を止めさせていただきますが、十九世紀から二十世紀というのは「戦争の世紀」だって言われています。さまざまな文化が出会って衝突して、最後は原子爆弾にまで行き着いてしまうわけですよね。あるいは、十八世紀に植民地になった地域が血みどろの闘いを経て、独立を勝ち取っていくのが二十世紀。ところが、私は一九五九年生まれなんですが、私が生きた五十年というのは、さまざまな文化が出会って、複雑な混じり合い方をしていった五十年なんですよ。それはね、決して「お互いに手を取り合って、発展的なよい世の中を作りました」というのではないことは重々承知しています。

最後の最後に、実に下らない例を思い出して話を終わることになるんで後悔していますが、実は私の母は四十九歳で死ぬまで掃除機を拒否した女だったんです。マンションで掃除機を使うより、ホウキで掃いたほうが早くてきれいになるといって、掃除機を死ぬまで拒否しました。私としては、掃除機を使って掃除した方がいいっていうんで掃除機を持っていました。結局何が言いたかったかというと、小さな家事の動作一つにしても、私と母はホウキを使うか掃除機を使うかで大喧嘩をしていました。つまり、ある種の新しい機械文明と、元々あった手仕事の道具とが家庭の中で奇妙な衝突を起こしたんですが、去年原発がいかれちゃった後、新聞を見ていたら「ホウキは便利」という記事が載っていて、「この記事、仏壇に供えようか」と思ったんだけれど（笑）。

まあ、いわゆる経済戦争の中で、新しい電気機器をどう売っていくかということがとても大きな問題になっています。一方で、掃除機を使わないでホウキを使った方が便利というような考え方も、見方を変えるとエネルギーをどうコントロールするかという問題と繋がっていたりする。この五十年間の平和な時代は、決して惚けて心も空っぽ、腹の中身も空っぽで空虚に生きたわけじゃないです。人は一所懸命働いて、一所懸命快適な生活ができるように追求して、いろいろな衝突を繰り返しながら、その衝突の中から新しい生活のバランスを作りあげてきた五十年なんだという視点を持てば、戦後の五十年を「戦後」という言葉ではない新しいタームを、私はここで皆さんにご提案できないのですが、まさに自分が生きた時代は一つの流れのある、文学作品を書く主題に満ち満ちた時代として見ることは可能なんだという確信を持ちだしたのが、実はこの五、六年なんです。

可能なんだという確信があっても、それは即作品にはなりません。でも、ここで最初に申し上げたプレゼンスの問題をもう一度考えたいと思うのです。つまり、私は文学作品を書く作者というのは孤独なもので、徹底的に孤独に一人で仕事をするしかないんだと教わったんですが、それは間違いだったかも知れないと内心思うようになりました。さっき楽団の話をしましたでしょう。楽団の素晴らしい演奏は、観客とともに作りあげるんだという話をしましたでしょう。たとえば私の生きた一九六〇年代から二〇一〇年までの五十年を描こうとしたときには、孤独に描こうとするよりは、多くの方といろんな対話をして、いろんな経験の描き方を私も皆さんにお見せしますし、皆さんからも見せていただくという形の中から、新しい時代が築き上げられていくんじゃないかなという考え方をするようになりました。

一方では、十九世紀の小説というのは天才によって書かれるという考え方があって、だから作者は孤独でなければいけない、余人が到達し得ない距離まで到達できる天才によって書かれる文学作品という考え方が根強くあります。私はそっちも否定しておりません。でも、天才を見つけるのは私なの。どんな天才がいても、誰も見つけなかったらただの変人だもんね。

つまり、何らかの共同作業の必要性みたいなものが、時代によって要請されているんじゃないか。私は最近、ネットの動向なんかも見ながら……これは流行に棹さすという意味ではありません。私たちが与えられた時代の技術はどういう水準を持っているかという本質的な問題を考えると、あるいはそういう共同性のあるやり方が可能であろうかなと考えています。

しかも、これは文学にとっては伝家の宝刀というか、もっとも古い時代の一番遠いご先祖様のやり方なんであります。万葉集や古今集に、どのくらい読み人知らずの歌が載っているかを思い起こしていただければいいです。そういう古い時代に人が物語るとき、誰か、優れた孤高の精神を示す天才に頼っていたわけではなくて、皆で共同的に物語ったものを、天才的に記憶のいい人が憶えていたわけでしょう。

だから、私たちの目の前に新しい時代はすでに扉を開けております。しかしその新しい時代は、決して我々がまだ何も知らない未知との遭遇ではなくて、遥かな昔に経験して、微かに文字の中にその響きを残しているものが、もう一度大きな和音の中の小さな次の時代の旋律として、静かに響きを上げているところが現在ではないかと思っております。

（二〇一二年七月八日講演）

「小説を書く喜びと苦しみ」

奈良美那
朝井まかて
（聞き手・小原政幸）

奈良美那（なら・みな）

一九六五年（昭和四十年）生まれ。奈良県在住。大阪文学学校には、九四年四月から夜間部などに五年半在籍。

受賞作『埋もれる』（３８６枚）は、応募５２９編の中から選ばれる。宝島社から単行本化され発売中。その帯文には、〈留学先の韓国で出会った男との、激しい性愛の日々。わたしの孤独を満たしてくれるのは、あの人の肌だけなのか――。〉とある。

朝井まかて（あさい・まかて）

一九五九年（昭和三十四年）大阪府羽曳野市生まれ。大阪市在住。甲南女子大卒。06年4月から1年間、大阪文学学校夜間部に在籍、その後1年間休学。『実さえ花さえ』で〇八年、第三回小説現代長編新人賞奨励賞を受賞。江戸の種苗屋の物語。その後の作品は、江戸の庭師一家を描いた『ちゃんちゃら』（現在、講談社文庫）、大阪の青物問屋を舞台にした『すかたん』（講談社）、長崎・出島のオランダ商館の若き園丁が主人公の『先生のお庭番』（徳間書店）、伊勢神宮をめざす江戸女三人組の珍道中を描いた『ぬけまいる』（講談社）と続く。二〇一三年『恋歌（れんか）』（講談社）で、本屋が選ぶ時代小説大賞２０１３に加え第一五〇回直木賞を受賞。

小原　司会、および聞き手をつとめます事務局の小原《こはら》と申します。ゲストを二人お迎えしています。奈良美那さんと朝井まかてさんです。二人とも控え室では非常に緊張していると言っておられましたが、徐々にほぐれていくと思います。僕の方こそ緊張しているんですよ、才媛二人にとりかこまれて。（場内笑声）でも、ほんの少し前ここに通っていた先輩ですから、皆さんもリラックスして、いろんな質問をぶつけていただければと思います。自分が書く上で参考になることがいっぱいあると思います。受付に、お二人の受賞作二冊を並べています。非常に読み応えがあります。僕はこの一週間この二冊に没頭していたんですが、やっぱりうまいですね。こういううまい小説からは書く上でのコツや表現をいろいろと盗めると思います。ぜひ読んでいただきたいと思います。

奈良美那さんが文学学校に在籍されていたのは、一九九四年から九九年にかけてです。もう十年ほど前になりますが、実は在籍されている五年半の間に、すでにこういう本を出しているんですね。『風に抱かれた鳥』上下二巻です。「韓国のパンソリに生きた女の愛と恨（ハン）の一生」という帯がついています。これは自費出版だったんですよ。そうとうお金をかけて出されたと思います。その他に在校生特集号に二回か三回、作品が選ばれて掲載されています。それから、韓国の小説の翻訳を「樹林」に発表されたこともあります。文校を出てからは、玄月さんなども参加している同人誌「白鴉」に参加されて、そこに発表した「からい血」というやはり韓国ものの作品だったと思いますが、これで神戸ナビール賞を受賞しています。そういう積み重ねがあって、今回の日本ラブストーリー大賞を受賞されたということです。受賞作『埋もれる』は宝島社から刊行されました。同じ出版社から次の単行本が近々刊行予定だそうです。

朝井まかてさんは、実は僕のクラスに在籍されていた方なんです。ほんの二年ほど前のことです。今回の『実さえ花さえ』は小説現代長編新人賞の奨励賞、つまり第二席だったんですが、講談社が本にしてくれました。これは例年のことのようですが、その代わり奨励賞の賞金はないそうです。大賞の方は三百万円もらえるみたいですが。ご本人はとても謙虚な方で「次点で賞金はなくても、とにかく本にしてくれたのが嬉しい」と言っていました。旦那さんとせっせと本屋廻りをして、できるだけ目立つところに置いているそうです。(場内笑声) 今回の受賞作の冒頭百枚部分の原型は、「樹林」在校生特集号に載ったものなんです。二〇〇六年の十二月号ですから、ちょうど二年前の在特号ですね。その時は「われら、勝手につき」というタイトルで、筆名も本名でした。僕のクラスにいた時、一年間で四百枚書いたんですが、その最初の第一章が「樹林」に載ったことになります。両方を読み比べてみましたが、これがまったく違うんですよ。応募する段階で推敲しているし、出版前にも編集者とのあいだで推敲を繰り返したはずだと思います。僕は今金曜夜のクラスを担当していますが、その授業で両方の出だしの部分を比べたりしました。どういうところを推敲しているか、皆で読み比べてすごく勉強になりました。

そういうお二人です。さっきも言ったように非常に緊張されていて、こういう大勢の人の前で話をするのは初めてらしいです。今後はいろんな場に出ていって、文学の話をしてもらわないといけない人たちだと思うんです。今日は質問を十ほど用意していまして、事前にお二人にはお伝えしていますので、きっと答えを考えてきていただいていると思いますが、まず少しだけ自己紹介というか、第一声を発してください。

奈良　こんにちは、はじめまして。奈良美那と申します。ごめんなさい。私は目がものすごく悪いので、皆さんのお顔が見えません。緊張がほぐれてちょうどいいのですが、どなたがいらっしゃっているかわかりません。お知り合いの方がいらっしゃっていても無視しているわけではないので、どうぞお許しください。この度、日本ラブストーリー大賞をいただきまして、作家デビューすることができました。いいお話ができるかどうかわかりませんけれども、どうぞよろしくお願いいたします。（場内拍手）

朝井　朝井まかてです。よろしくお願いします。今年の夏に「小説現代」の奨励賞をいただいて、有難いことに出版していただいたのですが、私はまだ作家じゃないです。駆け出しの卵なので、これから頑張っていつか胸を張って作家だと言えるようになりたいと思っています。ど

うぞよろしくお願いします。（場内拍手）

●ペンネームの由来

小原　これから十ほど質問をしてお答えいただきます。その後、皆さんとの質疑応答の時間を用意します。だんだんと面白い質問をしていきますが、最初は凡庸な質問からいきます（笑）。

お二人ともペンネームなんですよね。その由来みたいなことをお話しいただけませんか。奈良さんの方は、もうずっと前から「奈良美那」で通されています。朝井さんは今回初めて「朝井まかて」を名乗った。在籍中、「樹林」に作品が載った時には本名の金井智恵子さんになっています。ペンネームって大事ですよね。やっぱり作品とマッチしないペンネームというのは、よろしくないんでね。僕はこの二冊を読んで、作品世界とよくマッチしたペンネームだと思っているんですよ。一言でいうと「朝井まかて」というのはキリッとした感じじゃないですか。それに対して、「奈良美那」というのはちょっとねっとりした感じなんですよ。（場内笑声）ペンネームから受ける印象がですよ。作品世界がまさしく「キリッ」と「ねっとり」という感じなんですが、いかがですか。

奈良　今はじめて「奈良美那」という名前がねっとりしているというご意見を伺って、すごく嬉しかったです。私はねっとりとした作品を書きたいと思って、それをねらって書いていますので。ペンネームを付ける時にはそこまで考えていなかったんですけれど。なぜ「奈良美那」

になったかと申しますと、私は一九九二年に韓国に留学していたんですけれど、その一年がこれまでの人生の中で一番楽しい一年だったんです。韓国人の友だちに「本名では呼びにくいから韓国名を作ってくれ」と言われて、その時に考えたのが「ナミナ」という名前でした。すごく言いやすいし、今風の名前だし、とても気に入っていたので、それをペンネームにしようと思いました。

朝井　「朝井」というのは、実は浅田次郎さんが「ペンネームを考える時に五十音の早いほうにしておくと、書店の目立つところに並ぶ」というようなことを何かに書いておられたんです（笑）。私はペンネームをゆっくり考える時間がありませんでした。応募の直前に、やっぱり本名で出すのは嫌だなと思って急遽考えたんです。五十音の早い名前でと考えると、「朝」という漢字がとても好きだったんです。一字の中に、お日様とお月様が両方入っているでしょう、それで「朝井」にしようと思いました。「まかて」というのは、せっかく作品世界と一致すると褒めていただいたんですが、実は江戸とはちょっと違っていて琉球の昔の女の人の名前なんです。自分なりの思い入れがありまして、その名前にしました。ただ、憶えにくいみたいで、「まかて」を「まてか」とおっしゃる方も多く、名前の由来もよく聞かれます。もう少しわかりやすい名前にした方がよかったのかなと思ったりしています。

小原　変えるつもりはないんでしょう。

朝井　そうですね。もう、これで行きます。

小原　次の質問にうつります。奈良さんの場合は、受賞されたのがラブストーリー大賞ということで、ジャンルとしては明確ですよね。ラブストーリー大賞に応募するために書いた作品なのかどうかということをお聞きしたいのですが。それとも最初に作品を仕上げて、これだったらラブストーリー大賞にいけるんじゃないかと思われたのか、どっちなんですか。

奈良　これは明確にねらって書きました。去年の三月ぐらいに、前年の受賞作である上村佑さんの『守護天使』の広告が新聞に大きく載りました。その時に初めてラブストーリー大賞というものがあるのを知って、私は今までずっとラブストーリーにこだわって書いてきましたので、応募するならこの賞かなと思って、それをねらって書きました（笑）。

小原　実は奈良さんが最初に応募したのはこの賞ではないらしいので、落選された体験についてもお話ししていただくと、皆さん、気が楽になるのではないかと思うのですが。

奈良　はい。死ぬほど落ちています（笑）。一次落ちということも何度もありました。十年前に自費出版をしていまして、友だちは何人か読んでくれて、文校のクラスでも読んでいただいて大変有難かったんですけれども、あまり評判にはなりませんでした。これだけ長くやって、ずっと一次落ちが続くと「もう私は一生作家にはなれないだろう」と思っていました。

小原　奈良さんが自費出版された作品は文校の図書室に入っています。十年間でどのくらいの人が読んだのかわかりませんが、今日のお話を機に借りていただけたらと思います。

同じ質問、朝井さんはどうでしょうか。小説現代長編新人賞はまだ第三回ですが、「小説現代」は昔からある雑誌で、主催している文芸賞も昔からあって、文校のOBが一席を取ったこともあります。ただその頃は短編の賞で、長編になってからは第三回ということですよね。募集要項を見てみますと、いろんなジャンルを受けつけています。時代ものでもSFでも、それこそ純文学みたいなものでもいいんでしょうか。「小説現代」だからそうでもないのかな。朝井さんは、この賞をねらって書いたということはありますか。

朝井　いいえ、まったく。文校に通っていた頃は作品を一年の間に四回出す機会があって、その時に受賞作のもとになる作品を書いたのですが、その後一年は仕事が忙しくなり、学校には籍を置いているものの出席はできない状態になったので、フラストレーションが溜まっていたんですね。それで休日や仕事の合い間に少しずつそれまでに書いた原稿をいじくってたんです。でもこのままいくと、ずっとこの作品を触っていることになると思って、いっそ思い切って何かの賞に出した方が手放せるんじゃないかと思いました。次の作品を書くために、応募したようなものなんです。

ですから賞のことを何も知らなくて、たまたま締切が近かったのが松本清張賞でした。今から考えたら畏れおおいことなんですけれど。もう明日が締切という時、作品を綴じて送ろうとしている私の横でネットを見ていた夫が「大変や。あれはプロも出す賞や」「ええっ、それはあかんわ」（笑）ということになって。その次に締切が近かったのが、たまたま今回の賞だったんですね。そんなわけで〈傾向と対策〉は一切行わずに出したので、去年の受賞作品が、ちょうど江戸時代の、しかも同じ園芸を扱った作品だということは、応募後に知りました。出版社では去年の受賞作の傾向に当て込んで書いてきたのだろうと、そういう作品を最終候補に残すのはいかがなものかという意見も出たらしいです。後で聞いた話ですけれど。なので、皆さんが賞に応募される時には、やはり〈傾向と対策〉はきちんとなさるべきかと思います。すみません、当たり前のことを私がしていなかっただけですね（笑）。

小原　朝井さんは僕のクラスにいたという話をしましたが、クラスの皆もこの小説やったら応募した方がいいんじゃないかと言っていたんです。僕もその一人なんですけれどね。ちょっと正直すぎる言い方になるかも知れませんが、もう何年かクラスを持っていますが、「これは賞に近いだろう」と思うような作品はそんなにありません。だけど朝井さんの作品に関しては、「もし応募したら、最後の五本に入るよ」と彼女にも言っていました。だけど、本人はあんまり出す気もなかったみたいでしたね。

次の質問に行きましょうか。さっき文校に在籍していた時期についてはお話ししましたが、これまで書いてきたキャリアについて、それから書き手になるためには読書というものが非常に大事だと思うので、どういう読書傾向でどれだけの分量を読んでこられたのかということをお聞きしたいと思います。

●書くこと読むこと

奈良　学生の頃から書いていましたが、作品と呼べるようなものではなくて、本格的に書き始めたのはやはり文校に入ってからでした。でも、その時にもろくな作品はなくて、「白鴉」に入ってから、誌上に載せてもらいたいという一心で一所懸命書いたんですが、長編ばかり書いていたので完結しなかったんです。ずっと載せていただけなくて、三年目か四年目に初めて百五十枚くらいのものを載せていただきました。書き始めたと言えるのはそれからでしょうか。読書については、若い頃はろくに読んでいなくて、やはり文校に入ってから「書くためには読まなきゃいけない」ということで、好きな作家から濫読していきました。その頃は宮本輝さんが大変好きで「螢川」などは何度も読み返しました。最近は小川洋子さんと角田光代さんと石田衣良先生と（笑）。

小原　石田さんは今回の選考委員のお一人ですね。

奈良　それから、田口ランディさんなんかが好きです。昔の作家でいうと林芙美子と幸田文、あと岡本かの子が好きです。谷崎潤一郎も好きです。アメリカの作家でトルーマン・カポーティという人もとても好きです。それから、これは雑誌で読んだのですが、浅田次郎さんは一日一冊は読むようにしているし、桜庭一樹さんは一日二冊くらい読むと書かれていて、やっぱり作家は読まなきゃいけないんだなと肝に銘じて、今でも時間を見つけていっぱい読むようにしています。

小原　朝井さんはどうですか。

朝井　子どもの頃から身のまわりに文字があれば読むという感じで、やはり濫読雑読でした。「好きな作家は誰ですか」と言われたら、今は漱石と答えています。若い頃はアーウィン・ショーも好きでしたし、カポーティやブラッドベリも好きでした。ただ、文校に入って驚いたのですが、小説に関しては皆さんすごくよく読んでいらして、志賀直哉なども文校の仲間に「意外といいよ」って勧められて（笑）読んでみたらほんとうによくって。神社仏閣と同じで、中学生のときにはピンとこなかったことが大人になってすごく胸に響くということがよくありますよね。今は翻訳ものを読んで疲れたら漱石や樋口一葉、志賀直哉を読むという、そんな親しみ方をしています。それから、私は小説以外の専門書を読むのがとても好きです。研究書とか、そういうものをよく読んでいます。

小原　朝井さんの受賞作『実さえ花さえ』の後ろに参考文献が上がっていますが、数えたら二十六冊もありました。たぶん園芸の専門書が中心だと思います。彼女が在籍していた頃はクラスの人同士が大変親しくしていまして、いっぺんクラスの十名ほどで朝井さんのお家にお邪魔したことがあるんです。ホームパーティというのかな。ああいう席に招ばれたのは僕は一生に一度しかないんだけれど（笑）。そのときに二つ驚いたことがあります。まず、二階のベランダが広いのなんの。それこそ蝶も鳥も来るような庭がベランダにあるんですよ。そこにいろんな花や木を植えている。もう一つは、僕らは居間に通されたんですが、そこに江戸時代のことを書いた専門書がこのぐらい（手を広げて）あったんです。小説じゃなくてですよ。大したもんやと思いましたね。クラスで一緒になって半年くらい経った頃ですから、彼女の創作の秘密を知ったような感じがしましたね。

では、次の質問に行きたいと思います。今の質問と関連するかと思いますが、実際の自分の体験や読書傾向と今回の受賞作とは関連があるかどうかについてお聞きしたいと思います。

奈良　実体験についていいますと、韓国に留学していたということと転居が多かったところはその通りですが、他は全部フィクションです。今思いますと、実際に体験しているところはどうしても濃くなってしまうので、自分では転居について書いたところが異様に膨らんでしまったような気がします。そこはちょっと失敗したなと思っているので、いっそ全部フィクションで書いていったほうがよかったのかなと思います。それから、読書傾向はあまり作品に反映されていない気がします。『埋もれる』に関してはそうですね。先ほど挙げた作家の中で官能的な作品を書く作家というのは石田衣良先生と谷崎潤一郎くらいですが、作品のタイプは全然違いますし、全体的に「この作家は好きだけれど自分の作品とは関係ない」という感じです。

小原　今〈官能的〉という表現が出ましたが、奈良さんの作品はほんとうに官能の部分が色濃いんです。真ん中ぐらいからかな。もう凄まじいですわ。朝井さんの作品にもそういう部分はあるんですが、十行ぐらいです。では朝井さん、お願いします。

朝井　あの、一応誤解のないように説明しておきますが、さっき小原さんがおっしゃったマンションは賃貸です。お金遣いだけは江戸っ子なんです（笑）。今はまた別の賃貸のお庭がついている家が見つかって、そこに樹木と一緒に引っ越して育てているんですけれど、そういったことは子どものときから好きでしたね。江戸の園芸についてはもともと興味があって、小説を書くようになる前から趣味で調べていました。それが今回の作品の下敷きになったりしています。たとえばムラサキシキブという植物は、江戸時代の植木商が名もない樹木に命名して売り出したのが世に出るきっかけだったという史実があります。いわばネーミングの勝利だったという史実を知った時、「ああ、面白いな」と思って、いつか小説を書けるようになったら作品に盛り込みたいと思っていました。それからソメイヨシノは、皆さんもご存じのとおりクローン桜ですよね。真っ当な庭師さんには毛嫌いされています。クローン桜で蜜が少ないから鳥が来ない、だから毛虫が多い。「ソメイヨシノのせいで、桜全部が誤解されるんだ」と言われます。私も生態系には役立たない植物というイメージを持っていたんですが、そのうち「せっかく生まれてきたのに、なんて切ないのだろう」と思うようになって、そのことについてちゃんと考え、書いてみたいと思っていました。そういうつながりがあります。

小原　まあ、植物の話は当然だと思いますが、小説を読んでいて感じるのは、料理にも詳しい。江戸時代の料理ですよ。それから吉原の遊女も出てくるんですが、その人たちの衣裳なんかについてもすごい調べているなという感じがします。だから、着る物や料理にも関心がある方かなと思ったんですが。

朝井　そうですね。着物模様や生地については私自身の好みで書いています。この登場人物はどんな着物を着る人だろうとあれこれ考えるのは、とても楽しい作業です。でも嘘ではいけないので、浮世絵の展覧会などで絵に接して当時の柄行きとかを勉強している……というよりも洋服も含めて着るものが好きなので、そういうことを自然に吸収してるんですね。お料理も上手かどうかは別にして（笑）、あり合わせの材料で作るのは好きです。

●長編小説の書き方

小原　長編小説を仕上げる秘訣についてお聞きしたいと思います。皆さん、長編を書きたいけれど、なかなか難しいと思っている方は多いようです。何か、アドバイスみたいなことをお願いします。

奈良　私は逆に短編が書けない体質で、何を書いても長くなってしまいます。なので、アドバイスになるかどうかわかりませんが、長編を書いていて一番楽しいのは、その世界にどっぷりと浸かってずーっとそこにいつづけられることだと思います。長編を書くということは、キャラクターと一体化して同じ体験をすることができる。その楽しみがずっと続くということだと思います。だから、どちらかというと、冷静になるというよりは、どっぷり浸かって一緒に泣いたり一緒に怒ったりする。それを楽しむという感じだと思います。

朝井　長編に仕上げる秘訣は、私にはわからないです。なりゆきで長くなってしまったので

（笑）。初めて書いた作品をクラスの皆が読んでくれて批評してくれただけで有難くて、私、泣いたんですよね。ほんとうにボロボロ涙がこぼれるほど嬉しくて、それで調子に乗ってしまって「この続きを書きます」と宣言してしまったんです。口に出した限りはやらないといけないので懸命に書き継いでいったという、そういうなりゆきなので……。ただ、奈良さんもおっしゃっていたけれども、短編を書くということをイメージした時に、短編と長編がまったく別物だろうという想像はつきます。で、短編は非常に難しいんじゃないかと。イーユン・リーさんの『千年の祈り』（新潮社）という短編集を読んだのですが、それがすごくよかったので「こんな短編ならいつか書いてみたいな」と憧れているんですけれど。

小原　ちょっと前後するような質問になるかと思いますが、書くときに、これは今回の受賞作のことでもいいのですが、資料にあたったり取材したりということはあったんですか。

奈良　今回の作品で言いますと、主にインターネットを使いました。作品が現代物ということもあって、本に書かれた資料はどんどん古くなっていきますから。例をあげますと、作品の中に韓国独特のオフィステルという建物が出てきますが、それを書くために韓国の不動産会社のホームページを見ました。そこには部屋の間取り図などもいっぱい並んでいますから、どういう部屋にしようかというところから決めました。軍事オタクのミリタリーショップも出てくるんですけれど、それも実際に韓国のミリタリーグッズを売っているサイトを見てイメージしました。人に取材するということもあります。第二作はアロマテラピーが絡んだ話なので、知り合いにアロマテラピーの先生を紹介していただいて、いろいろとお話を伺いました。

朝井　一行書くために丸一日調べたこともありますね。時代小説を書く場合は、誰に何と教えられたわけでもないのですが、ネットで調べてはいけないような気がしています。というのはネットに書かれていることは孫引きが多くて、私などが見ても明らかに間違っているような情報もあるんです。かといって古書店で一次資料をあたったり、大学の研究論文にあたらないといけないかというと、これがもし歴史小説の場合なら、そういうものを踏まえた上で作者独自の発見がいると思いますが、時代小説というのはそこまでこだわる必要はないのではないか。あくまでもエンターテイメントなので、一般に出ている研究書をもとに、自分なりの考えをまとめるようにしました。

●執筆時間をどのようにつくるか

小原　では、次の質問にいきます。執筆時間をどのように確保していますか。これは皆さんが悩んでいるところなんですよね。皆忙しいですものね。

奈良　私は今ほんとうに恵まれた立場にありまして、専業主婦で他に用事もないという状態なので、時間をたっぷりと充分にとることができます。逆に、これから何かが起こって書く時間がとれなくなった時、どうやって時間を作るのか。私にとっては未知のことなので不安がありますね。

朝井　私は時間を確保することが非常に厳しい状況です。仕事をしながら、小説も書いていかないといけないので。理想としては金・土・日を小説にあてられたらいいなと思っているのですが、とてもじゃないけれど今は無理です。書くこととはまったく違う仕事をしていたら、夜に小説を書くのも新鮮かも知れませんが、丸一日言葉と格闘していて、それが終わってからまた小説を書くというのは、もうへとへとになっているのでどうしても無理ですね。文校生の時は連休、お盆休み、お正月のお休みなど、まとまった休みを執筆にあててきました。これからはどうするか、ちゃんと考えねばと思っています。

小原　ちょっと補足しますと、朝井さんは書く仕事をされているんです。もう二十五年以上ライターをされていて、今は旦那さんと一緒に制作会社を営んでおられます。では、次の質問にいきましょうか。今回お二人の受賞作が刊行されたのは、講談社と宝島社。どちらも東京の大手の出版社ですよね。担当の編集者とやりとりをしながら最終的に作品を仕上げていったと思いますが、どういうふうなやりとりをされたのか。相当厳しく直されるのか。編集者の言うことを聞きたくないこともあるのか。かなりシビアなやりとりがあるかと思いますが、いかがですか。

●担当編集者とのやりとり

奈良　『埋もれる』に関して一番言われたのが〈キャラクターの造形〉ということです。宝島社では明確に〈エンタメ〉ということを打ち出していますので、誰が読んでもわかりやすいものということを求められました。だから、「キャラクターの性格付けをきっちりとしてください」と言われて、書き足した部分がかなりあります。それから、これはどんな作品にも言えることですが、語句の間違い——このままでは意味が通らないとか、読者に誤解されるとか、そういう部分も指摘されました。それから、自分の意思をどのくらい通すのかということですが、言われたとおりに書き直すことによって、その場面の意味が違ってきてしまったり、登場人物の行動の意味が最初に意図したことと違ってきてしまったりする場合は困るので、それだけは相談して決めました。

朝井　私も原稿に細かく朱を入れられるということはなくて、選考委員の先生たちから出た意見で公になっていないもの、その中から担当の編集者さんが自分も同意見だというものに関して、「ちょっと検討してみてください」ということになりました。そういう検討事項が三つ四つ出ました。「難しいな」と思う箇所もありましたが、結果的には全部チャレンジしてよかったと思っています。掘り下げが足りなかったところと駆け足になっていたところを、今でもまだ駆け足ではあるのですが、ちょっとでも書き込むことができました。

ただ一箇所、私にとってすごくこだわりのある場面を削除したらどうかと言われました。登場人物にとって人生の厳しい部分に遭遇する場面だったので、カットした方が読者も爽やかに読み終われるんじゃないかと編集者さんからかなり言われたのですが、それだけはどうしても削りたくなかったので、話し合って話し合って結局残しました。出版してから「あれはやっぱり残してよかったですね」と言ってくださったので、結果オーライでした（笑）。

小原　あと、タイトルのことでも、ちょっとやりとりがあったというふうに言われてましたね。

朝井　そうですね。最初は『実さえ花さえ、その葉さえ』というタイトルだったんですけれども、長すぎるということで、出版社のＯＫが出なかったんです。代案はいろいろと考えましたし、編集者さんも熱心に協力してくださったのですが、私は〈いかにも時代小説〉というタイトルだけは避けたくて、駆け出しなのに生意気だと思われるリスクもありましたが、その意向だけははっきり伝えしました。お蔭で、装丁にはまったく関与しなかったのですが、時代小説っぽくない雰囲気のものに仕上げてくださったので、とても嬉しく思っています。

小原　奈良さん、すごく熱心にメモを取りながら朝井さんの話を聴いておられますね。皆さんも、しっかりメモを取っていますか（笑）。では、次の質問に行きます。今日の特別講座のテーマを「小説を書く喜びと苦しみ」としていますが、それに関する質問です。まず「喜び」の方なんですけれど、小説を書く道を選んでよかったこと、嬉しかったことをお話しいただけたらと思います。

●書く喜びと苦しみ

奈良　私は長編を書いていると、どっぷりとその世界に浸かってしまうタイプなので、書いている間は脳内麻薬がドバドバ出ているような状態になります（笑）。それが自分にとっては大変嬉しいのですが、この本が出たことによって、まったく私の知らない読者からの反応がいただけたということがすごく嬉しかったです。

小原 朝井さんは、どうですか。

朝井 まだ読者の反応は全然わからない状態なのですが、友人や知人以外の方が買って読んでくださったなら、やっぱりものすごく嬉しいですね。

小原 ちょっと答えがずれてきていると思う、書いている最中の喜びとか、そういう話をしてください。売れたとか、そういうことじゃなくて（笑）。

奈良 書いている最中の喜びっていうと、やっぱり脳内麻薬が出てトリップしているという話になってしまうんですが、でも実際そうなんですね（笑）。だから、官能の場面を書くのが好きということもあるんですけれども。

小原 書くのが好きなんですね。

奈良 そうですよ。するのが好きなんじゃなくて、書くのが好きなんです！（場内笑声）だから逆に、悲しい場面を書くと、ちょっとやばい状態になってしまって鬱になりかけてしまうこともあるので、気をつけないといけないと思っています。

朝井 私は明確に長編の構想を持たずに書き始めたのですが、書いているうちに、勝手に物語がうねったり収束したりする瞬間が何回かあって、それは「書き始めてよかったな」と心から思える瞬間でした。

小原　逆に苦しんだり行き詰まったりすることはありますか。

奈良　苦しいのは、自分の欠点がわかる時ですね。いったん完結するまでは脳内麻薬が出ている状態で、どこが悪いとかいうことはあんまりわからないんですけれど、推敲し始めると悪いところだらけで、こんなものを人に読んでもらえるんだろうかと思って、すごく落ち込みます。そのときが一番辛いです。悪いところをよくしようと思って一所懸命推敲するんですけれども、直しても直しても悪いところがいつまでたっても残っていて、ほんとうに最後まで残っています。まさに〈推敲地獄〉という感じです。

朝井　私はこれからの課題として、「悪をどう書くか」ということを選考委員の花村萬月先生に言われました。善人の中の悪は書けていると思うから、今度は悪人を書けるようになりなさいと。確かに文校のクラスの人にも「登場人物、いい人が多いですよね」と言われたことがあって、ああ、そうやなあと思いました。第一章を書いたときに言われたんですけれど、そういう傾向は終章まで残っていて、これからそのことにどう向き合おうかと思っています。たぶんかなり苦しいことになるだろうと思います。

小原　ここでちょっと趣向を変えて、僕からの質問ではなく、お二人でお互いに質問をぶつけ合うみたいな感じで、お話しをしていただけたらと思いますが……。

奈良　（朝井さんに）ご職業がコピーライターだと伺ったのですが、私の知り合いにやはりコピーライターで小説家になろうとしている方がありますす。その方とお話ししていると、やっぱり文章のプロだから、私たちが小説を書きたいと思って始めたのとは全然違う感じがするんですね。朝井さんは、コピーライターをされていることが文章を練り上げるのに役だったと思われますか。

朝井　そうですね。自分ではよくわからないんですけれども、〈文章に責任を持つ〉ということについては、二十何年間、これだけでご飯を食べてきたので、その姿勢が身に付いているかなと思います。ただ、逆にコピーライターというのは、必ず文章の対象になる商品があるわけで、まず企業の思想なり、売りたい商品なりがあって、どんな導入であっても最後は必ずそこに向かって帰結させないといけないんです。その癖が自分の小説に出るんじゃないかと。つまり、予定調和ということになりますが。そこを区別していくのが、コピーライター出身者の課題としてあるんじゃないかと思っています。

奈良　そういうこともあるんですね。

朝井　私だけの傾向、課題かもしれませんけれど。

奈良　私の知り合いの方も、そう言えば「これは予定調和じゃないのか」と批評されていました。

朝井　文校で在特号に掲載していただいた時も同じ批評があり、一方でエンタメは予定調和でいいのだと言ってくださるチューターもいて。ただ、少なくともそう感じさせないように書かねばならない、ということでしょうね。

奈良　一般的な話ではないかも知れないですけれど。ただ、その人とお話ししている時に、今朝井さんがおっしゃった〈言葉に対して責任を持つ〉という態度がすごくはっきりと伝わってきて、とても勉強になりました。もう一つお聞きしたいのですが、江戸時代と江戸の町の魅力はどこにありますか。質問がざっくりしすぎていて難しいかも知れませんが。

朝井　そうですねえ、うーん。たとえば、戦国の世がおさまって、いらなくなったものの一つが鉄砲ですよね。でも、火薬の技術は残っている。いったん磨かれた火薬の技術を、江戸の人たちは花火に使ったんですよね。そういう実利に関係のないことに一所懸命になる江戸の人々が好きです（笑）。

奈良　ああ、素敵ですねえ。うちの主人の車にピーピーピーって鳴る機械が付いていて、何のために付けられたものか、私にはよくわからないんですけれど、主人の話では戦争の技術によって作られたものだということでした。戦争で不要になったものにも、平和な生活の中で果たす役割があるんですね。

朝井　江戸の人たちの遊びに必死になる部分が、私は面白いなと思っています。

奈良　私がお聞きしたかったことは以上です。

朝井　私はこれから二作目を書かなければいけなくて、今お尻を叩かれてちょっと途方に暮れているんですけれど、奈良さんはもうすぐ出版ということですので、二作目を書く秘訣をぜひ伝授していただきたいんですけれど（笑）。

●二作目の秘訣

奈良　先ほどお話しの中で、締切が大事だとおっしゃっておられましたが、締切に追い立てられるというのも一つの大事なプロセスかなと思います。私の場合は二作目のストックが全然なかったので、今年の三月、授賞式に出席するために東京に行ったとき、編集の人から「第二作は今年中に出しましょう」と言われて「どうしよう」と思いました。帰りの新幹線の中でずっと何が書けるだろうと思っていたら、大阪の環状線まで帰ってきたとき、前の席に宅建のテキストを持った女の人が座ったんです。それを見た瞬間、自分が学生の頃簿記を勉強していたことを思い出して、不安を抱えて何かを勉強するということ、何か資格がないと社会に出られないんじゃないかという心理を主題にして書いてみようと思いました。そのヒントが生まれたのは、締切に向かって自分を追い込んで必死に考えたからじゃないかと思います。

朝井　受賞して第一作目を出版していただくと、次が勝負だということは自分が一番よくわかっているんです。その分、肩に力が入るんですね。授賞式でいろんな先生たちに「五作目まではあまり質にこだわらずに、とにかく書きなさい」「だいたい皆が二作目で詰まるのは、一作目よりもいいものを書こうとするからだ」、そして「とにかく書き続けたら、読者があなたを作家にしてくれるんだ」と言われたんです。それはもう、肝に銘じる言葉となりました。ただ、今の私には〈質にこだわらずに書く〉というようなコントロールができないんです。全力でしか走れない。出来がいいか悪いかは、結果でしかないような気がして。そのあたり、どう思われますか。

奈良　できないです。やっぱり、肩に力が入ります。同人誌の先輩に玄月さんがいらっしゃるので、「絶対肩に力を入れたらあかん」という話は伺っていて、一所懸命自分にそう言い聞かせていたんですけれど、こんなものを世の中に出したら笑われるんじゃないかとか、恥ずかしいとか、やっぱり思ってしまうんですよ。それによって、ちょっと体調を崩したりしました。自分のストレスによって体調を崩していることに、自分で気がつかなかったんですけれども、まったく畑違いの仕事をしている友だちが「あんた、それストレスや」って言ってくれたことで、それを自覚することができました。そのときに、「力を抜いて、もし笑われたっていいんと違うか」って思えるようになりました。

朝井　覚悟を決められたということですね。どのくらいの期間で、どのくらいのボリュームのものを書かれたんですか。

奈良　三月、帰りの電車の中でヒントは見つけたんですけれど、書き始めるまでに二カ月くらいかかって、それから二カ月くらいで三百枚くらい書きました。その段階ではものすごく内容が薄かったので、それから書き足して書き足して、だいたい出来上がったのが九月くらいでした。

朝井　ありがとうございます。（司会者に）……ということで、掛け合いは終わったんですけれど（笑）。

小原　では、次の質問に行きます。今もちょっと話に出ていたのかも知れませんが、今後の抱負をお聞かせいただきたいと思います。奈良さんの方は、十二月に二冊目の小説が出るそうです。そのPRもしてください。

奈良　ではありがたく、まず宣伝をさせていただきます。予定では十二月十日になっているんですけれど、もう少し先にずれ込むかも知れません。『ラベンダーの誘惑』という二作目の小説を出させていただくことになりました。これはアロマテラピーにはまった女の人の話で、自分の学生時代の依存心というものを主題にしています。これもちょっと、いや、ちょっとではないかも知れませんね……かなり官能的な話になっています。今後の抱負は、書き続けていきたいということです。ずっとプロでいられなくてもいいので、とにかく小説と常に関わっていけたらいいなと思っています。

朝井　私も年内に下調べと取材は終えて、年明けから書き始めようと思っています。小説現代長編新人賞の次の受賞作が決まるまでには次の作品を出すという不文律があるみたいで。出版社から「書け」と言っていただけるのはとても有難いことなので、私もこれから長く書いていきたいと思っています。

小原　構想があると思いますが、次回作も江戸の園芸ものになるわけですか。

朝井　園芸ではないんです。それは「自己模倣に陥るかも知れないので避けましょう」と、出版社との話し合いで決まりました。ですが、園芸にもかかわりの深い世界の時代小説です。

小原　編集部から「現代の恋愛物を書け」というような注文はなかったですか。

朝井　「短編でもいいので、現代ものや大阪ものはどうでしょう」と言われたんですが、「書いたことがないので、書けるかどうかがわからないんです」とお返事をしました（笑）。

小原　もうそろそろ、僕が用意した質問はおしまいに近づいてきました。お二人とも文学学校で学んできたわけですが、どんなところが役に立ったと思いますか。あるいはその逆でもいいんですが（笑）。「こんなくだらんところもあったよ」という話でもよろしいんですけれど（笑）。

●文学学校について

奈良　文校に来てよかったことは、自分がこの小説は面白いと思っても、他の人は面白いと感じないということもある、それがわかったということです。自分の感覚と人の感覚は違うということを勉強させていただきました。それと、一つの作品にすごくいろんな意見が出てくるということも、ものすごく勉強になりました。これは「白鴉」の合評のときもそうなんですけれど、私は「この作品の、ここの部分がすごくいい」と思っているのに、それをけなして削除しろという人もいて、まったく正反対の意見が出てくることもよくあります。そういう場というのは、他にはあまりないと思いますので、すごく勉強になりました。文校でちょっと物足りなかったところは、私がいたときには、自分の体験を書かれる方の比重が多かったので、まったく体験していないことを想像で書くという勉強がしにくいところがあったかなと思います。たとえば、SFとかファンタジックな提出作品があまり出てこないので、SFをすごく書きたいと思っている人にとっては、ちょっと勉強しづらい環境かなという気がします。

朝井　私の場合は、クラスのメンバーに恵まれていて、書く作品がバリエーションに富んでいたし、皆懸命に書いてきて懸命に批評し合うスタンスがきちんとあったことが、とてもよかったです。今、本になった作品を読み直してみても、「あ、ここは○○さんに指摘を受けて書き直したところだ」とちゃんと憶えているんです。やっぱり、あれは私一人で書いたものではないな、文校の皆に書かせてもらったなと、そう思っています。それが一番よかったところですね。まずは締切があったので、コピーライター体質としては、締切があったことで書けたということもあります。チューターの小原さんも一人ずつに合わせて、上手になだめたりすかしたりしてくださったんです。最初、私がもぞもぞしていたら、「あんたも物書きのはしくれやろ。書け！」って言われて、それで私も火がついた（笑）。物足りなかった点はないんですが、あったとしたら時間の制約ですね。このことについてはもっと議論したいなというおもしろいテーマがいっぱい出てきても、途中で時間切れになることが多くて、それはとても残念なことでした。

小原　最後の質問です。今小説を書いている、また、これから書こうとしている皆さんへのアドバイスをお願いします。

奈良　私が石田衣良先生にいただいたアドバイスをさせていただきます。とにかく書き続けること。とにかく出し続けること。それは玄月さんもおっしゃっていましたね。「新しい作品をどんどん書いていけ」と。「ストックを出すんじゃなくて、新しく書いて行け」とおっしゃっていました。それは、ずっと自分の肝に銘じています。

朝井　合評に出した作品は、皆に批評を受けますよね。それは必ず書き直して完成させてから、次の作品にいってほしいと思います。これは奈良さんへの反対意見ではなくて、どんどん次へ進むためにも手元の作品を批評を受けたまま放置するのは、すごく勿体ないことだと思うんです。自分の気持ちにそぐわないことを言われても、いざ書き直してみたら「なるほどな」と思うことがあるし、気持ちだけで撥ねつけるんじゃなくて、とにかくやってみるということ。それは、プロになった時に、編集者さんとのやりとりで絶対に必要になる能力だと思います。本一冊にはたくさんの人間がかかわるのでコミュニケーション力も大切でしょう。編集者の言ったことをどう受けとめてどう反映するか、もしくはどう闘うのか。文校の合評の場やその後の書き直し作業は、いい訓練になると思うんですけれど。

奈良　私も同意見です。批評で出てくる意見ってすごく有難いので。私がすごく悩んだのは、どの意見を採用してどの意見を採用しないかということで、これは皆悩まれると思うんですが、この作品にはどの批評がふさわしいのかという判断を自分でしないといけないから、そこがすごく難しいですね（笑）。

朝井　私も「樹林」在特号の合評会に出た時は、全然違うクラスの方から思いも寄らないことを言われて落ち込んだりもしたんですが、そのまま放っておくのは何か勿体ないような悔しいような気がしたんです。とにかく自分なりにやってみようと。どの意見を採り入れて、どの意見をスルーするかという判断力も実際にやってみないと身に付かないですよね。

奈良　私は作品を仕上げるというのは、書き上げることじゃなくて推敲することだと思うので、できればたくさんの方に読んでいただいて、その意見を反映させて、よりいいものにできたらいいと思います。ただ、そこで問題になるのは、やっぱりどこまで自分で判断できるかということで、それは何年やっても難しいです。

朝井　いろんな方がそれぞれの人生とキャリアを背負って発言していらっしゃる。批評の言葉や表現がいつも適切かどうかはわかりません。が、それを受けとめるのは自分自身です。自分が決めることなので、誰かに言われたからということではなくて、そこに自分という主体がある。だからこそ、書き直してみる価値はあると思います。

奈良　同感です。書き直しは絶対必要だと思います。

小原　僕の方からの質問はこれで終わります。これから、皆さんからの質疑応答にうつりたいと思います。

B（男性）　奥野クラスの岡崎と申します。朝井さんに一つお尋ねしたいのですが。私も江戸時代の時代小説にとても興味があるんです。当時の風俗とか言葉とか、そういう基本的なことはあらかじめ勉強してから取りかかるものでしょうか。それとも、小説を書きながら一つ一つ確認していくものでしょうか。

朝井　たとえば侍を主人公にするのであれば、侍の名前がずらりと出ている江戸時代の事典のようなものがあります。そういう基本的な資料は押さえられた方がいいと思いますが、どの時代のどういう人物を書きたいかによって必要になる資料は全然違います。江戸の初期や中頃、また幕末とでは世相や風俗が全然違いますし、まずお書きになりたいものを決めてから、資料を探されたらいいと思います。書きながらというのも何ですが、でもどれほど準備しても書いているうちに調べないといけないことは絶対出てきますので、その二段階で調べられたらいかがでしょう。

C（女性）　山田クラスの浅川です。お二人に一つずつ質問をさせていただきます。まず奈良さんに、なぜ韓国に留学されたのか。そのきっかけと、何年か韓国で学ばれて日本とずいぶん違うところがあったと思いますが、韓国で奈良さんが感じとられたものをお伺いしたいと思います。それから朝井さん、私も江戸時代のことが大好きで四百年前に生まれたかったと思っているのですが、もし江戸時代に生まれることができたら、どの時期のどういう家柄に生まれたかったか。江戸時代はとても身分社会が厳しいですよね。どんな身分に生まれたら、自分の一生が楽しいだろうと想像されたことはありませんか。私は想像してみることがあるのですが、そういうことをお伺いしたいと思います。

奈良 なぜ韓国に興味を持ったかということですが、私が学生だった頃に、南雲堂というところから『劇画韓国名作短篇小説選』という本が発売されました。たまたまそれを本屋さんで見たのですが、すごく暗い感じの絵柄で、内容も韓国の戦前の名作小説を漫画化したもので、貧困の話とか、暗いものが多かったです。当時は八〇年代のバブル全盛期だったので、ものすごく新鮮に感じました。最初は漫画家の先生に興味を持って、ファンレターを出したんです。英語で手紙を出して、たまたまその先生が日本に来られた時に、運良くお会いすることができたのですが、韓国語しかお話しにならない方だったので、その先生とコンタクトを取るために韓国語を勉強しはじめました。韓国に行って日本と違うと感じたところですが、実は私はあまりそれを感じたことがなくて、韓国に入ると自分が韓国人みたいになってしまって、全然違和感を持ったことがないのですが、あえて言うと、日本人以上に本音を出さないところがあるなということです。韓国人は直情的で、怒ったらすぐ外に出すし嬉しいときも大袈裟に出すような感じがするんですけれど、一番大事なことは口に出さないで心の中に秘めていたりするので、それが難しいなと思いました。たとえば、日本人はすぐ「ありがとう」「すみません」と言いますが、だから日本人の方が優しいんだということではなくて、韓国人も日本人も同じように優しいんですけれど、表現の仕方の違いで、韓国人の方が不親切に見えることがあるかも知れない。パッと接しただけでは誤解されるかも知れないというところを感じました。

朝井 私が江戸時代に生まれるとしたら、文化文政期以降の江戸の町がいいですね。身分制度の縛りもゆるくなっていて、御家人株を売って侍の家が商いを始めたり、逆に身上がりというのもありましたね。町人が御家人株を買って、二本差しになれたんです。そのあたり、明治政府が徳川の時代は全部悪だったと全否定したことの影響が、ずっと今も続いているんですけれども、実際には結構自由だったし、いろんなことが各藩に自治として任されていました。文化の成熟度、人として都市としての成熟度も、有史以来、最高だったと思います。ですので、できれば文化文政期あたりに生まれて、引き札屋（宣伝屋）のようなことがしたいなぁと思いますけれど（笑）。

D（女性） 飯塚クラスの井狩といいます。お二人に質問したいのですが……。先ほど好きな作家についてお聞きしましたが、プロの作家として同じようなジャンルの小説を書いていらっしゃる他の作家の方をライバルとして意識されることがあるのでしょうか。

奈良 似たような傾向のものを書いている方の小説を読むと、やっぱり意識はするんですが、あまりにもレベルが違うので精神的に追いつめられてしまいます。この人はこの人、私は私、下手なのはしょうがないと開き直るようにしています。

朝井　私はまだ意識するというほどではないのですが、文校に入って時代小説を書き始めてから、時代小説が読めなくなったというか……読むとひっぱられてしまうんじゃないかと思ったりして、だから、読んでないんです。

E（女性）　秋吉クラスの尾崎と申します。お二人に、書くことと年齢との関係についてお伺いしたいです。プロフィールを拝見すると、お二人とも中堅層くらいの年齢の方ですね。たとえば、若いときは勢いや行動力があってどんどん新しいことを思いついたり、逆に年輩の方は自分の体験をもとにして書いたりというような違いがあるような気がするのですが、そういうことについてはどのようにお考えになりますか。

奈良　私自身のことでいうと、若かったときの方が確かにいっぱい思いついて書けました。ただ、それは単に怖いもの知らずだったんだなという気がしています。年を取って経験を積むといろんなことがわかってくるので、それで作品に深みが増すということもあります。それぞれの年齢の良さがあると思います。ただ、年をとってから、ますます想像力が豊かになるという方もいらっしゃると思うので、人それぞれではないでしょうか。

朝井　私自身がそうであるかどうかは別にして、年がいけばいくほど増す能力が創造力です。年齢を経るごとに高まる力を結晶性能力というんですけれども、小説を書くということについても、それまで生きた年月は結晶となって役立つんじゃないでしょうか。実際の人生経験をそのまま書くということはエンタメの場合はまずないと思いますし、私自身もそれをしないのですけれども、それまでの心の履歴のようなものは創作の糧になることは確かだと思います。

F（女性）　小原クラスの河野と申します。お二人にお伺いしたいんですけれど、こういうものを書こうということが頭に浮かんで、そこから机に向かって書き出すまでのあいだに、プロットのようなものを立てられると思います。小説の結末までしっかりプロットを考えてから書き始めるのか、それとも、ある程度はぼんやりとした状態で書き出して、勝手に小説が走ってしまう場合もあるのでしょうか。特に長編小説の場合は、パズルのように推敲して組み立てていく作業がいると思いますが、それはどういうふうにしていらっしゃるのか、お聞かせください。

奈良　たとえばミステリーだったらプロットは絶対に必要だと思うのですが、私の場合プロットを考えることができなくて、最初にプロットを考えて書こうとすると、もうそこで詰まってしまって何も浮かばなくなってしまいます。たとえば依存的な女の人の話を書こうと思ったら、とりあえず書き始めてしまう。先が見えなくてもいいから、とにかく書き始めて、その流れにまかせるような書き方が主流です。ただ、ミステリーを書いてみたいという気持ちもどこかにあるので、そうなってくるとプロットは絶対必要なんだろうなと感じていますが、どうやって立てたらいいのかわかりません（笑）。

朝井　私も漠然としたイメージから入っていきますが、書きたい台詞とか書きたい場面とかいうのは、常にノートを持っていて、カフェでお茶をしている時でも思いついたらメモしたりするようにしています。そういうものが溜まってきたときに動き出すという感じがあります。それから、登場人物それぞれの人格や、この人はこういう生き方をしているということを自分なりに決めているので、こういう出来事に遭遇した時、この人はどう感じ、どんな動き方をするだろうと考えるようにしたら、物語が先に進むようになりました。

G（男性）　飯塚クラスの脇と申します。お二方ともにお伺いしたいんですが、作家の方が作家としてやっていく上で、もっとも心がけておかなければいけないのはどのようなことであるとお考えですか。

奈良　これもまた人の受け売りになってしまうんですが、私がデビューした時に玄月さんが「絶対に舞い上がったらあかん。絶対に肩肘を張ったらあかん」というふうなことをおっしゃいました。私は自分でも肩肘を張ったらあかんとわかっていたつもりだったんですけれど、でも、自分の作品を見て「こんなに下手だ」って身体をこわすまで落ち込むということは、やっぱり肩肘を張っていたと思うんです。なってみないとわからないことかと思いますが、常に平常心でいるということが大事なのかなと思います。

朝井　そうですね。私も自戒を込めて、奈良さんがおっしゃった〈平常心〉ということはあると思います。選考委員の石田衣良先生にも「生業を持っているなら、三年は生業を捨てずにやりなさい」と言われました。「丸一日小説のことを考えるようになると、新人のうちは煮詰まるよ」と言われて、「ああ、そうかな」と思いました。書き続けるために生業を持つということを、最初は心がけようと思っています。その後のことは、まだわからないです。

H（女性）　平野クラスの田中と申します。私も書いていてその世界にいるときは楽しいし、自分の身体を動かさずにストーリーが動くのが面白いんですけれども、作家として自分の身体を動かすということについてはどのようにお考えですか。

奈良　時々俳優みたいにその場面を演じることはあります。そうしないと、どういう状態になるかわからないので。今回の作品でいうと、主人公の友だちがストローをくわえながらしゃべるシーンがあるんですけれど、その時の声がどうなるかと思ってストローをくわえて台詞をしゃべってみたりしました。そういうことは、ちょこちょこやっています。ただ、体験は確かに大事なんですけれど、人を殺す場面があっても人を殺してみるわけにはいかないので、やっぱり限界はありますね。でも、できる範囲ではやってみた方がいいのかなと思います。それと、自分が身体を動かすということでは、ずっと座りっぱなしだと身体によくないので、毎日必ず運動するようにしています。

朝井　私はほとんど運動していないですね。一週間家から出ないことがざらなので（笑）、ほんとうに身体に悪いですね。でも幸い庭がありますので、季節の変化は毎日感じとれるし、時間があれば野山に出ることは好きなので時々出かけています。小説の中の動きということに関しては、絵に描いてみることが多いです。まず主人公たちが住んでいる家の図面を描きましたし、位置関係の確認が必要な場面でも絵にして検討していますね。

Ｉ（女性）　山田クラスの鳥井と申します。恋愛小説というようなジャンルのことではなく、これだけは書きたい、作品に盛り込みたいというような人生哲学とか、自分の中に一本通っている芯、屋台骨のようなものはおありですか。

奈良　どの作品にも通じる芯というものはありませんが、どの作品にも「この作品の芯はこれ」というものは必ずあります。『埋もれる』では孤独を書きたかったし、二作目の『ラベンダーの魔法』では依存心を書きたかったんですが、それは自分の体験から出たものです。

朝井　私は、自分の心の中にグーッと入っていって、それをえぐりだしたり照射したりするような小説はたぶん書けないし、これからも書かないのではないかと思っています。人と人との関わりの中にこそその人の心、自己があると思っているし、人と自然との関わりも大事にしている部分です。これからもたぶん、それらにこだわっていくような気がします。

Ｊ（男性）　成田クラスの山田と申します。奈良さんにお聞きしたいのですが、私も男女の絡みを書いた経験があるのですが、いつも照れてしまってなかなか踏み込んで書くことができません。読んでくれた人に聞くと、物足りないからもっと書いた方がいいと言われます。奈良さんが書かれる時には、ある程度距離を置いて書いておられますか。朝井さんには、時代小説と歴史小説の違いについてどのようにお考えになっているかお聞きしたいと思います。それからお二人に、作家としてデビューされた後はまったくの個人として創作活動をしていかれるのか、それとも同人誌のような修業の場を持ち続けていかれるのか。そのことについてもお聞きしたいと思います。

奈良　最初のご質問なんですけれど、書いているときに距離は置いていないですね。ただ、それが自分の体験かというとそうではなくて、その人物になりきって、かなり入り込んで書いているという意味です。いつも若い女性が主人公なんですけれど、それは私が若い女性が好きだからです。もちろん同性愛というわけではなくて、書いているときは自分が男になって好みの女の子と恋愛をしている気分が味わえるので、それは現実では絶対に味わえないことです。だから入り込んで書いています。でも、私は同性愛者ではありません。あくまでも男性が好きです（笑）。そして、小説を書いている時は女の子が好きです。それから、作家として一個人になるのかというご質問ですが、一個人になってしまうと孤独になってしまいます。「作家は孤独なものだ」とよく言われるのですが、私は文学仲間との関係は保っておきたいと思います。機会がありましたら呼んでください（笑）。

朝井　私にとっても文校の仲間は大切な存在ですし、たまに集まって合評しあう場は維持しています。時代小説と歴史小説については、これは私の勝手な解釈なので間違っているかも知れませんが、歴史小説はかなり史実に即して書いているもので、しかもそこに作者なりの発見があるものだと考えています。だから史学の先生が論文を書くくらいの確固とした姿勢がないと、歴史小説としては成立しないんじゃないかと思っています。先ほど言いましたように一次資料にもきちんとあたるべきだろうと思います。それに対して時代小説はもう少しエンタメ性が高いと思っていて、実際に編集者によっては「時代考証をそこまで一所懸命やらなくてもいいんじゃないか」と言われる方もいるほどです。ただ、時代小説の読者にはものすごいフリークがいるので、「大変な世界に入りましたね」とも言われました。時代考証は好きですし、書くかぎりはできるだけちゃんとしたいと思っています。

K（女性）　津木林クラスの有川と申します。お二人にお聞きしたいことが、二つあります。一つは、登場人物を書くときに、自分が登場人物になりきって喜んだり悲しんだりした方がいいんですか。それとも、客観的な目を持って冷静に見た方がいいのか。私は自分で書いているとき、バカみたいに泣いてしまいます。推敲した時に涙が出るようなこともあります。でも一方に冷静な自分がいて、「もうちょっと冷静になってよ」という声もするので、そのことに非常に興味があります。もう一つは、作品をパソコンで書いたときに、最初は変換ミスとか入力ミスがどうしてもありますよね。それは推敲していくうちにだんだん減っていくものだと思います。それでも、応募して受賞してから、そういう誤字や脱字も残っているという指摘を受けることもあるのでしょうか。

小原　有川さんは日本に来られて八年でしたね。

K　はい。もともとは中国国籍だったのですが、今年帰化しました。ぎこちない日本語ですみません。

奈良　キャラクターになりきった方がいいのかどうかというのも、すごく難しい問題ですね。人にもよるし作品にもよると思います。キャラクターになりきった方がいい作品もあるし、冷静に書いた方がいい作品もあるんじゃないか。その判断も自分でしないといけないので難しいと思います。それから入力ミスの件ですが、これはどんなプロの方がやっても絶対に付いてまわる問題だと思います。ましてや応募の段階では誤字脱字があるのは当たり前ですが、それでもぎりぎりのところまでそれをなくすように努力していくべきではないかと思います。

朝井　漫才では、ここぞというネタのときに自分たちが可笑しがっていたら観客は引いてしまうという現象が起きますよね。あれと一緒で、自分で「ああ面白いやろう、面白いやろう」と酔いながら書いていると、読者はその匂いをかいで鼻白むのではないかと思います。ですが、それぞれの登場人物への感情移入が必要であることは確かですよね。その一方で、俯瞰で見ている自分もやっぱり必要で、いくつもの目で作品を見ながら書いているような気がします。誤字脱字については、応募する段階であまりにも多いのはよくないと思います。ただ、出版するときには出版社の校閲というものがあってプロの校正者がやってくれるので、作者はそういう心配はしなくても大丈夫です。そういうことよりも事実関係の間違いの方が問題で、私はある大名の下屋敷を上屋敷と間違って書いていたんです。それを校正の方に指摘してもらって、とても助かりました。

D（女性）　もう一つお聞きしたいことがあります。出版するまでにはいろいろご苦労があったと思うのですが、どうしてプロになるのを諦めずに、ここまで続けてこられたのかなと思いまして、それをお聞きできたらと思います。

奈良　やっぱりお話を作るのが好きで、一人でも多くの人に読んでもらいたかったからだと思います。同人誌では読んでいただける方は限られていて、私という人間を知っている人がほとんどになってしまうんです。官能シーンとかを書くと「違うだろう」ってばれてしまうんですが（笑）、知らない人だとほんとうに経験しているんじゃないかと思ってもらえる。そういうふうに誤解してもらいたかったので（笑）、頑張って続けました。

朝井　私は作家になりたいというよりも、自分が書いたものを本として出版されることを強く願っていたような気がします。でもなかなか書けませんでした。幸い仕事にも恵まれていたので、実生活では何の不満もなかったんですけれども、もし今交通事故でポクッと死ぬことがあったら、小説を書けなかったことだけを後悔するだろうと思ったので文校に来たんですけれども（笑）。そのくらい書きたかったし、本を出したいと思っていました。その一念だけだったような気がします。

小原　東京から名だたる作家や評論家の方をお招きすることもありますが、今日はそうではなく身近な僕たちのOBの方に来ていただきました。ほんとうに率直な話ばかりだったと思います。有意義だし、お話しを聞くことで書こうという意欲が湧いてきたのではないかと思います。またチャンスがあればお越しいただきたいと思います。お二人ともとてもきっちり準備をしてきてくださいました。奈良さんは三日くらい前から緊張して大変だったそうですが（笑）。お二人にはこれからも頑張っていただきたいと思います。作品を読んでみて、ずっと書き続けられる力を持ったお二人だし、これから文壇でも評価を受けていくだろうと感じています。皆さんも作品を読んでください。読まないと、せっかく聴いたお話も半分しか価値がないと思いますよ。作品を読むことで肯けるところもたくさん出てくると思いますし、ぜひ読んでください。

（二〇〇八年十一月十五日講演）

「私にとっての文学」

――小説で書けること、小説でしか書けないこと

姜尚中

姜尚中（カン・サンジュン）

一九五〇年（昭和二十五年）、熊本県熊本市に生まれる。国際基督教大学准教授、東京大学大学院情報学環・学際情報学府教授などを経て、現在聖学院大学全学教授、東京大学名誉教授。専攻は政治学、政治思想史。テレビ・新聞・雑誌などで幅広く活躍。主な著書に『マックス・ウェーバーと近代』、『オリエンタリズムの彼方へ』、『ナショナリズム』、『東北アジア共同の家をめざして』、『増補版日朝関係の克服』、『在日』、『姜尚中の政治学入門』、『ニッポン・サバイバル』、『愛国の作法』、『悩む力』、『リーダーは半歩前を歩け』、『あなたは誰？私はここにいる』など。共著に『グローバル化の遠近法』、『ナショナリズムの克服』、『デモクラシーの冒険』、『戦争の世紀を超えて』、『大日本・満州帝国の遺産』など。編著に『在日一世の記憶』など。小説『母―オモニ―』、『心』を刊行。

細見和之　今日は姜尚中さんにご講演いただきます。私が改めてご紹介する必要はまったくないと思いますが、姜さんはマックス・ウェーバーを中心とした政治学の研究者として活躍されている方です。私も哲学や社会思想が専門ですから、学問的な意味でも姜さんのことを非常に尊敬しております。そして、姜さんは小説を書かれたんですね。皆さんもご存じだと思いますが、『母（オモニ）』という作品、これは現在は集英社文庫に入っています。それから、『心』という作品、こちらも集英社から単行本が出ています。この二冊の小説を読ませていただくと、僕が文学学校で出会いたいと思っている作品、まさにそのものだったんです。僕は二十歳過ぎから詩を書くことと、思想や哲学の研究をやってきましたけれども、ずっと政治学を中心に研究されてきた姜さんにも、やっぱり小説じゃないと書けないことがあるんじゃないか。そういう文学が、私たちが求めている文学ではないのかと思ったんです。非常に忙しい姜さんですから、大変な過密スケジュールの中を縫うようにして、この会場に来ていただいています。

●私という人間

姜尚中　実は細見さんに言われて、おそらく十五、六人くらいの方と一緒にご飯でも食べながらお話しするのかとばかり思っていましたら、こんなに伝統のある文学学校の還暦をお祝いする席の壇上に立っているというのは、何か、ちょっと騙されたかなという気がしています(笑)。大変なところへ来てしまいました。私はまったく文学とか小説とは遠い世界にいる者ですから、何を話したらいいのかとほんとうに当惑しております。

文学とは何かということについて深く考えたこともないし、先ほど細見さんがご紹介くださった小説も、何かを語る一つの手段として、一つの方法として、小説もどきのものを書いてみたというそれだけの話であります。私はどちらかというと、政治学を専門にしている者です。たまにテレビに出ると、論客のように言われて、いろんな話をしたりして過ごしていましたが、こういう場には一番ふさわしくないかもしれません。そういう人間を呼んでいただいた文学学校のふところの広さに敬意を表したいと思います。

私がこれまでやってきたことは、どちらかというと、少し大上段に構えて言えば、社会科学と言えるかと思います。細見さんも哲学をやっておられて、ドイツの思想の分野ではほんとうに素晴らしい業績を残しておられますけれども、そういう人文社会科学と文学……それから、僕は一九八七年に洗礼を受けております。この四月からはミッション系の大学の学長にまつりあげられて仕事をしなければいけないんですけれど、宗教……私の場合はキリスト教ですが、社会科学と文学と宗教という問題はなかなか難しいテーマです。

実は日本は、韓国と比べてキリスト教徒が少ないんですね。私に熊本の天草の近くで育ち、小さい頃から遊んでいましたが、確かに「隠れキリシタン」という人たちはいました。カソリックの方では遠藤周作の名前がよく出てきますが、私自身は遠藤さんの作品とはまったく縁がなかったんです。日本文学の中で、いわゆるキリスト教系の文学というものはどう位置づけられるのか。北海道には三浦綾子さんがいました。旭川には井上靖文学館とともに三浦綾子文学館があります。三浦さんの場合は、そのテーマがずっと一貫しているわけですね。

それにしても、近代から現代の日本文学をみたとき、どちらかというと信仰を持った方が文学という営みをすること、とりわけ小説を書くということは、なかなかマジョリティにはならない部分があります。私自身は小説もどきのものを書きましたが、自分の中に信仰というテーマがないわけではないということを、まず皆さんに申し上げておきたいのです。

その上で、私の書いているものは、いわゆる在日文学と言えるのかどうか。私の世代は在日韓国人二世と言われているわけですが、大阪のような「在日」の多い土地柄とは違って、熊本には非常に在日の人が少ないんです。言ってみれば「過疎地帯」です。

私は学校時代に生野区の猪飼野にやってきては皆と飲んだり食ったりしながら、大阪の持っている独特の雰囲気というものがとても羨ましかったんです。そういうものが一切ない孤立無援の状態でしたから。九州、特に熊本は軍都として栄え、第六師団があったところです。そういう土地柄もあって、大阪に対する憧れが強かったんですけれども、よくよく考えると、大阪の方が在日の中では特殊なのではないかと思うようになりました。在日韓国人というのは、国籍をベースにすれば今六十万いるかいないかだと思いますけれども、これほどまでにある地域に稠密《ちゅうみつ》なかたちで在日の人が日本の人々と一緒に生活している場所というのは、大阪以外にはありません。神奈川県や東京の一部を除くと、京都にもそういう場所はあると思いますけれども……。多くの在日の人は孤立無援の状態で散らばっている状況です。いわゆるディアスポラ的状況ですね。

私はその中で生まれて育ちましたので、まったく在日的なバックグラウンドも文化資本もなく、どちらかというと体育会系というか、母親から「張本さんのように野球で名をあげれば飯が食える」と言われていましたので、出身校がかつて春の選抜野球で優勝したということもあって、高校野球にのめり込んでいきました。そういう点では、山口の宇部で生まれた伊集院静さんとバックグラウンドが似ています。彼とは何度か話をしましたが、果たして彼の場合は、書いている物は在日文学と言えるのか。なかなか難しいですね。

そういう在日的には過疎地帯にいたような人間が東京に出てきて、いろんなことがあって、私という人間が今ここにいると考えているのです。ですから、先ほど大阪文学学校の六十年をざっと概観させていただきましたが、とても羨ましい。そういう仲間が集まれる場所があるということ自体が、ほんとうに驚天動地のことです。

そういう私が、こういう場所で何を話すのかということを、いろいろ考えてきました。一つは、私が『母』という作品を書いたときには、小説を書こうというつもりはなかったということです。

●『母』という作品

熊本は先ほど申し上げたとおり、いわゆる軍都として栄えたところで、県別で見ると第一次世界大戦、第二次世界大戦での人口あたりの戦死者の数が多いところです。今でも自衛隊と警察官が一番安定した職業だと言われていることからも、エートスというか雰囲気はおわかりになると思います。ちょっと広島に似ていると思います。そういうところで、なぜ私が生まれたのか。また、そこでいわゆる在日の人がどういう生活をしていたのか。そういうことを、母親が亡くなってから、なんとか書き残したいと思うようになりました。

通常であれば、私は歴史学の方法を通じてそれを残すべきなんです。さしあたりは、文学よりも社会科学や歴史学に近い訓練を受けてきたはずですから。しかし、探していくうちに、実はまったく資料がないことがわかりました。資料がないというよりも、書記言語として残されたものがない。

熊本県には「熊本日日新聞」という、地方紙としては非常に名の通った新聞があります。そこから直木賞作家も出ていますし、熊本の近代文学館にも優れた方々がいらっしゃいます。しかし、その熊日新聞をマイクロフィルムで拾っていくあいだに、私が生まれた当時のフィルムを見ると、原紙が破られていることに気がつきました。マイクロフィルムに写っている新聞の原紙がちぎられて誰にも見えないようになっていました。新聞社に友人もいましたし、私自身も新聞社に出入りしていましたので、いろんな方に聞いたら、たぶんそこには当時の在日朝鮮人のことについて書かれたもので残しておきたくないものがあったので、完全に抹消したのではないかというのです。

それ以上は新聞社としても明らかにしてくれなかったんですが、そこには間違いなく当時第三国人と言われた人たちがいました。かつて〈熊本バンド〉と呼ばれて同志社大学の創生期に関わった海老名弾正とか、徳富蘇峰とか、昨年NHKの大河ドラマで取り上げられた新島八重の物語にも出てきた人たちです。その〈熊本バンド〉の人々がいたすぐ横に万日山という山があって、そこに在日の人たちがたくさんいたんです。

どうして私がそこで生まれたかというと、父親と母親が東京大空襲で名古屋に疎開し、そこで長男を亡くしてから、今度は熊本に逃れてきたのです。敗戦間際に三菱系の軍需工場の熊本出張所ができあがって、そこで「秋水」という戦闘機を造っておりました。皆さんもご存じだと思いますが、ドイツは敗戦末期にVロケットのエンジンでロンドンを空爆するということをしていました。その設計図をドイツから導入して、起死回生のロケット型エンジンを持った飛行機を造ろうとしていたんですね。これは個人的な話ですけれども、私の両親は三菱系の軍需工場で働いていて、父親の弟にあたる人物がそこで憲兵をしておりました。私の前任校である東大を出て、昭和二十年に憲兵になりました。そのランクはわかりませんけれども、かなり高い方だったと思います。

熊本には健軍神社という、古い神社があります。熊本には、当時九州で一番強いと言われた第六師団がございました。西南の役のとき、熊本鎮台が置かれたことに由来すると思います。官軍は田原坂で薩軍と死闘を演じたわけですが、そういう縁があって、熊本市はずっと日本のミリタリズムと共に育っていった場所なんです。そこに私の父親の弟が赴任していたんです。

両親は熊本に別れを告げて、朝鮮半島の南にある鎮海というところに帰りました。そこは母親の故郷でした。（父親が生まれたのは、今でいうとウルサンという大きな工業団地のあるところです。）鎮海は『坂の上の雲』の舞台になったところで、韓国海軍の基地が今もまだあると思いますが、日本海開戦の要衝の場所でした。そこに海軍の最も重要な基地が置かれたのです。行かれた方はご存じだと思いますけれど、鎮海の西側には日本人街ができていて、その中心は満州国と同じように放射状に街路樹が植えられています。まったくの人工都市を基地のすぐ近くに作って、そこに日本人が集住するということになった。ですから、そこに住んでいた朝鮮の人たちはすべて東側に疎開させているわけですね。昔はたしか天狗山と言ったと思いますが、そこに戦艦三笠のレプリカも置かれていました。高いところからは対馬が見えます。母親はそういうところで生まれました。

私は母親が亡くなるまでのあいだに一度だけ、二十代の半ばに鎮海を訪れたことがあります。

それから数十年ぶりに、母親が亡くなってから、自分の記憶からはほとんど全部消えていた場所を訪れました。大阪の在日の人たちは済州島出身の人が多いと思いますが、九州の場合はどちらかというと本土の南側から来た人が多く、その典型が今申しあげたようなことでした。

母親が亡くなってから、よくよく考えてみると、何もないんです。ないないづくしで何もない。日記もありません。残念なことに母親は夜間学校にも通っておらず、七十歳になって初めて自分の名前を書けるようになりましたが、それまでは文字というものがまったく読めませんでした。やっぱり文学というのは文字情報ですから、リテラシーがない人というのは想像できないわけですね。父親も、今でいうと小学校の低学年ぐらいの識字力はあったと思いますけれども、早くに亡くなって何も残っていません。ですから、母親が亡くなって、母親の時代というものはどういうものだったのかということを、改めて私が思い出したときに、何もないということに気づいたわけです。

現在、熊本には九州新幹線が走っています。その場所に住んでいた在日の人の半数近くは戦後朝鮮に帰りました。新潟に向かって、それから北朝鮮に帰るための帰還船に乗るのですが、当時の壮行会のようなものを、旧国鉄の労働組合が一緒になって行っている希少なフィルムをいくつか見せてもらいました。当時の仕事としては、どこでもそうだったとは思いますが、ドブロクをつくって養豚をするというぐらいしかございませんでしたから、当時の状況がどういうものだったのか、自分の記憶の中をたぐっていくことはできたのですが、なかなかそれを歴史学の方法で後世に残すことはできないということに気づかされたわけです。

結局、歴史というものは、やはり力のある者の歴史でしかないのかもしれないということを、まざまざと実感させられたわけです。そして調べていく中で、熊本市の広報の歴史からはもちろん、新聞の中からも破りとられているという現実に慄然としました。

それでは、どうしたらいいのか。昔あった万日山も抉られて、バイパスが通る予定です。新幹線ができて、熊本は政令指定都市になりました。人口は七十三万人。在日の人がいたところは、すべてコンクリートの下になってしまった。私が生まれ育った場所も、今行けば完全にコンクリートの下ですから、どこだったかもわからない。これは大阪でもそうだと思いますけれども、在日の人は数が少なかった分、痕跡がまったく消えてしまっている。

しかし、実は熊本県には一九〇五年、ウルサ条約の前後から、人吉というところ――九州の尾根に当たる部分ですけれども、そこでの鉄道工事のために朝鮮半島から労働者が渡ってきたという歴史があります。これは強制連行ではありませんが。

それから、もう一つ、姜信子さんという人がいます。彼女はどちらかというと自分でいろんな場所に出かけていって、ルポルタージュや詩を書いている人ですけれども、彼女が書いていたものによりますと、「五木の子守歌」のあの調子、日本では珍しく朝鮮半島のメロディにとても似ている。もしかしたら、五木は朝鮮に近いですから、朝鮮半島から連れてこられた人たちとの関係が深いのではないかということをおっしゃっていました。しかし、いずれにせよ熊本という在日の過疎地帯では、私の母親たちが生きてきた痕跡はまったくといっていいほど残っていない。

そういう中で考えだしたのが、小説もどきのものとして自分でそれを再構成してみるということでした。結局私の母親が生まれ育った歴史から、頭の中の記憶の断片をいろいろと寄せ集めて、小説もどきのものを書いてみようと思ったのです。

私の作品はまったくの駄作なので、こんなことを皆様に言うのはうしろめたいんですが、石牟礼道子さんに『苦界浄土』という水俣病を題材にとった名作があります。ご存じの通り、三十八度線の北側にあった朝鮮チッソが戦後水俣にやってきて、水俣病の原因となる有機水銀中毒の患者を作り出すわけですけれども、石牟礼さんは実際にインタビューして書いたのではなくて、自分が巫女となって亡くなった人や胎児性水俣病に罹った人たちの声を聴くという形で書かれたものです。つまり、何が事実で何が虚構なのかということはあまり意に介さずに……ルポルタージュとして見た人もいたかもしれませんが、これはまったくのフィクションなんです。「フィクションがルポルタージュやノンフィクションよりも、もっと現実に近いものになっているのではないか」とどこかに書かれているのを見て、「じゃあ、私もそうしてもいいんではないか」と思いました。小説というのは万人に開かれた方法ですし、たしかに小説の作法や書き方の訓練は必要なんでしょうけれども、少なくとも識字力があって、書きたいモチーフを持っている人であれば書ける。そういう中で、私は『母（オモニ）』という作品を書きました。

これを書く動機の一つ。それは、内的には在日ということにかなりこだわりがあったんですけれども、個人的には母親の持っている大きな大きな愛情……しかし、それは同時に桎梏《しっこく》でもあったんじゃないかと、私は六十歳近くになって思うようになったんです。自分が在日二世として生きようとするベースの中に、在日一世の母親の大きな存在があった。それによって自分は生かされているという部分と、もしかしたらそれは桎梏だったかもしれないという思いの両方がありました。その桎梏から解き放たれていくという曰く言いがたいものを、母親が亡くなるプロセスを見ながら感じましたし、同時に、これで在日というものは私の中で終わったんじゃないかというつもりでいたわけです。

●『心』という作品

名前は皆様方に言えないんですが、ある在日の作家の方から、酒を飲みながらこんなことを言われました。「姜さん、在日文学というものの中で作られなかったものがあるとすれば、それはカフカ的な文学だ」と。もちろん、私もカフカは好きですけれども、その作家の言う「カフカ的」というのはどういう意味なのか、よくわかりませんでした。たぶん彼が言いたかったことは、「民族的な苦難とか民族的な受難と同時に、現代的な受難というものもあるのではないか」ということではなかったか。もし在日文学というものが今も成り立つとすれば、その民族的受難と現代的な受難というものは、そこに通底しているのだろうか。私は現代的な苦難とか受難というものを、もう少し違ったかたちで考えられるのではないかと思います。果たして二つの受難はイコールと言えるだろうか。違うのではないか。そう考えるようになったわけです。

きっかけになったのは、それは私にとって非常に大きな苦痛だったのですが、息子が亡くなったことでした。何よりも大きな衝撃でした。民族的受難というかたちでは括れない出来事でした。それはたぶん、ほかの何よりも生きることの意味に深く関わる問題だったんではないかと思うようになりました。

そのことは、私が信仰という問題からもっとも遠い世界の人間であったにもかかわらず、そこに近づいていく大きなきっかけにもなりました。単に民族的受難という問題ではなく、なかなかそこに接近できない現代的な苦難としか言いようのないものを、息子との関係の中で突きつけられた。それが私の偽らざる感触だったのです。私自身は若い頃から、民族的受難が終わるとき、自分たちは軛《くびき》から解放されるのではないかと考えてきたわけですけれども、どうやらそれでは解けない問題に突き当たったような気がしました。

考えてみますと、現在の韓国は日本以上に自ら死を選ぶ若者が増えております。OECD諸国の中では、おそらくハンガリーを抜いているのではないでしょうか。それにも関わらず三十八度線があって、東京と横浜ぐらいの距離で北側と対峙しながら、成人男子の場合は徴兵制を二年間経なければならず、言ってみれば現代韓国は、それこそ前近代と近代と超近代がごちゃ混ぜになっているようです。それほど矛盾に富んだ社会の中で、生きることの意味がどんどん希薄になって苦しんでいる若者がいることは否定できない事実だと思います。

十万人あたり約二十数人が、自ら亡くなっているという現実が、実際に今の韓国の一つの大きな断面になっています。私自身が最初に韓国を訪れたとき、まさしく現代的苦難というよりは民族的受難に喘いでいたと思いますし、私たち在日二世はそういうものをどう引き受けるかということが自分の実存と直結するというふうにずっと考えていました。しかし今、はたと現代的苦難という問題を突きつけられた。

これはたぶん、私が母について書いたものとは違うレベルの問いです。私は何らかの形でそれと格闘しなければいけないことになってきました。その中から、先ほど細見さんがおっしゃった『心』という作品を書いてみようと思ったわけです。

私は作家でもないし文学者でもないし、文芸批評とも無縁ですし、文学論を学んだわけでもありません。ただ、そういうモチベーションがあったということです。では、そのためにふさわしい文学的な方法を持っていたか、レベルの高い作品を書けたかというと、決してそうではないと思います。それでも、小説的な作法を通じてしか語り得ないということに気づいた。それは間違いありません。この方法でしか表現できない。ですから、その表現方法を使ったということです。しかし、そこに一つのモデルがございました。

私は高校時代まで熊本におりましたが、夏目漱石という人は、私の高校でも英語を教えていました。彼は市内の三つの下宿屋を転々としながら約五年近く熊本におりましたので、私は小さい頃から彼の小説に親しんでおりました。実は今年は、漱石の『こころ』が書かれてからちょうど百年目にあたります。それは第一次世界大戦から百年ということでもあります。

皆さんもご存じの通り、『こころ』は自死を選んだ「先生」と呼ばれる人物と帝大生との対話形式の物語です。いろいろな論説を読んでいますと、人間の死が大量にあった時代の意味を彼なりに考えて書いたということがよくわかりますし、私は『こころ』という小説は一つの〈デス・ノベル〉と言ってもいいと思います。つまり登場人物が、たった二人を除いて全員死んでしまうという話ですから。

私は漱石の小説をたくさん読んでいましたから、そのひそみに倣って書こうと思ったわけです。しかし、その背景にあったのは、自分の子どもの死をどう受け止めたらいいのかということでした。これは自分ではどうしても合点がいかない。合点がいかないというだけではなくて、それを受け入れられない自分がいる。

個人的な話をしますと、実は息子を荼毘に付した日の午後、お茶の水にある三省堂のホールでは、東京大学の社会科学研究所が「希望学」という全四巻の講座を刊行することになった記念の講演会が予定されていました。それは三月十一日の出来事が起こる以前のことです。東大の社研と言えば、それまではマルクス主義が強かったのですが、そういう学風から一転して

「希望学」というものを講じようということになり、そのプロジェクトの一環として、東北の釜石でフィールドワークした成果を全四巻にして発表することになっておりました。社研の同僚から頼まれて講演をすることは前々からの約束であったのですが、私は人間としてこれほどのアイロニーを感じたことはありませんでした。自分の息子を荼毘に付した数時間後に「希望学」について話さなければならない。「自分は何というむごい星の下に生まれたんだろう」と考えたこともございました。

そんな状況でしたから、私は今書かないと、今後は地に足の着いたかたちで生きていけないんじゃないかという切羽詰まったところに追い込まれたわけです。他人様にこれを読んでもらって賞をいただくなんていう、そんなものとは全く無縁な、とにかく書かざるを得ないから書くという……そういう状況でございました。

なぜ、そういうことをしたのか。漱石は今でいうと極度の躁鬱病であったようです。それでよく死ななかったものだと思いますけれども、結局四十九歳で亡くなっています。精神科医でもある作家の加賀乙彦さんが、彼は自死を遂げる可能性が高かったはずだと書かれていました。漱石は書くことでなんとか延命できた。一字一句を血の滴る思いで書いていたのです。

皆さんはご存じかどうか知りませんが、漱石は左利きなんですね。彼は付けペンを使っていました。ペリカンの万年筆を贈られて二本ほど使ったあとに、イギリス製の万年筆も使っていますが、常に付けペンを使っていました。そうすると原稿用紙の左側にシミが付いてしまいます。右利きであれば左側は空白ですけれども、漱石の場合は逆でした。ちなみに神田の八木書店という古書店で漱石の失敗作の原稿が売られています。彼は一字一句かなり端正な字を書いています。彼がそういうことを言っているのは、必ずしも大袈裟なことではないと思います。

漱石の熊本を舞台にした小説に「草枕」という名作があります。あまりにも有名なので皆様方には釈迦に説法だと思いますけれども、その中で彼は主人公にこんなことを言わせています。詩人というものは自分の遺体を自ら解剖して他人様に見せるようなものだといった内容です。つまり、詩を書く人というのは、死んでも自分の遺体を、口笛を吹きながら捌いて、その中身を全部人に見せるというようなことをうたっている。これは作家や小説家に置き換えてもいいと思います。私はそれを読んだとき、凄まじいものだというふうに記憶しました。言うまでもなく、漱石は日本的な私小説、特に自然主義文学に対する批判から出発し、独特の写生という境地に達しました。これは一言でいうと、自分に悲しいこと、苦しいことがあり、自分が死に至っても、もう一つの目で自分を解剖して捌いて他人様に見せる——これが物を書く者の一つの作法だと言いたかったんだと思います。

自分の個人史をそのまま書けば、私自身にとっては晴れ晴れしいものになるかもしれません。自分の心はカタルシスに充ち満ちるかもしれませんが、漱石からすればそれはまったく文学ではない。少なくとも彼はそう言いたかったんですね。そんなことが、何の訓練も受けていない私にできるだろうかという思いはございましたが、その思いを吹き飛ばしてくれたのは、三月十一日の出来事でした。

息子が亡くなってから二年半が経っていました。息子の「人間の悲惨は外にあるのではなくて内にある」という言葉が何度も何度もリフレインしておりました。三月十一日の二週間後、私は相馬市に入りましたが、そのときは騒然とした状況で、福島県飯舘《いいたて》村はかなり放射能の濃度が高かったと思います。道路は寸断され、福島第一原発から逃れ出た人たちが沢山おりました。南相馬は特にそうでしたね。戦後生まれで戦争体験もない人間がそこに行きたいと思うのは、そういう場所に行けば何かが摑めるのではないかという、ややマゾヒスティックな感性が働いていたのかもしれません。

私は地震が起きる前に、雑誌にある連載をしておりました。息子に関わる内容でした。自分の個人的な体験をそのまま語るのではなくて、もう少し物語というか虚構の力を借りて、多くの人に読んでいただけるようなものを書こうとしていました。その一番中心にあったもの、それは「人はどうしてあるがままに生きられないのだろうか」ということでした。

私は在日性とか、人間性とか、さまざまな制約を生まれながらにして持っているわけですけれども、その中で「あるがままの自分」というのは何だろうかということを考えざるを得なくなったんです。たぶん私の息子も、あるがままに生きたいと思っていた。では、「あるがまま」というのは何なのか。それをいろいろ考えていくあいだに、やっぱり自然に生きたいということだろう。しかし、それは自然をロマンティックに美化するような、そういう意味での自然ではなくて、あるがままということだろう。それでは、あるがままとは何か……その堂々巡りの問いを何度も繰り返していたわけです。

昔私はドイツに留学したことがございますが、その頃に読んだ本の中にゲーテの『親和力』がございました。一言でいうと、人間の反自然性がもたらす復讐劇を、どちらかというと書き割り的な作品で表しているわけです。十九世紀的な小説とはかなり違って、場面場面が書き割り的にできている。作品のテーマは水でした。水による復讐劇というものによって全編が貫かれているわけですね。

三月十一日に津波が起きたとき、私は水というものに驚きました。ゲーテの『親和力』は、あるがままの人間として生きられない人間たちが、やがて悲劇をもたらすことになりますが、それを反芻しているとき、津波が起きたことに私は戦慄を覚えたのです。それから大幅に自分の作品を書き直して、もしも作品を読んでくださった方がおられたらおわかりになると思いますが、そこから『心』という作品ができあがりました。

●語り継ぎ受け継ぐ

しかし、そこに実はもう一人、実在の人物がございました。今私が勤めている大学を卒業して二年目に、宮城の津波で亡くなった人たちの遺体を引き揚げるボランティアに参加した若者との出会いがあって、そこで初めて私は死者と向き合うことを本格的に考えるようになりました。息子は、死というどうしようもないもの、生の彼方に行ってしまったわけですけれども、死者とどう向き合うかという問題を考えるとき、彼がライフ・セービングをやりながら同時にボランティアで遺体を引き揚げる作業をしていたということが、私に『心』を書かせる最終的なモーメントになりました。彼は何のために死者を引き揚げるのか。私も戦争の体験はございませんけれども、福島第一原発だけではなくて、津波に洗われた人たち——一言でいうと無残な死に方だと思います。魚に食われたり、首が無かったり、ほとんど原形を留めていない状態です。それを二十代半ばの若者が海に潜って引き揚げるわけですから、彼にとってはたいへんなことだったと思います。

そういう人の話が、ライフ・セービングならぬデス・セービング、死者を救うとはどういう意味なんだろうかということを私に考えさせたのです。仏教には「来迎引接《らいごういんじょう》」という言葉があります。人が死のうとしているときに、お釈迦様と阿弥陀様がお迎えに来る。三月十一日は快晴でしたから、夜には月と星が皓々と光っていたと思います。

新聞とテレビで死者と行方不明者の数がカウントされるようになって、私はそのことに強い違和感を持ちました。今文学を自分の飯の種にする人が、これにこそ抗わずして文学の存在意義があるんだろうかと思いました。死者の数、行方不明者が、数としてカウントされる。あるときからその数は数えられなくなりました。しかし、私は最初に南相馬に入ったとき、瓦礫と言われたものは実は瓦礫ではなくて、一言でいうとアルバムだったんですね。見渡す限り一面に写真が散乱しているんです。二週間後でしたから、比較的原型に近かったと思います。あれをテレビでは瓦礫と言っていたわけですけれども、実はひとつひとつが写真で、それが延々と散乱している状態だったわけですね。そのとき、私ははたと瓦礫の意味を考えさせられましたし、そこに一人一人の生きた人間たちの痕跡が写真に写っておりましたので、これをどう表現したらいいんだろうかと思いました。私の息子の不幸も死者の数の中にカウントされるのかもしれませんが、文学と宗教だけは最後の砦としてそれに抗わなければならない。人間の営みの中で、もし文学の存在意義があるとすれば、宗教の存在意義があるとすれば、まさしくそこにあるのではないかと感じました。

死者を救い出さなければならない。死者を救うとはどういうことなんだろうかと考える中で、もう一度、漱石の『こころ』を読み直してみると、結局これは死にいく者から、これから生きていく者へと伝え、それを受け取るダイアローグになっているわけですね。『こころ』の中で死にいく人は、自ら死を選ぶわけですけれども、自分を先生と慕う若者を見つけ出したがゆえに、同時に次の人に伝えられていく。つまり、物語が次の人に伝わっていくというふうに読み取れるわけです。そう考えていけば、漱石のこの小説は私の言いたいことに一番近い。

夏目漱石という人は、かなり若いときから鬱病に悩んでいましたが、二十五、六歳ぐらいのときに、鎌倉にある臨済宗系の円覚寺に参禅しております。そのことは『門』という小説の中に描かれておりますが、漱石は参禅したときに「父母未生以前」という問いかけを与えられました。「父と母が生まれる以前の世界とは何ぞや？」という問いです。私が『母』という小説を書いたときは、母親が死んで目を閉じるのを見極めて、母の生い立ちにまつわる在日一世の話、それが二世にどう受け継がれ、三世にどう受け継がれていくのかというふうに書いたわけですけれども、『門』の中では禅宗的な問いかけになっています。私は故あって円覚寺と繋がりがございますので、横田管長という方にそれを改めて問い直しましたら、彼曰く「それは命を指す」と。

そう言えば、漱石は『硝子戸の中』で「自分は死にたい」と訴える女性に対して「死ぬのはやめなさい」とは言えなかったと書いています。言えなかったけれど、自分には父と母がいて、七人の子どもがいて（このうち一人は亡くなりますが）、結局命の流れを断ちがたかったと書いています。彼は鬱で悩んで死の床にあるような人でしたけれども、それを断ちがたかったのは、やっぱり命の流れを自分で断つと言うことができなかったと赤裸々に述べているわけです。私にはその意味が非常によくわかりました。

人は死ぬが、死ぬということはそれで終わりなのか。だとしたら、生きている人間は死者をどう捉え返したらいいのか。このことを息子からの問いかけとして、自分でも書かなければいけないというふうに思ったわけですね。それは何か回答を見いだすということではなくて、語り継ぎ受け継ぐ、それが、もしかしたら、文学の最後の大きな存在根拠なのかもしれないと思うようになったのです。

『こころ』という小説は、〈デス・ノベル〉だといいましたけれども、漱石が今の東大教養部――旧制一高で教鞭を執っていたときの教え子に藤村操がおりました。彼は華厳の滝で投身自殺を遂げましたが、実は漱石は生前の彼を叱責しておりました。おそらく投身自殺の原因の一つを自分が作ったのではないかという、非常に強い罪責の感情が彼の中にあったと思います。同時に彼は第一次世界大戦を知っておりましたから、それが過剰な殺戮であることも彼は理解していたと思います。

そして彼は、二十六歳のときに北海道のある場所に転籍をしております。徴兵逃れだと思います。転籍をした場所は私も訪れたことがございますけれども、漱石転籍の記念碑が建っております。明治時代に徴兵制が敷かれなかった北海道のある場所、そこは硫黄がたくさん採れるところで、住友系の財閥が硫黄の採掘に携わっておりました。その住友系の財閥の職員の家に、漱石は転籍をしていたのです。つまり、夏目漱石という人は、実は戦争の時代を生きた人なんです。死に近い状況の中に彼の生涯はあったのです。

そして、第一次世界大戦が勃発したとき、若者が死を迎え、私の言葉でいうと「現代的な苦悩としての生きる意味」が希薄になった時代の中でも、もっとも先駆的な時代だったのではないかと思います。そう考えると、『こころ』という小説は私の胸によく響いたのであります。

戦後、一九五六年に『こころ』という小説は復刊されました。今の日本の文芸の文庫本で一番読まれてきたのは、この『こころ』でした。文学作品として駄作なのか、さほどの作品ではないのかどうかは別にして、戦後日本人が一番読んできた文庫本は、文芸の分野ではこの小説なのです。ちなみに第二番目は太宰治の『人間失格』だったと思います。

なぜ、『こころ』が一番だったんだろうか。一九五六年から読まれるようになった。つまり、間違いなく戦後の混乱がなくなって、やがて秩序ができあがり、在日でいうとアンダーグラウンドな世界に押し込められていくような時代背景は、日本にとっては経済的なテイクオフが始まる時代ですが、実は自殺者が一番多かった時代だと思います。

安倍首相は「『ALWAYS 三丁目の夕日』の時代が一番よかった」と非常にトンチンカンなことを言っておりますけれども、実はその時代が殺人と自殺が多かった時代なのです。つまり、戦後の混乱期が終わって、市民社会が少しずつ固まっていく中で、それに適応できない人たちの声がそういうところに表れていたんじゃないかと思います。その頃から『こころ』という小説はたくさん読まれるようになった。私は漱石の『こころ』に倣って、〈デス・ノベル〉であるけれども死者を救う小説にしようと考え、モデルになる若者と私との往復書簡という形態をとって、ああいう小説を書いてみたのです。

そろそろ時間が来ましたので、皆さんからご質問があればお受けしたいと思います。あえて申し上げますが、私個人にとっては文学がなくても生きていける、むしろキリスト教の信仰の世界では、文学よりも信仰ということがものすごく大きなウエートを占める場合があります。しかし、それでも私には文学というか物語という形によってしか表現できないものがある。最後に、それが何なのかということを考えざるを得ないわけで、やはり、語り継ぎ受け継ぐということが最も重要なことではないかと思います。そこに文学の最後のレゾンデートル（存在根拠）みたいなものがあるのではないかと考えています。

私はこの小説を書いて、今はよかったと思っています。これを書かなければ、たぶん私はこの場に立って皆様方にむかって話ができなかったと思います。宿題はまだ残されています。民族的受難と言っていいかどうかわかりませんけれども、そういうものはまだ続いています。

しかしながら、私にとって大きな意味があるのは、現代的としか言いようがないものです。それが何なのか。その正体はまだ私にもよくわかりません。でも、その正体がわからないまま、文学というのは解決を見いだすためのものではなくて、つまり、謎を解くのではなく、むしろ謎を掛けるのが文学かもしれないと思います。物語を通じて、われわれは解けない謎を掛けられる。その謎を解きたい解きたいと思いながら解けない。しかし、私はある意味において自分がランダムに読んできたいろいろな小説や文学から、謎解きよりも謎を掛けられてきたと今でも思っていますし、私の本も、たいしたものではないと思いますけれども、一つの謎を問いかけているのではないかと考えています。

六十周年にふさわしい話ではなかったかもしれませんが、なぜ文学なのか、なぜ小説なのか、そのことをもう一度考えるよすがにしていただければありがたいと思います。ご静聴ありがとうございました。（場内拍手）

細見　実に、文学学校の六十周年にこれ以上ふさわしいものはないという話をしていただきました。民族的受難と現代的苦難ということを思うと、姜さんが二冊小説を書かれたことがよくわかります。小説を書かれる深い場所から言葉を出していただいたというふうに思います。ありがとうございました。

（二〇一四年三月二十六日講演）

*

編集後記――現代文学のありか

開校五十年記念出版として、二〇〇四年三月、大阪文学学校・葦書房から『いま、文学の森へ――大阪文学学校の五〇年』と、編集工房ノアより、大阪文学学校講演集『小説の生まれる場所』が、刊行された。六十周年を迎えているこの年度、この本は後ろの第二集となる。第一集のタイトルは、集中の一篇、黒井千次さんの講演名からいただいたものである。

今回の講演集の編集は、詩人の講演・座談を優先し、小説家の方も、第一集の純文学傾向にある作家たちからシフトして、どちらかというとエンターテインメント傾向の作家たちのものを収録した。結果として、ジャンルや手法、テーマにおいて、一段と多様化している現代文学のありかと、そこで持続する文学の精神を探る企画となった。文校六十周年を迎えようとしていた年たまたま、この講演集に登場していただいている、朝井まかてさんが『恋歌』で第百五十回の直木賞を受賞された。講演集最後の姜尚中さんの「私にとっての文学」は、文校創立六十周年記念にご講演していただいたものだ。改めて、ご講演していただいた詩人・作家の方々にお礼申しあげる。

巻頭掲載の辻井喬さんは、最晩年、つまり一昨年の秋まで労多い小野十三郎賞の選考委員を第一回からずっと務めていただいた。拡散しているかもしれない現代詩の根っこに、感性の伸びやかさと広がりが必須であり、異質なものに向きあう姿勢を持続し、伝統の中から創造性を育むべきという議論を提出していただいた。小池昌代さんは第十回の小野賞受賞後、選考委員に入り、小野賞のためご尽力いただいている。りんごの重み自体の言語化という詩的言語創造の経験など、ポエジーのありかを深いところで教えていただいている。谷川俊太郎さんの座談は少し古いものだが、詩をめぐった多くの議論の後、谷川さんは「現代詩と言われているものが、散文とか演劇とか映画とかポップスの歌詞の方に拡散している」と締めくくられた。

詩のポエジーのありかをめぐる議論を、散文のジャンルで考えると、物語性に収斂してきたのが小説ジャンルで、純文学とエンターテインメント含め、この物語性もこの何十年、小説だけの専売特許でなくなっている。現代の小説書きは、ストーリーテリングにカタルシスを求めるか、どちらかというと反対の異化効果を追求するか、小説の素材によって迷い所となるだろう。有栖川有栖さんは、自己固有の本格ミステリーの視点から、中沢けいさんは部活小説等々の小説ジャンルの多様性から今日の小説のありかを展開していただいた。髙村薫さんは、ポストモダン化と消費社会の到来を枕に、文学の変容、つまりは純文学の価値の相対化を論じ、その体験からご自身、文学を読む立場から書く立場に移行していったことを、深い趣きで講演していただいた。これらの問題意識は、振り返って詩と散文・小説の微妙な境界と既成ジャンル間の架橋という課題でもあり、辻井喬さん、北川透さんの現代詩の今後をめぐる鋭い問題提起とも、どこかで通底しているだろう。

この講演録の時々に、座談的に聞き手として協力していただいた、文校チューターの木澤豊、山田兼士、小原政幸、細見和之諸氏に感謝する。

第一集に続いて、この講演録集刊行を引き受けていただいた、編集工房ノアの涸沢純平さんに深謝します。

葉山郁生

二〇一五年一月三十一日

詩《し》と小説《しょうせつ》の学校《がっこう》
――大阪文学学校講演集

二〇一五年三月二十日発行
著　者　辻井　喬ほか
編　者　長谷川龍生
　　　　葉山郁生
発行者　涸沢純平
発行所　株式会社編集工房ノア
〒五三一―〇〇七一
大阪市北区中津三―一七―五
電話〇六（六三七三）三六四一
FAX〇六（六三七三）三六四二
振替〇〇九四〇―七―三〇六四五七
組版　株式会社四国写研
印刷製本　亜細亜印刷株式会社

ISBN978-4-89271-224-1

表示は本体価格

日は過ぎ去らず　小野十三郎

半ば忘れていた文章の中にも、今日の状況の中でこそ私が云いたいことや、再確認しておかなければならないことがたくさんある（あとがき）。一八〇〇円

日が暮れてから道は始まる　足立巻一

筆者が病床で書き続けた連載「日が暮れてから道は始まる」（読売新聞）「生活者の数え歌」（「思想の科学」）に、連載詩（「樹林」）を収録。一八〇〇円

凍り絵　港野喜代子

彼女の詩は手先のものではなく、言言句句、声、身振り、全存在の中から現れる。草も花も風も物も、やさしく歌い出す（杉山平一氏）。二〇〇〇円

かく逢った　永瀬清子

詩人の目と感性に裏打ちされた人物論。宮沢賢治、高村光太郎、萩原朔太郎、草野心平、井伏鱒二、三好達治、深尾須磨子、小熊秀雄他。二〇〇〇円

ディアボロの歌　小島輝正

〔ノア叢書1〕アラゴン・シュルレアリスムやサルトルの研究家として知られた著者の来し方を軽妙洒脱に綴る等身大のエッセイ集。一九〇〇円

始めから そこにいる人々　小島輝正

べ平連、平和運動の原点から、同人雑誌、アラゴン、サルトルまで、個の視点、無名性の誠心で貫かれた昏迷の時代への形見。未刊行エッセイ。一八〇〇円

小説の生まれる場所

河野多恵子　創造ということ
黒井千次　小説の生まれる場所
小川国夫　文学の小径　放蕩息子と文学
金石範　『火山島』を終えて
小田実　私にとっての小説
三枝和子　二十一世紀、恋愛小説は可能か
津島佑子　『私』と想像力
玄月　私の創作方法　想像力の連鎖

大阪文学学校講演集

心のなかにうごめくものを
どうしたら捉えられるか
作家体験を通して語られる
文学の方法。創作へのいざない。

大阪文学学校開校50年記念出版

編集工房ノア　定価：本体2200円+税